ワードマップ

アイデンティティ

時間と関係を生きる

白井利明・杉村和美

新曜社

はじめに

アイデンティティとは何だろうか。誰でも知ってはいる言葉だが、日本語ではないこともあって、今一つピンとこない人も多いのではないだろうか。言葉の意味は「私は何者かということ」である。しかし、私たちは普段、自分に「何者か」と問うことはない。自己の安全が脅かされたときに、はじめてアイデンティティの問いが立ち上がる。アイデンティティの概念を広めたエリク・エリクソンも同じことを言っている。本書は、アイデンティティとは何かに答えようとする多様な研究を紹介していくが、以下の構成からなる。

第1章（白井利明＝執筆）は、エリクソンのアイデンティティ理論の全体をわかりやすく説明した。本章を読むと、アイデンティティはエリクソンがそれを問わずには生きていくことができないものだったことがわかると思う。エリクソンは若い頃、非ユダヤ人からはユダヤ人として迫害され、ユダヤ人からは非ユダヤ人と言われ、つらい思いをした。このように2つの集団の狭間に立たされたときに立ち上がってくるのがアイデンティティ問題である。ただし、それはアイデンティティ問題の出発点にすぎない。エリクソンが扱うアイデンティティ問題はその先のプロセスである。たとえば、プロテニス選手の大坂なおみはハイチ出身の父親と日本人の母親のあいだで、日本で生まれ、アメリカで育った。日本人記者からアイデンティティを問われたが、彼女は自分にルーツのある3つの国の代表と思っているので困惑し、結局、「私は私」と述べた。この引き取りかたがまさに、エリクソンが扱うアイデンティティ問題の核心を表している。

第2章（杉村和美＝執筆）は、エリクソンのアイデンティティ概念を心理学の実証研究に乗せたジェームス・マーシャのアイデンティティ・ステイタス研究を、その始まりから最新の研究までコンパクトに紹介するとともに、現代のアイデンティティ研究を牽引している世界のトップクラスの研究者の生の声が記されている。杉村氏は、国際的なアイデンティティ研究運動の中心メンバーとして、海外の多くの研究者と友情を育み、交流してきた。そのため、論文の文字面を見てもわからないような核心部分が書かれており、本章でしかわからないことが満載である。また、杉村氏は、関係性という視点からオリジナルなアイデンティティ研究を展開してきたことで有名である。この視点からみると、アイデンティティとは、人の心の拠り所のことであり、それは人と人の結びつきに根ざしているが、その結びつきを調整する主体を捉えることがアイデンティティの問いなのではないかと思われてくる。

第3章（白井＝執筆）は、アイデンティティ研究の最先端であるダイナミックシステム・アプローチに招待する。従来のアイデンティティ研究はアイデンティティの発達の筋道というプロセスを解明してきた。それに対して、ダイナミックシステム・アプローチは、それだけに終わらせず、さらにアイデンティティ発達のメカニズムの解明へと進む。これまでの研究は青年期や成人期といったマクロなレベルのアイデンティティ発達を対象にしていたのに対し、私たちの日々の生活のなかのリアルタイムに起きているミクロな世界を取りあげる。ダイナミックシステム・アプローチからみると、アイデンティティとは個人と文脈との適合である。つまり、アイデンティティは「私は自分のやりたいことをしている」ということと、他者からもそのように認められていることとが一致して生まれてくる。それはその時々の瞬間、瞬間に生じるが、それが一定の期間にわたって起き続け、そして、それをひとが自分の特質であるかのように語るなら、マクロなレベルのアイデンティティとなる。ミクロとマクロの世界をつなぐダイナミックシステム・アプローチは、今までとは全く違うアイデンティティの世界を見せてくれる画期的な方法である。

第4章（白井＝執筆）は、自己連続性とは何かを説明する。私たちは日々、変化しているが、私が私であることには変わりはないと思っている。これが自己連続性である。自分が別人になることはあり得ないから、当たり前のことのように聞こえるかもしれない。しかし、私たちの人生は自己連続性を問わずにはいられない事態になる可能性に満ちている。たとえば、学校のクラブ活動で事故に遭遇し、一生、介護が必要な状態になったら、どのように生きたらよいのだろうか。「もし事故がなかったら」「クラブ活動をしていなかったら」などと悔やんでも始まらない。人生において起こるどのような出来事であっても自分で引き受けたり、それができないときは別のやりかたで対処したりしなければならない。前者はたとえば最初に紹介した「私は私」といった語りに結実する。自己連続性の問いとは、私たちはどう生きるかというアイデンティティの問いなのである。

本書は、白井と杉村で互いの原稿を読み合ってつくった。ほかに、草稿段階で、第1章は、宮下一博、大野久、第3章は、杉村伸一郎、芦野隆一、守本晃、第4章は、大橋靖史、野村晴夫、日潟淳子、石井僚、土元哲平の各氏に読んでいただいた。第3章は、ダイナミックシステム・アプローチによるアイデンティティ研究の世界の第一人者であるサスキア・クヌン氏から2014年度日本発達心理学会国際ワークショップにおけるレクチャーを始め、さまざまな資料の使用を許可していただいた。第1章は大阪教育大学での2020年度前期の「発達心理学」の講義で、第4章は2020年度後期の白井ゼミの演習で扱い、大学3年生が理解できるように大幅に改稿した。また、白井ゼミの最近の卒業生の大崎開渡（第1、4章）、坂井暁治（第3章）の各氏にも読んでもらい、読みやすくした。以上の方々に心からお礼申し上げます。

新曜社の塩浦暲氏から執筆依頼をいただいたのは2010年のことだったと思う。ちっとも筆が進まず、迷惑をおかけした。途中で杉村氏に加わっていただいたことで、ようやく刊行できた。杉村氏に感謝するとともに、10年以上の長きにわたって辛抱強く見守っていただいた塩浦暲氏と、今回、ともに編集の労をとっていただいた原光樹氏に深く感謝申し上げます。

2022年1月23日

著者を代表して　白井利明

アイデンティティ――目次

第2章　アイデンティティ・ステイタス理論の考え方と展開　79

第3章　ダイナミックシステム・アプローチによるアイデンティティ研究　129

装幀＝加藤光太郎

第1章　エリクソンのアイデンティティ理論

［注］　本章は紙面の都合からすべての引用箇所を示していない。主な参照箇所に止めている。エリクソンの用語はもっとも新しい出版年の著作に統一した。そのため、たとえば「活力」などと訳されるvirtueは、本書では「自我の強み」とした。ただし、「アイデンティティの拡散」については後にエリクソンが「アイデンティティの混乱」と言い換えているが、他の章との用語統一のため「拡散」としている（「1－4　個人性と共同性」の注［1］参照）。また、エピジェネティックチャートの上下の向きは、もともとエリクソンが意図した当初のものに戻した。

引用表記でページが／を挟んで2つある場合は、最初のページは原著、次のページは翻訳書である。原著が複数の翻訳に分かれている場合は、当該の翻訳書の記載（1・2、もしくは上・下）を引用箇所に示した。また、雑誌論文等の書誌情報の次に書かれているページ数は当該の引用ページである。原著と翻訳のページ数をスラッシュ記号で区別することも含めて、第1章のみならず、第3・4章にも適用される。

1-1 辺縁性

――アイデンティティ問題の生まれるところ

本章は**エリク・エリクソン**[1]の**アイデンティティ**（identity）の理論について考える。アイデンティティとは何かについては1-2項以降で述べていくが、ひとまずは集団のなかの自分の立ち位置からくる自我の問題だとしておこう。まず本項ではエリクソンのアイデンティティへの関心は、自分の生い立ちに根ざしていたことを述べる。そして、エリクソンの理論は難解だと言われるが、どのように理解したらよいかを考える。

[1] Erik H. Erikson: 1902-1994.

■出自にまつわる疑問[2]

エリクソンは、自分自身であろうとする人には、出自（origin）にまつわる疑問が薄気味悪く立ちはだかるという。

エリクソンは、南ドイツのカールスルーエという町で育ったが、小児科医テオドール・ハンブルガーと、カーラ（旧姓アブラハムセン）とのあいだで生まれたことになっていた。しかし本当の父親はエリクソンが生まれる前に母親と自分を捨てており、

[2] Erikson, E. H. (1975) "Identity crisis" in autobiographic perspective. In E. H. Erikson, *Life history and the historical moment: Diverse presentations*. (pp. 1-47). Norton, pp. 26-27.（鑪幹八郎（訳）(1998)「アイデンティティ・クライシスに関する自伝的覚え書き」鑪幹八郎他（編）『アイデンティティ研究の展望 V-1』(pp. 13-39) ナカニシヤ出版 pp. 20-21.）

そのことを母親は隠していたのである。母親の実家はコペンハーゲンのユダヤの名家だったので、見ず知らずの男性の子どもを身ごもったことが世間に知られないように、密かにフランクフルトの伯母のもとで生むように命じられたのだった。エリクソンが3歳のとき、母親はハンブルガーと再婚し、彼が父親だと教えた。

エリクソンはこの真実を知ってから、本当はもっとよい両親の息子だったのに完全に捨て子だったという空想にひたった。空想というと現実逃避に聞こえるかもしれないが、実父がどんな人だったかという空想は、後のエリクソンの人生で危機に直面するたびに現れてはエリクソンを導くのに役立っていた。

■アイデンティティ問題[3]

エリクソンは、アイデンティティの問題は、将来、どんな人間になるのかを考える青年期になると先鋭化するという。

義父と母親はユダヤ人だったが、実父はユダヤ人ではなかった。エリクソンは実父に似たせいか、ブロンドの髪で青い目をしており、背が高く、それゆえユダヤ人らしくなかった。そのため、ユダヤ人教会に行くとユダヤ人から「ゴイ」(goy：白人という意味)と呼ばれた。学校では非ユダヤ人からユダヤ人と呼ばれた。結局、ユダヤ人からも非ユダヤ人からも、仲間に入れてもらえなかった。このように、ある集団に属しているとき、その中心からはずれるような立ち位置を、**辺縁性**(marginality：周辺

[3]［2］の文献 pp. 27-28/pp. 21-22.

性）という。エリクソンはそのような立場にいたため、アイデンティティの問題をかかえていた。アイデンティティの問題とは、複数の集団の境界にいて、「あちら側か、こちら側か」の二者択一が求められるときに生まれてくるものなのである。

青年期以降も、エリクソンにはアイデンティティ問題がついてまわった。第一次世界大戦中のドイツでは、自分の身を守るためにドイツ人以上に立派な愛国者にならなければならなかった。デンマークが中立を維持してからは、自分がそこに属しているという思いを抱いていたデンマークに定住しようとしたが、市民権が認められなかった。そこでナチスから身を守るため、31歳のとき（1933年秋）、カナダ出身の妻ジョアン[4]とともに、アメリカに移住した。それによってエリクソンは自分の風景も拠り所も失ったと述べている。エリクソンは、何度もアイデンティティをつくり直さなければならなかった。

[4] Joan Erikson：1903-1997.

■放浪する芸術家[5]

エリクソンは、ギムナジウムを卒業すると大学には行かず、母親の影響もあってか芸術学校に入った。芸術学校在学中を含め、ギムナジウムを卒業してからの7年間を、ドイツの黒い森や北部イタリアでスケッチをしながら自由気ままな放浪生活をした。そうした生き方は既存の体制への反抗を意味し、当時の青年の憧れのひとつだった。

[5]［2］の文献 pp. 25-26/pp. 19-20.

エリクソンはこの7年間が**心理社会的モラトリアム**（psychosocial moratorium：大人になる遅延期間）だったと、振り返っている。エリクソンは放浪する芸術家でよかったと言う。青年期のときの自分は病的なまでに感受性が高かったが、放浪しながら芸術をしたことで身体が頑丈になり、バランスのとれた感覚になったと後から振り返って考えている。

■児童精神分析家になる[6]

エリクソンの心理社会的モラトリアムが終わったのは、24歳（1927年春）のときだった。友人の**ピーター・ブロス**[7]がオーストリアのウィーンの学校で働くよう誘ったのである。エリクソンの心理社会的モラトリアムは就職という社会的儀式で終わった。

そのウィーンで**精神分析**（Psychoanalysis）の創始者である**ジークムント・フロイト**[8]と出会った。エリクソンは大学を卒業していないが、フロイトのもとで訓練を受ければ医学校に行かなくても医師になることができると聞いて喜んだ。小児科医だった義父が期待した小児科医になることができ、それによって義父の期待に応えられると思ったのである。

エリクソンが師事したのは高齢のフロイトではなく、娘の**アンナ・フロイト**[9]だった。アンナ・フロイトはフロイトの後継者であり、児童精神分析や遊戯療法の草分け

[6]［2］の文献 p. 29/pp. 22–23.

[7] Peter Blos：1904–1997.

[8] Sigmund Freud：1856–1939.

[9] Anna Freud：1895–1982.

的な存在である。エリクソンは後に、アメリカで最初の児童精神分析家となった。

■芸術と科学の結合

エリクソンは自分を芸術家（画家）だと思っていたので、精神分析家になる訓練のなかでは、精神分析という高度に知的な企てに自分の芸術的な関心は入る余地がないと嘆いていた。アンナ・フロイトは「あなたはそれら（高度に知的な企てのこと）を視覚化できるかもしれないね」と励ましたという。エリクソンのなかで芸術と科学がつながったのは、それからずいぶんたって『幼児期と社会』（１９５０年）を書いたときだったが、後から振り返るなら、いくつかのきっかけはあったと言う。

エリクソンはフロイトと親しい家の家庭教師だったため、普段のフロイトを知る機会があった[10]。フロイトが自分の書斎で、いろいろな人間の**かたち**（form：フォルム）をした小さな彫像に囲まれているのを見て、心の葛藤や苦しみや告白から人類の悪魔的な内的世界を掘り起こしてしまったフロイトが、かたちに対して驚くべき畏敬の念を抱いていると知って、感銘を受ける。エリクソンは、漠然とではあるが、ただならぬ深さと複雑な屈折をもった人と出会っているのだと感じた。

また、訓練の最中が心理・生理的なメカニズムへの還元的な議論で終始したのとは違って、訓練の合間の雑談では、かたちと意味が交差することで生まれる豊かさが語られ、その豊かさに開かれた**布置**（configuration）[11]に注目する喜びがあった。布置と

[10] Erikson, E. H. (1964) *Insight and responsibility: Lectures on the ethical implications of psychoanalytic insight.* Norton, p. 20.（鑪幹八郎（訳）（2016）『洞察と責任―精神分析の臨床と倫理』［改訳版］誠信書房 p. 4.）

[11] 布置は、たとえば『ライフサイクル、その完結』では「形態」と訳されている。
Erikson, E. H. & Erikson, J. M. (1997) *The life cycle completed: Extended version.* Norton, p. 21.（村瀬孝雄・近藤邦夫（訳）（2001）『ライフサイクル、その完結』［増補版］みすず書房 pp. 20-21.）

は、場面における出来事の配置から意味が出てくることをいう。たとえば、遊戯療法のなかで子どもの遊びを見ていると、子どもは遊びをとおして、人と人とのかかわりを生き生きと表現し、それをとおして立ち直りの事実を直接、表現していた。ずっと後にアンナ・フロイトは小さな会合で、自分が愛されていると感じ始めた子どもは本当に美しくなると述べたが、エリクソンはそうした動きをたとえば子どもの遊びの布置のなかから読み取った。

■アンの事例[12]

4歳児のアンの事例から、エリクソンが遊びの布置から何をどう読み取るかを考えてみよう。

粗相に困って母親が連れてきたアンは青ざめていた。エリクソンはアンから何も聞き出せないことを悟る。そこで、エリクソンは黙って床の上に積み木の家をつくり始めた。居間、台所、寝室、そこでは小さな女の子の人形がベッドの上に寝ていて、そばに女の人が立っている。トイレがあって、ドアが開いている。車庫があって、自動車のそばに男の人が立っている。この配置は、アンが粗相をしないように母親が起こしに来ていて、一方、父親は出勤の支度をしているという、いつもの朝のひとときの情景を暗示している。

アンは魅せられたのか、突然、しゃぶっていた親指を口から離し、歯を見せて笑っ

[12] Erikson, E. H.（1950/1963）*Childhood and society*（2nd edition）. Norton, pp. 49–52.（仁科弥生（訳）（1977, 1980）『幼児期と社会 1』みすず書房 pp. 55–58.）

た。お母さん人形を思いきり蹴飛ばして始末をつけ、トイレのドアをパタンと閉め、お父さん人形の隣にピカピカの自動車3台を置いた。アンはエリクソンの問いかけに答えたのだった。その答えとは、母親が当然求めてもよいものを与えず、父親には父親が求めている以上のものを与えるということだった。こうした場面構成から、アンが母親を憎み、父親を愛している、とエリクソンは読み取る。そして、その後の展開から、彼女は同時に母親を愛していたし、必要としていたことも見て取る。アンは愛情の**アンビバレンス**（ambivalence：両面感情）に引き裂かれていたのである。

ここではアンの遊びの豊かさから引き出される立ち直りのプロセスまでは描かれていないが、エリクソンが遊びのなかに示された出来事の布置から、アンのかかえるテーマ（主題）をどのように読み取っていくのかが示されている。

■事例の関連性と相対性

エリクソンの概念は曖昧（あいまい）であるとの批判もあるが、エリクソンは否定しない。エリクソンの説明のしかたは、アイデンティティが何を問題（matter）にしているのかについて、さまざまな事例を重ねることで、その意味が自ずと姿を現すのを待つというものである。[13] 本章もできるだけ、エリクソンの事例を紹介することで説明する。

なぜそのような暗示的なやり方をするかというと、心理臨床家であるエリクソンの扱う臨床的なエビデンスは、伝統的な科学のエビデンスとは違って、暗示的で相対的

[13] Erikson, E. H. (1959/1980) *Identity and the life cycle: Reissue.* Norton, p. 109.（西平直・中島由恵（訳）(2011)『アイデンティティとライフサイクル』誠信書房 p. 112.）

[14] [10] の文献 p. 80/p. 72.

[15] [11] の文献 p. 26/p. 28.

[16] [12] の文献 p. 45/1 pp. 50–51.

[17] [13] の文献 pp. 41–42/pp. 32–33.

■エリクソンの著作の主な参照箇所

鑪幹八郎（訳）(1998)「アイデンティティ・クライシスに関する

なもの（implicit relativity）であると考えるからである。[14] それゆえ、エリクソンは全体から部分を取り出して分析することはしない。たとえば、以下で見るように、精神・身体・社会を一つのシステムとして捉え、そのなかで精神のもつ意味を見ていくのである。

私たちは、人間の精神は身体とは別のものであり、社会は個人の外にあるというように、それぞれを対置して考えている。しかし、実際には、切り離しては捉えられない。いずれか1つのプロセスから人間の行動を追求しても、いつの間にか他のプロセスのなかに踏み込んでいる。[15] 身体の不調を考えていくと、心の悩みにつきあたり、心の悩みを考えていくと、家族の歴史や社会生活につきあたったりする。自我のプロセスの変動（variation）にしても、身体の状態や社会変動に意味を与え、また、そこから意味を受けとっている。[16] そのため、社会や身体が変化するだけで、自我の意味が変わってしまう。

さらには、心理や自我を見るときの私たちの見方のなかにも社会は入り込んでいる。たとえば、古典的な精神医学に「患者の母親は支配的だった」というステレオタイプな見方がある。しかしそれは、ヨーロッパのある時代の家族を基準にしたイメージにすぎない。[17] 人間の心理や行動を見るときに、自分たちの見方そのものに歴史的なものが入り込んでいないかを考えておくことが必要なのである。

自伝的覚え書き」鑪幹八郎他（編）『アイデンティティ研究の展望 V-1』(pp. 13-39) ナカニシヤ出版
（60代のエリクソンが自分のアイデンティティの危機を振り返っている）

■参考文献

鑪幹八郎（2018）「第3講 エリクソン―その生涯とライフサイクル」大阪精神分析セミナー運営委員会（編）『連続講義 精神分析家の生涯と理論』(pp. 71-104) 岩崎学術出版社
（エリクソンの生い立ちと臨床を解説）

フリードマン、L・J／やまだようこ・西平直（監訳）鈴木眞理子・三宅真季子（訳）（2003）『エリクソンの人生―アイデンティティの探求者 上・下』新曜社
（歴史学者によるエリクソンとその家族の詳細な伝記。エリクソンのアイデンティティ理論がどのように生まれてきたかを知ることで、その本質がわかる）

1-2 自我アイデンティティ

——コミュニケーションがもたらす自我の分割

アイデンティティ（identity）という英語の意味は、「その人が何者かということ（who he or she is）」、あるいは「人、または集団を、他の人または集団から区別する特質」である。つまり、アイデンティティとは「自分が誰か（Who am I?）」という問いへの答えであり、**自己定義**（self-definition）である。しかし、エリクソンは自己定義とアイデンティティをイコールに結んだことはないという[1]。「自分が誰か」という問いは、一時的に病的な状態であるか、創造的な自己探求をしているときか、あるいは、ときとして、この2つの状態が重なる青年期でないかぎり、誰も自分には発しないという。そのため、自分がアイデンティティの危機だという学生に出会うと、エリクソンは思わず自分に不平を言っているのか、それとも自慢しているのかと尋ねてしまうという。それでは、エリクソンのいうアイデンティティとは何だろうか。

[1] Erikson, E. H.（1968）*Identity: Youth and crisis*. Norton. p. 314.（中島由恵（訳）（2017）『アイデンティティ─青年と危機』新曜社 p. 407.）

■私とあなたの認め合い[2]

私たちは相手が私の立場（order）に立って話してくれると自分が大切にされてい

[2]［1］の文献 pp. 219-220/p. 277.

ると感じるし、自分も相手に同じように接することができるので、相手を大切にしていると感じることができる。これが〝他者が自分を認めてくれることで自分が他者を認められる〟という相互行為である。それをエリクソンは**相互確証**（mutual affirmation）という。相互確証ができると、〝私という存在を**活性化**（activation：自分の力が引き出されること）するために他者を当てにできる〟ようになる。反対に、相手が私の立場に立って話してくれなかったり、私に相手の立場に立って話をさせてくれなかったりすると、**相互否定**（reciprocal negation）となる。誰かとこのような関係に陥ると、人間関係の**アンビバレンス**（ambivalence）が生じ、不安（uncertain）になる。それが以下に述べるようなアイデンティティ問題を引き起こす。

■心理社会的アイデンティティが現れるとき[3]

コミュニケーションで悩ましいことは、図1-1の例に示されるように、言葉の裏にある自我のレベルのコミュニケーションである。自分が受けとった情報は、自分のアイデンティティの承認（confirmation）なのか、それとも否定（negation）なのか、いちいち吟味（test）しないといけないことがある。しかも、その判断は、自分の自我（「私」）ではなく、自分の所属する集団（我々集団）の自我たち（「我々」）が行う。つまり、我々意識が私を集団の一員として確証するか、そうではないと否定するかを決めるのである。しかも、さらに複雑なことに、それによって自分自身が我々意識に

[3]［1］の文献 p. 220/pp. 277–278.

とって好ましい側面である**肯定的アイデンティティ**（positive identity）と、好ましくない側面である**否定的アイデンティティ**（negative identity）[4]に分割されてしまう。そうなると、2つのアイデンティティのあいだに葛藤が生じ、それが不安をもたらす。こうして私の所属する集団の我々意識が私を明確に確証するか、それとも否定するかを迫ってきたときに現れるのが、**心理社会的アイデンティティ**（psychosocial identity）である。「心理社会的」とは、人と人のやりとりから安心感を得たり、逆に緊張を味わったりするといった意味のことである。

■**自我アイデンティティ**[6]

エリクソンは**自我アイデンティティ**（ego-identity：自我同一性）という言葉をつくって、従来から使われている**個人アイデンティティ**（personal identity）から区別している。個人アイデンティティは哲学では人格的同一性などと訳されている。「私は誰か」という自己定義はこちらの意味である。

個人アイデンティティとは、「人が特定の時間と空間における存在（existence：実存）に**自己斉一性**（selfsameness）と**連続性**（continuity）があるとわかっていると同時に、他者からもそのように見られている事実を知っていること」をいう。ここで「特定の時間と空間における存在」という限定が付いているのは、アイデンティティはその時代や地域に共通する善悪のイメージに導かれて形成されるか

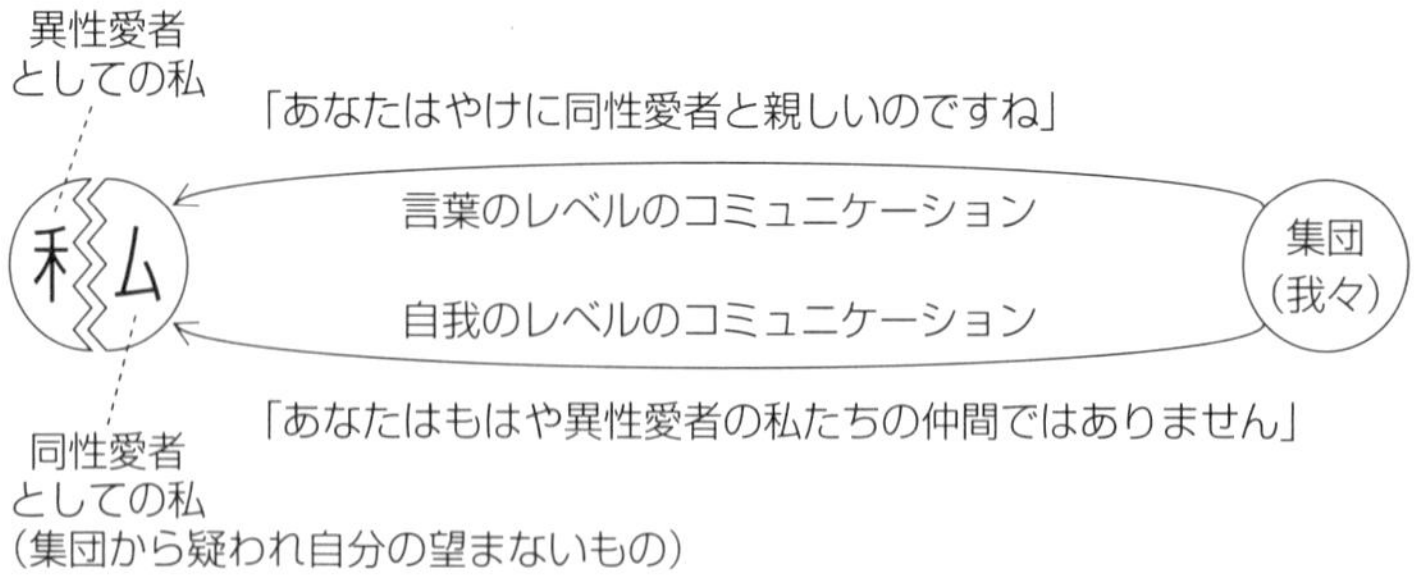

図1-1　言葉の裏にある自我の水準におけるコミュニケーションが自我を分割する例[5]

らである。[7] そのイメージが侵害されると自分が危険にさらされていると感じ、たとえばナチスの時代のドイツ人が自分たちは優れた民族だと考えてユダヤ人を迫害したように、間違った考えを受け入れてしまう。

それに対して、自我アイデンティティはエリクソンが重視するものであるが、個人アイデンティティに**自我総合**（ego synthesis）の方法という自我の特質を個人アイデンティティに付け加えたものである。

■自我総合とは何か[8]

私たちの生活では、環境がその要求を自分に無理強いしてくることがある。たとえば、他者による扱いに納得がいかなくて、いつまでも腹立たしいような体験である。環境と自分が、どちらかを立てればどちらかが沈むという関係になると、自我がバラバラに分解してしまう。そこでの自我の課題は総合である。総合とは、さまざまな出来事を秩序づけて整理することである。総合によって葛藤しあう経験を支配し、行為に導く。

総合するために、まず**スクリーニング・システム**（screening system）が発達する。これは対処可能でない出来事を振り分けて無視することである。また、非合理的な対処によって自我を守ろうとする**防衛機制**（defense mechanism）を発達させる。たとえば、相手をなぐってやりたいとき、ボールを思いきり蹴って、そのエネルギーを昇

[4]「1-4 個人性と共同性」および「1-9 心理社会的モラトリアム」参照。

[5] 第4章「4-7 ディスコースをとおした個人アイデンティティの構築」のバンバーグのアイデンティティ・ジレンマの例を参考にした。

[6]［1］の文献 p. 50/p. 49.

[7] Erikson, E. H. (1959/1980) *Identity and the life cycle: Reissue.* Norton, p. 17.（西平直・中島由恵（訳）(2011)『アイデンティティとライフサイクル』誠信書房 p. 1.）

[8]［1］の文献 pp. 81-82/pp. 90-91.

華（sublimation）する。

自我はこの2つを発達させて、環境から押しつけられたものを自分の意志に基づくものに転換する。このことをフロイトは、〝受動的なものを能動的なものに変える〟と言っている。

■総合と統合はどう違うか

総合（synthesis）は日本語ではしばしば統合と訳されてきたため、総合よりも統合という言葉のほうに馴染み（なじみ）があるかもしれない。総合は伝統的な精神分析の用語であり、内界と外界を仲介したり、パーソナリティの相反する要素を結合したり統一したりすることをいう[9]。それに対して、統合（integration：一般化による結合）は、**自我心理学**（ego psychology）の**ハインツ・ハルトマン**[10]が使った。彼は分化（differentiation：要素が増えて複雑になること）もまた自我の機能だとして、分化とペアになる用語である統合を用いた[11]。たとえば、ある女性が人びとの命を救う医師になりたかったが、自分が今就いている心理師も人びとを救う点では同じであると考え、実現しなかった医師と現実に就いている心理師を「人を救う人」として一般化し、統合したのである[12]。

エリクソンは伝統的な精神分析にも自我心理学にも立脚するため、総合と統合の両方の用語を使うことになったのであろう。

[9] 総合については、Nunberg, H. (1931) The synthetic function of the ego. *International Journal of Psycho-Analysis, 12*, 123-140. p. 123 を参照。

[10] Heinz Hartmann：1894-1970.

[11] Hartmann, H. (1964) *Essays on ego psychology: Selected problems in psychoanalytic theory*. International Universities Press. p. 115.

[12] 第3章「3-10 ランドスケープ」のジェーンの事例を参考にした。

■自己斉一性と連続性[13]

自我アイデンティティとは「自我が総合する方法（ego's synthesizing methods）に自己斉一性と連続性がある事実に気づいており、その方法がもつ自分にとっての意味と、また同時に共同体（community：運命をともにする人びと）の他者にとっての意味の両方に斉一性・連続性があり、両者が一致する事実に気づいていること」をいう[14]。

まず自己斉一性と連続性を説明しよう。青年期でいうと、自己斉一性とは、〝自分自身の中に見出してきた自分〟と〝他人が自分の中に見出し、期待しているだろうと思う自分〟とのあいだに意味ある共通性を見出すことである。連続性とは、〝子ども時代（childhood）をとおして長い年月のなかでそのようになった自分〟と〝予期される将来にそうなると期待する自分〟とのあいだに橋渡しをするものである。

ここで間違えてはならないのは、以上のことから、自己斉一性は私の思う自分と他者の思う自分のギャップを埋めることであり、連続性は過去・現在・未来の自分をつなげることだ、とだけ考えてはならないことである。それだけでは個人アイデンティティにとどまり、エリクソンの言いたい自我アイデンティティにはならない。自分の発達が所属する共同体にとっても重要な意味をもつことがわかっていなければならない。社会的リアリティのなかでうまく機能している自我へと発達しつつあるという確信、つまり社会的に定義された自己へと成長しつつあるという確信をもつことが、自我アイデンティティである。

[13]［1］の文献 p. 87/p. 97.

[14]［1］の文献 p. 50/p. 49.

■個人性のスタイル[15]

自我総合の方法とは、生活のなかで遭遇した出来事を経験する、その人のしかたであり、さまざまな出来事を秩序づけるプロセスをいう。たとえば、フロイトは自分の革新的な理論を当時の多数派から拒否されたが、多数派に距離をとって仕事をした。このスタイルがフロイトの自我総合の方法である。これは**個人性のスタイル**（style of individuality）ともいう。

このように、エリクソンにとって自我アイデンティティとは、自分に降りかかる出来事に対処して自分の生活や人生を立ち上げていく、その人なりのスタイルのことなのである。それゆえ、自分に問うべきことは「自分が誰か」ではなく、「私はどんな人間になりたいのか」「私は何をしたらよいのか」といったことである。[16]

■自己アイデンティティ[17]

友人によって自分の見せるものが違うから多元性があり、一貫性のあるアイデンティティは存在しないといった議論も見られる。しかし、エリクソンからすれば、内省の対象になるのは自己（self）であって、自我（ego）ではない。[18]自我アイデンティティは自己像や役割像[19]といったものではないのである。

エリクソンが言うには、自己には、さまざまな側面がある。暗闇で裸になっている身体自己と突然光にさらされた身体自己、服を着て友人のなかにいる自己と上司や部

[15]［1］の文献 p. 50/p. 49.

[16]［1］の文献 p. 314/p. 408.

[17]［1］の文献 p. 211/p. 265.

[18] 自我も幾分かは内省の対象になりうるが、そのときに経験されるのはアイデンティティの感覚であり、それは「私は生きている」といった当たり前の感覚である。

[19] エリクソンの言うアイデンティティを「何々としての自分」で説明するのでは、自己像や役割像と違わないことになってしまう。

■エリクソンの著作の主な参照箇所

中島由恵（訳）（2017）「第5章 私、私の自己、そして私の自我」『アイデンティティー青年と危機』（pp. 273-279）新曜社（エリクソンが何をアイデンティティの問題としているかがわかる）

下と一緒にいるときの自己というように、さまざまな自己が混じりあっている。もし私が（ナルキッソスがしたように）自分の身体像を賞賛するなら、私は自我に恋をしているのではなく、鏡に映った身体自己に恋をしているのである。したがって、私が自己のある側面を時間的に連続し、一体化したものと知覚する場合は、自我アイデンティティではなく、**自己アイデンティティ**（self-identity）と呼ぶべきだと、エリクソンは言うのである。

■参考文献

小此木啓吾（1985）「社会・文化論的自我心理学の流れ（エリクソン）」小此木啓吾『現代精神分析の基礎理論』（pp. 214-235）弘文堂

（精神分析の流れのなかのエリクソンの理論を解説。エリクソンの理論を理解するには精神分析の知識が欠かせない）

溝上慎一（2008）「エリクソン・青年期アイデンティティ論」溝上慎一『自己形成の心理学―他者の森をかけ抜けて自己になる』（pp. 80-88）世界思想社

（自己定義は自己アイデンティティの問題であると述べている）

1-3

アイデンティティの危機

——身体・自我・社会というシステム

エリクソンが初めて**アイデンティティの危機**（identity crisis）という用語を使ったのは、いつだろうか。また、それを使って何を捉えようとしたのだろうか。そして、それを捉えることで、実際にどんなことに役立つのだろうか。本項で考える。

■規範的な発達

エリクソンがサンフランシスコのマウント・シオン病院で出会った30歳すぎの若い教師は、1942年の太平洋のガダルカナル戦で多く出た精神的傷病者の一人だった。[1] 彼は精神神経症と診断されたが、エリクソンからすると、診断名が示すような悪い意味での機能停止状態ではなかった。彼らは仕事のキャリアを中断され、家族や愛する人から引き離され、馴染んできたコミュニティから見知らぬ土地に送られ、残酷な戦争の光景や音に晒(さら)される軍隊生活を余儀なくされていた。これから大人になろうとするときに、歴史の激変に遭遇し、一時的に混乱しているだけだった。彼らが戦場にいなければ、青年期が終わるときには誰でも獲得するはずの規範的（normative：標準

[1] Erikson, E. H.（1968）*Identity: Youth and crisis*. Norton, pp. 16-17.（中島由恵（訳）（2017）『アイデンティティ──青年と危機』新曜社 pp. 3-4.）

的）な個人斉一性と歴史連続性の感覚が失われていたのだった。自己の**中心性**（centrality：自分が主体であること）のコントロールの欠如（周囲によって振り回されている状態）だったので、エリクソンは、彼は自我が傷ついていると考えた。このときからエリクソンは、**自我アイデンティティ**（ego identity）や**アイデンティティの危機**（identity crisis）という用語を使い始めた。

■海兵隊員の生活史[2]

彼の主訴は「除隊後も頭痛のために何もできなくなる」ことだった。彼は戦場で突然敵に襲撃され、嫌悪と激怒と恐怖が奇妙に混ざりあう混乱のなかに置かれた。除隊して祖国に帰還し平時の生活に戻っても、突然の物音を聞いただけで危険にさらされていると感じた。彼の症状はＰＴＳＤ（Post Traumatic Stress Disorder：心的外傷後ストレス障害）と言えるものだった。

エリクソンは敵の突然の襲撃の後のことについて尋ねたが、彼はよく覚えていなかった。激しい戦闘の最中に、父親のように慕っていた軍医に口汚く罵られ、誰かによって機関銃を無理に持たせられたことが最後の記憶だった。

実は、彼は戦争が始まったとき、どうしても銃をとる気持ちになれず、衛生兵に志願していた。彼は憎しみというものを誰に対しても抱いたことがなかった。酒も飲まなければ、タバコも吸わなかった彼は、荒々しい海兵隊のなかにいるには立派すぎる

［2］Erikson, E. H.（1950/1963）*Childhood and society*（2nd edition）. Norton, pp. 38–44.（仁科弥生（訳）（1977, 1980）『幼児期と社会 1』みすず書房 pp. 40–48.）

男だった。そこで、エリクソンは、頭痛とはまったく縁がないように思えること、つまり、なぜこの男性はそれほどまでに善良な人間であり、自分の怒りによって衝撃を受けたのかを問題にした。

彼の**生活史**（life history）を聴き取ると、銃は一家の没落の象徴であり、彼が絶対に避けようと決心した怒りや醜悪なものの象徴であった。彼の一家が経済的にも道徳的にも斜陽の一途をたどっていたとき、母親が酒に酔ったあげく、怒り狂って彼に銃口を向けた瞬間、彼はその銃を奪い取って叩き壊した。14歳のとき家を飛び出して以来、二度と母親には会っていないようだった。その後、彼はまるで父親のように面倒を見てくれる人に出会った。彼の学校の校長であった。彼はこの人の保護と指導を受ける代わりに、決して酒を飲まないこと、ののしらないこと、性行為にふけらないこと、銃に手を触れないことを誓った。やがて彼は良い学生となり、教師になり、まれにみる気性の穏やかな男になった。少なくとも表面的にはそうであった。

それがこともあろうに、あの夜、父親のように慕っていた上官から罵声を浴びせられ、そのうえ誰かから自分の手に機関銃を押しつけられた。彼の自尊感情の基盤であった象徴的な誓いを破れと命令してきたのである。少なくとも彼は命令されたと受けとった。外部から内面の理想を支える支持を奪われ、それまで堰（せ）き止めていた幼児期の激情の門を開いてしまった。彼の強固に見えた人格の一部だけが本当に成熟していたのであって、他の部分は今崩れ去った支柱で支えられていたにすぎなかったのである。

■罪悪感による償い[3]

彼のなかでは「本国に帰らせてもらえばいいではないか。何もお人好しになる必要はない」という内なる声と「戦友たちの期待を裏切ってはならない。彼らに耐えられることがお前に耐えられないはずはない」というもう1つの声とがいつも葛藤していた。だが空爆にさらされ、身動きができない状態に耐えられなくなったとき、彼の内部の何かがあまりにもあっさりと撤退の勧めに負けてしまった。これが事態を複雑にした。戦友の期待を裏切った自分の弱さを過度に償おうと、いつまでも病気に苦しめられていたいという無意識の願望をもったのである。その証拠に、彼に限らず、こうした現実逃避者の多くは、自分で意識している以上に強い忠誠心をもっていた。この良心的な患者も、彼の症状が明らかに快方に向かっていると見えるとき、あるいはそれに気づかないでしばらくのあいだ身体の調子がよかった後でそのことを意識したとき、必ず耐えがたい激痛に襲われた。仲間を裏切ったという罪悪感を自分が頭痛に苦しむことで償おうとしていたのである。

■自我アイデンティティの欠損[4]

彼は**スクリーニング・システム**（screening system）が病んでいた。不都合な刺激

[3]［2］の文献 p. 44/1 p. 45, p. 48.

[4]［2］の文献 p. 41/1 pp. 44–45.

でないかどうか、ふるいにかける能力をスクリーニング・システムという。私たちは与えられた瞬間に無数の刺激を知覚しているが、特定のことに注意を集中するため、無視できる刺激には注意を払わないでいる。スクリーニング・システムが機能しないため、彼はいつ襲ってくるかわからない恐怖に対して常に怯えていた。突然の物音を聞いただけで、自分が攻撃されていると感じたのである。しかも、彼は自分の情動の動きに対しても無力であった。何かを知覚したり、感じたり、考えたり、思い出したりすることがあまりに突然だったし、それらがあまりに激しいと、子どもじみた怒りや不安が理由もなしに湧くのだった。さらに悪いことに、彼は熟睡することも、よい夢を見ることもできなかった。そのため、夢によって感情的な統合を回復することもできなかった。

　エリクソンにもっとも印象深かったことは、彼にアイデンティティの感覚が失われていることであった。自分の家の近くで道に迷ったり、人と話をしていて知らず知らずに間違ったことをしゃべっていることに突然、気づいたりした。時間と空間を体制化し、真実を吟味する自我の機能が働かなくなっていたのである。

　彼の**自我境界**（ego boundary：自我と外界および自我と衝動（es：エス）の境界）は衝撃を吸収する部分を失ってしまい、感覚的印象であれ、自責の念であれ、衝動であれ、記憶であれ、あらゆる突然の出来事や刺激の強い出来事によって不安と怒りにさいなまれた。これは**自我総合**[5]の部分的な喪失を意味していた。

[5]「1-2　自我アイデンティティ」参照。

■集団アイデンティティの危機[6]

彼が言うには、私は今、家にいるはずだ、そして屋根にペンキを塗ったり勘定を払ったりしているはずだ、ボスに会ったり彼女を訪ねたりしているはずだ、などと考えて不安がよぎるという。

それは、アメリカ人として当然の生活を二度と送ることができないという絶望感に襲われていることを意味した。アメリカ人には行動の自由があり、それが実現できるという保証がアメリカの**集団アイデンティティ**（group identity：集団が経験をまとめる方法）にとって当然のことである。移住者であっても移住を命じられることはないし、定住者であっても定住を命じられることはない。個人には選択の自由があり、誰も塀の中に閉じ込められないし、引きずり回されもしない。しかし、その確信を彼はもてないでいたのである。個人のアイデンティティは集団アイデンティティに根ざすことで安定するが、集団アイデンティティがゆらいでいるため、それができなくなっていた。

■リハビリテーションへの示唆[7]

アイデンティティの危機であると診断することで、治療のしかたはどう変わるのだろうか。エリクソンは、「精神神経症」といったラベルは彼らの**自己疑惑**（self-doubts）

[6]［2］の文献 pp. 42-43／1 p. 46.

[7] Friedman, L. J. (2000). *Identity's architect: A biography of Erik H. Erikson.* Harvard University Press. p. 161.（フリードマン，L・J／やまだようこ・西平直（監訳）鈴木眞理子・三宅真季子（訳）(2003)『エリクソンの人生―アイデンティティの探求者 上』新曜社 p. 154.）

と劣等感を増大させるだけだと医師に伝え、精神神経症という診断名をやめるよう提言した。そのことで連続性の感覚を回復しようとしている復員兵を手助けできるとした。

彼らを観察すると、復員兵のかなり多くは、軍隊内では他の男性たちとある種の親密性をもっていて、それが彼らに居心地良くさせていた。彼らは、いわゆる女性的な雑用を引き受け、軍隊内で協力的な家族のようにふるまっていた。そのため、復員兵は国に戻ったとき、家族のなかでそれほど固定的でないジェンダー役割をもつことができた。

エリクソンは、彼らがキャリアを立て直し、家族の安定を維持するよう、勇気づけることを医師に求めた。復員兵の妻のカウンセリングにより夫の状況を理解してもらったり、地元のコミュニティの指導者たちに、復員兵のしていることは単に自分の生活やキャリアに戻るときの一時的な調整にすぎないのだということを地域住民に説得したりしてほしいと頼んだ。

■身体・自我・社会[8]

彼の場合、もし戦争がなかったら（社会の変化）、そのとき彼自身の疲労と恐怖が重なっていなかったら（身体の変化）、自我アイデンティティが崩壊しなかっただろう（自我の変化）。しかし現実には**身体・自我・社会**の変化が重なってしまった。そ

［8］Erikson, E. H.（1950/1963）*Childhood and society*（2nd edition）. Norton, pp. 45-46.（仁科弥生（訳）（1977, 1980）『幼児期と社会 1』みすず書房 pp. 48-51.）

［9］Erikson, E. H.（1959/1980）*Identity and the life cycle: Reissue*. Norton, p. 42.（西平直・中島由恵（訳）（2011）『アイデンティティとライフサイクル』誠信書房 p. 33.）

の結果、彼は変化に敏感となり、変化をいたるところで感じるようになってしまったのである。

このように、身体・自我・社会は切り離して考えることはできないものである。この3つは互いに依存しあっているため、1つのプロセスに発達の遅れやズレが生じると、残りのプロセスが不調を訴えて警告してくる。たとえば、心の不調は身体や人間関係の不調として現れてくる。そこでエリクソンは、身体を見ながら自我と社会を考え、自我を見ながら身体と社会を考え、社会を見ながら自我と身体を考える、というように、同じことについて焦点を変えて3回、分析するという。そうしてはじめて、問題の全体が見えるのである。

表層に現れる症状だけを見ても、深層にある問題は見抜けない。エリクソンは、彼の見せる症状は断片的で見せかけの性質しかもっておらず、まるで本物の神経症にかかることすらできないかのようだったと述べている[9]。

■エリクソンの著作の主な参照箇所

仁科弥生（訳）（1977）「第1章 海兵隊員の戦闘危機」『幼児期と社会 1』（pp. 40–52）みすず書房（本節の事例と解説が詳しくわかる）

■参考文献

大倉得史（2011）『「語り合い」のアイデンティティ心理学』京都大学学術出版会（日本の青年のアイデンティティ危機が具体例にわかる）

西平直（1998）『魂のアイデンティティ―心をめぐるある遍歴』金子書房（ある青年に寄り添った記録）

大倉得史（2002）『拡散 diffusion―アイデンティティをめぐり、僕たちは今』ミネルヴァ書房（アイデンティティの危機を卒論で同級生と語り合う）

1-4 個人性と共同性

――肯定的アイデンティティと否定的アイデンティティの統合

アイデンティティだけを抽出して達成項目であるかのように心理尺度をつくり、その対応物であるアイデンティティ拡散**アイデンティティ拡散**（identity diffusion）[1]を悪であるとして排除することは誤りである、とエリクソンは言う。アイデンティティには不吉で扱いにくいものが含まれているのであって、それこそが、人の生き生きした（vital）感覚を生み出すものだからである。[2] 不吉で扱いにくいものとは何だろうか。

■内なるアイデンティティ[3]

エリクソンは**ジークムント・フロイト**がアイデンティティという言葉を本来の**心理社会的意味**（psycho-social significance）で使ったことが1回だけあるという。それはユダヤ人を聴衆にした演説のなかで、自分がユダヤ人に共通するパーソナリティの2つの特徴をもっていると表明したときである。1つは、言葉では表せなくて、しかもユダヤ人にしかわからない、数多くの曖昧な情動の力である。もう1つも言葉では表せないが、ユダヤ人の共通の精神を自分ももっていることへの秘かな安心感である。

［1］エリクソンはアイデンティティ拡散（identity diffusion）という言葉を使っていたが、後にアイデンティティ混乱（identity confusion）に置き換えている。diffusionという英語にはエリクソンが込めたい無秩序（disorderly）や混乱（confused）の意味はないと指摘され、変更したのである。しかし、本書では他の章との統一のため、拡散の語を使用する。
Erikson, E. H.（1968）*Identity: Youth and crisis*. Norton, p. 212.（中島由恵（訳）（2017）『アイデンティティ―青年と危機』新曜社 p. 267.）

［2］［1］の文献 p. 2.

［3］［1］の文献 pp. 20-22/pp. 9-11.

どちらも、それを共有しているひとのみが理解できる深い**共同性**（communality）がある。フロイトはこうしたパーソナリティを自分がもっていることを**内なるアイデンティティ**（inner identity）と名づけ、それを表明することで自分とユダヤ人との強い結びつきを明確にしようとした。

フロイトは長年にわたって独自の理論が社会に受け入れられなかったが、自分の境遇をユダヤ人の迫害の歴史と重ねることで耐え忍び、敵意に囲まれた逆境のなかで知的才能を発揮した。フロイトは「私はユダヤ人であったため、『凝縮された多数派』（compact majority：1つに凝り固まった集団）と折り合わなくてもやっていける備えができていて、さまざまな偏見から自由であった」と述べている。

ここには、もう1つの意味がある。ユダヤ人の多数派からも距離をとったという意味である。偏見はユダヤ人の多数派ももっていたが、フロイトはそこからも解放された独自な自分であるとしたのである。これは**個人性**（individuality）の主張である。個人性とは社会の中の単位として、これ以上は分割のできないひとまとまり（indivisibility）をいう。「自分は自分」といった意味だろう。

■2つのアイデンティティのアイデンティティ[4]

こうして、フロイトはユダヤ人の**集団アイデンティティ**（ここでは少数派として生きることや知的なものを重視すること）を自分の自我アイデンティティの中核に据え

[4]［1］の文献 p. 22/p. 12.

ることで、少数派であっても多数派に屈しない自分の大胆な思索という**肯定的なアイデンティティ**をかたちづくった。このことは、フロイトが自分の自我アイデンティティの中核にユダヤ人の共同体文化を据えたことを意味する。同時にフロイトは、ユダヤ人の多数派にも流されなかった。ユダヤ人の多数派は偏見をもつことで自分たちの知の営みを狭めたが、フロイトは少数派であることから逆に自分の知の営みを強靭に（きょうじん）した。このことでフロイトは、知的なものから自尊心を得るというユダヤ人がめざしながら成し遂げることが難しかったことの成功例になった。これは、自我アイデンティティがユダヤ人の共同体文化の中核に位置づいたことを意味する。この2つのプロセスをやり遂げたフロイトは集団アイデンティティと自我アイデンティティという2つのアイデンティティのアイデンティティを確立した（2つのアイデンティティを重ねて、その中心に自分が位置づいた）のである。

■フロイトの否定的アイデンティティ[5]

フロイトは自分が多数派の熱狂に引き込まれそうになると、それを抑制しなければならないことをさりげなく認めている。フロイトは、若い頃、若いがゆえの熱狂に巻き込まれ、自分の志を捨ててまで当時熱狂的に迎えられていた自然科学の方法を応用し、自分のするべきであった人間の尊厳の力の心理学的な研究をしそこねたことがあった。フロイトは、二度とそのようなことをしたくないため、熱狂に流されることを

[5]［1］の文献 p. 22/p. 11.

恐れていたのである。

それゆえ、熱狂はフロイトにとって「抑制された自己（suppressed selves）」、あるいはウィリアム・ジェームズ[6]の言う「遺棄された自己（abandoned selves）」、もしくは「謀殺された自己（even murdered selves）」なのであった。これらが否定的アイデンティティ（negative identity）である。否定的アイデンティティとは、自分がそうあってはならないもの、あるいはそう見えてもならないものであるが、それにもかかわらず、自分がそうであるかもしれないと感じるものである。その逆は肯定的アイデンティティ（positive identity）であるが、自分がなりたいもの、なるであろうとわかっているもの、社会歴史的条件が良ければ満たされるものをいう。

[6]「1-5　アイデンティティの感覚」参照。

■文化が否定的アイデンティティを生み出す[7]

あらゆる人間の心理社会的アイデンティティには、肯定的な要素と否定的な要素が階層化されて含まれている。フロイトの肯定的アイデンティティはもっとも高尚な理想と結びついていて、精神分析の創造（教義と儀式の結びつきの新形態、つまり精神分析的技術・精神分析運動・精神分析学研究所）に至るのに対して、否定的アイデンティティは幼児期に軽蔑されたものに根ざしている。

[7]［1］の文献 p. 203/pp. 252–253.

フロイトは、7歳か8歳の頃、両親が寝室にいるとき、寝室の便器を使ってはいけないと言われていたのに、ある晩、そのルールを破って放尿した。父親は「この子はろくな人間にはならんぞ」と言って叱った。この言葉は子どもの功名心をひどく傷つけた。この出来事は大人になっても繰り返し夢の中に現れて、必ず「どうです。私だってちゃんとした人間になったではありませんか」と言わんばかりの自分の業績と成功の数々が夢の中で披露されていた。

フロイトの否定的アイデンティティは、ユダヤ人のいう「どじ（schlemiel）」に近い意味がある。「どじ」とは、一所懸命にやって失敗する運が悪い人、あるいはお人好しで、つけ込まれやすい人のことである。知的達成を高く評価するユダヤ人のあいだでは、「どじ」のような否定的な役割は望ましくないものである。このように人のアイデンティティの肯定・否定は、人の属する文化によって決まるのである。

恐怖の対象となる否定的アイデンティティの示す特性は、たいていの場合、両親がかつてはそうなるよう唆（そそのか）されてきたものであり、それゆえ両親が自分の子どももそうなるのではないかと二重に恐れるものを表すイメージである。

■肯定的アイデンティティと否定的アイデンティティの統合[8]

否定的アイデンティティは、厄介者ではあるが、肯定的アイデンティティに必要な片割れ（counterpart）である。したがって、肯定的アイデンティティと否定的アイデンティティは統合されなければならない。

この統合のプロセスにおいて、その時代の歴史的プロトタイプ（historical

[8] Erikson, E. H.（1959/1980）*Identity and the life cycle: Reissue.* Norton. p. 180.（西平直・中島由恵（訳）（2011）『アイデンティティとライフサイクル』誠信書房、第一論文 原注7 pp. 238(15)–239(14).）

prototype：時代のイメージとなる原型）が用いられるが、集合的なイメージの圧縮も行われる。〝理想的なプロトタイプ〟か、それとも〝邪悪なプロトタイプ〟かといった二者択一に落とし込まれるのである。こうした単純化は、自分の将来や価値観、人間関係など、さまざまな領域での戦いを1つの戦いに集約して勝利するための作戦である。[9]

[9] [8] の文献 p. 30/p. 17.

しかし、その決着のしかたがどちらかの二者択一に終始すると、〝邪悪なプロトタイプ〟が抑制され、偽りの自我アイデンティティが確立される。たとえば、男性は男性性だけが期待される社会では、内なる女性性は抑制されて、男性の受容的・母性的な能力は発達しなくなり、そうした特質をもっていると罪悪感（guilt feelings：自分はこうでなければならないのにそうではないといった後ろめたい気持ち）で苦しめられる。そこから逃れようとすることで、結局は内なる女性性を取り去った後の単なる男らしさという抜け殻となってしまうのである。そこで、ひとは〝あれか、これか〟という二者択一のままではなく、両者を内に含んで統合するかたちでの決着をめざさなければならない。

■アイデンティティの拡散が人を救う

青年期のアイデンティティの拡散の中心は役割混乱であるが、それがなければそれまで両親を同一視してつくったアイデンティティを拒絶し、新しいアイデンティティをつくる余地を生み出すことはできない。そのため、アイデンティティの拡散は人の発達にとって必要なものである。

そもそもフロイトの発見は、〝誰もが子ども時代に乗り越えなくてはならない正常な葛藤は、神経症的葛藤と内容的にそれほど大きくかけはなれたものではなく、その**燃えかす**（residue：残存物・残滓）はすべての大人がパーソナリティの奥深くにもち続けている〟というものであった[10]。人は、身体的劣化という侵略と絶えず戦っているのとまさしく同じように、いくつになっても心理的に生き生きとしていくために、葛藤を何度も解決し続けなければならない。

したがって、アイデンティティは、〝ある時期にいったん確立したら、二度と内的な葛藤を経験しなくなり、どんなに状況が変わっても動じなくなる〟といった、不変で静的なパーソナリティの特性ではない[11]。青年期のアイデンティティの拡散は、幸福や成功を期待しているとき、もしくは現にそれを味わっているときには、はっきりと必要としないが、自分がさまよっていると感じるときには、それとなく人生の段階で何度も現れて、自らを取り戻させるものなのである。

エリクソンによれば、アイデンティティの確立（人生で一度達成したらそれでよい）という考え方は、アメリカ社会の成功イデオロギーを子どもの発達に投影したものにすぎない[12]。そうしたイデオロギーは、非常に危険なことに、私たちのプライベートな生活でも社会生活でも充満していて、意味ある存在（existence：実存）であろうとす

[10]［1］の文献 p. 91/p. 103.

[11]［1］の文献 p. 24/p. 14.

[12] Erikson, E. H.（1950/1963）*Childhood and society*（2nd edition）. Norton, pp. 273-274.（仁科弥生（訳）（1977, 1980）『幼児期と社会 1』みすず書房 p. 352.）

[13] Erikson, E. H.（1964）*Insight and responsibility: Lectures on the ethical implications of psychoanalytic insight*. Norton, p. 195.（鑪幹八郎（訳）（2016）『洞察と責任―精神分析の臨床と倫理』［改訳版］誠信書房 p. 200.）

る戦いにおいて、私たちを不利にさせているという。

■エネルギーの巨大な供給源としての子ども時代

父親はフロイトの弱点である反抗的で、やや露出的なところを厳しくいさめたのであるが、フロイトは父親の「呪い（curse）」と戦わねばならず、何者かになることによって父親の予言を打ち破らなければならなかった。止まることなく発達し続ける人間──特にフロイトのように創造的な人間──は、絶え間なくよみがえってくるエディプス的な罪の意識（母親を愛し、その恋人である父親と対抗するが、その報復を恐れる）を、自らの独特なアイデンティティを確かめ直すことによって緩和しなければならない。フロイトの父親もまた、自分の役割として青年を反抗的で野心的にさせるという文化的風土に生きていたのである[13]。逆の場合、青年は言いなりの服従型になってしまう。フロイトは子ども時代に父親によって植えつけられた「呪い」と戦い続けることで、創造的な仕事を成し遂げたが、子ども時代に生まれる葛藤やその燃えかすは、生涯をとおした巨大なエネルギーの供給源となるのである[14]。

［14］Erikson, E. H. & Erikson, J. M. (1997) *The life cycle completed: Extended version.* Norton, p. 24.（村瀬孝雄・近藤邦夫（訳）(2001)『ライフサイクル、その完結』［増補版］みすず書房 p. 24.）

■エリクソンの著作の主な参照箇所

中島由恵（訳）(2017)「プロローグ 2、3」『アイデンティティ―青年と危機』(pp. 6–16) 新曜社

（フロイトとジェームズのアイデンティティを解説）

■参考文献

西平直（1993）『エリクソンの人間学』東京大学出版会

（エリクソンのものの見方の本質がわかる。エリクソンのやさしさとやわらかさと遊び心が捉えられている）

1-5
アイデンティティの感覚
──世代間の出会いのプロセス

アメリカの心理学者、**ウィリアム・ジェームズ**[1]は、妻に宛てた手紙の中で「これこそが本当の私だ！（*This* is the real me!）」と叫ぶ内なる声が聞こえた、と書き送ったという。「私は生きている」と同じ程度に当たり前なこの感覚を、エリクソンは**アイデンティティの感覚**（a sense of identity）と呼ぶ[2]。**感覚**（sense）とは、内省によって意識できる経験のあり方のことをいう。これはある行為をしているその時間と空間で自分が行っていることを自分と一体と感じていることを意味する。本項では、アイデンティティの感覚を獲得するプロセスを考える。

■中心性の再生[3]

アイデンティティの感覚は〝**私**〟（I）の感覚であり、手応えをもって自分が世界（universe）の中心にいると感じることをいう。これを**自己の中心性**（centrality of ego）という。この感覚を自分にもたせるのが自我の働きである。

自己の中心性の感覚は、〝我々〟（we）の一員として重要な他者と**リアリティ**

[1] William James: 1842-1910.

[2] Erikson, E. H.（1968）*Identity: Youth and crisis.* Norton. p. 19.（中島由恵（訳）（2017）『アイデンティティ──青年と危機』新曜社 p. 6.）

[3] ［2］の文献 p. 159/p. 194.

表 1-1　発達の段階と領域[4]

発達段階	心理・性的段階とモード	心理・社会的モダリティ	社会的半径	不適応傾向	悪性傾向
Ⅰ 乳児期	口唇-呼吸器および感覚-筋肉運動の段階（取り入れのモード）	得る、与えて返す	母親的人物	感覚の不適応	引きこもり
Ⅱ 幼児期前期	肛門-尿道および筋肉の段階（把持と排泄のモード）	つかむ（つかみ続ける）、手放す（手放したままにする）	親的人物	恥知らずで勝手きまま	強迫
Ⅲ 遊戯期	幼児的性器および移動の段階（侵入と包含のモード）	つくる（得ようとする）、ふりをする（遊ぶ）	基礎となる家族	残忍	制止
Ⅳ 学童期	（潜伏期）	物事を成す（完了する）、協同して物事を成す	「隣人」、学校	不器用	無力症
Ⅴ 青年期	思春期	自分自身である（逆に、自分でなくなる）、自分自身であることを他者と分かち合う	仲間集団とそれ以外の自分の所属する集団、モデルとなる指導者	狂信	拒絶
Ⅵ 成人期前期	性器期	他者のなかに自分を失うことで自分を見出す	友情・性愛・競争・共同の相手	誰とも交わる	排他
Ⅶ 成人期	（子孫を生み出す）	何かを存在させる、世話をする	労働における分業と家事の共有	働き過ぎ（できること以上をやろうとする）	拒否
Ⅷ 老年期	（直接的な感覚のモードをいろいろなものにあてはめる）	これまで生きてきたことをとおした、自分である、自分でなくなることに直面する	「人類全体」、「私の種（自分と同じ特徴を持つ人間の集団）」	思い込み	侮蔑

（注）　不適応傾向は親和的なもの（syntonic：たとえばアイデンティティ）だけを伸ばそうとするときに陥る状態、悪性傾向は異和的なもの（dystonic：たとえばアイデンティティ拡散）を禁止したり排除したりするときに陥る状態。

(reality：現実感覚）を共有することで得られる。リアリティとは、同じ言葉と世界をもつ人どうしが共有する説得力のある一貫性と秩序（真実価値）のことをいう。

ところが、表1-1に示されるように、発達につれて、親から家族へ、家族から学校へと自分の**社会的半径**（social radius）が拡大するたびに、社会の文化に導かれて他者が彼らの**リアリティ**を自分に押しつけてくると見えるようになる。その結果、彼らとリアリティを共有できなくなる。すると、自分の側の中心性の感覚が崩れてしまい、**中心性の再生**（renewal of centrality）をしなければならなくなる。

■青年期のアイデンティティ形成の始まり

子ども時代にできた自己の中心性は、青年期にさしかかると崩れてしまう。そのため、青年期にふさわしいもので再生しなければならない。その始まりは性が芽生え、将来の自分のあり方を考えるようになる頃にある。その頃、両親は青年に矛盾したリアリティを押しつけてくるように見えて尊敬できなくなるからである。その結果、両親のなかに**否定的アイデンティティ**[5]を見出してしまう。これが青年期のアイデンティティの危機を引き起こす。それまで両親を同一化する（両親をモデルにしたり期待に応えたりする）ことで自分の将来像をつくっていたのに、単純にそうするわけにはいかなくなる。ところが、それに代わるものもない。こうして「自分自身である（自分自身であるべき）、または自分自身でない（そうであるべきではない）」と「自分自身

[4] 心理・社会的モダリティについては次を参照。
Erikson, E. H. (1959/1980) *Identity and the life cycle: Reissue.* Norton. p. 178.（西平直・中島由恵（訳）(2011)『アイデンティティとライフサイクル』誠信書房 p. 194.）
不適応と悪性のものは、Erikson, E. H. et al. (1989) *Vital involvement in old age.* Norton. p. 45.（朝長正徳・朝長梨枝子（訳）(1997)『老年期―生き生きしたかかわりあい』新装版、みすず書房 p. 41.）それ以外は、Erikson, E. H. & Erikson, J. M. (1997) *The life cycle completed: Extended version.* Norton. pp. 32-33.（村瀬孝雄・近藤邦夫（訳）(2001)『ライフサイクル、その完結』[増補版] みすず書房 p. 34.）を参照。

[5]「1-4 個人性と共同性」および「1-9 心理社会的モラトリアム」参照。

であることを（他者と）わかちあう」が分化して出てくる。シェイクスピアの戯曲『ハムレット』では「生きるべきか、死ぬべきか」と訳されているものである。青年期のアイデンティティ形成は、幼児期の同一化が有効に機能しなくなったときから始まる。[6]

■世代間の出会い[7]

エリクソンのいう危機（crisis）とは、一般にいう危機のように破局といった悪いことが起きる予兆のことではなく、さらに発達するための臨界点[8]にさしかかっていることをいう。つまり、それまでの**自我の強み**（strength of ego）[9]が大きくゆらいで、新しい自我の強みを獲得するための余地がつくられている状態をいうのである。自我の強みとは、**生き生きとした相互的なかかわりあい**（vital mutual involvement）に必要な力のことである。[10]生き生きとした相互的かかわりあいとは、環境が私たちに刺激を与えてくるとき、私たちの側も環境に対して納得いくやり方でかかわってくれるよう要求することをいう。

潜在能力の高まりは、その人の傷つきやすさとして現れる。つまり、**アイデンティティの拡散**である。[11]これは自己像の分裂や中心性の喪失と分散をいう。たとえば、アーサー・ミラーの戯曲『セールスマンの死』の主人公、長男ビフが「つかめないんだ（can't take hold）、母さん、人生って奴をつかむことができない」と述べているが、

[6]［2］の文献 p. 159/p. 194.

[7]［2］の文献 pp. 95-96/pp. 108-109.

[8] Erikson, E. H.（1950/1963）*Childhood and society*（2nd edition）. Norton, p. 270.（仁科弥生（訳）（1977, 1980）『幼児期と社会 1』みすず書房 p. 348.）

[9] virtue は活力または徳と日本語訳されてきたが、自我の強みとした。エリクソンは「正直に言って virtue という用語に出会うたびにショックを受ける。価値について論じているのではない。能力（*capacity*）について述べているのだ」と嘆いている。

Evans, R. L.（1964/1995）*Dialogue with Erik Erikson*（*With reactions from Ernest Jones*）. Rowman & Littlefield. p. 30.（岡堂哲雄・中園正身（訳）（1981）『エリクソンは語る―アイデンティティの心理学』新曜社 pp. 36-37.）

そうした状態である。

青年の傷つきやすさは、通常の社会では、青年が周囲の大人に自分にかかわってほしいとサインを送っているように感じられる。つまり、大人は青年が必要としているものを青年に合ったやり方で与えるように求められていると感じるのである。他方、青年の側では、必要な他者の応答に選択的に敏感であり、見逃さない。こうして社会は原則として、人が発達や回復のために必要な一連の出会いに遭遇するよう仕組まれている。

大人は、青年のアイデンティティの対応物であるアイデンティティ拡散を悪であるとして排除するべきではない。幼児期に両親と同一化して取得した役割を崩すうえでアイデンティティ拡散は不可欠であり、それにより青年期に必要な指導者との同一化を可能にするからである。アイデンティティだけを伸ばそうとして過剰に発達させると、表1-1に示されるように、不適応（maldevelopment）傾向になる。そして、役割混乱を禁止したり排除したりすると、悪性（malignancy）傾向になる。つまり、自我の傷つきから回復するため、外来の価値観に対する悪性の狂信や、他者をまったく受け付けない態度となる[12]。

■新しい布置と危機の解決[13]

アイデンティティとアイデンティティ拡散の創造的なバランスから、自我の強みが

[10] Erikson, E. H., et al. (1989) *Vital involvement in old age.* Norton, p.33.（朝長正徳・朝長梨枝子（訳）（1997）『老年期―生き生きしたかかわりあい』新装版、みすず書房 p. 32.）

[11] アイデンティティの拡散という用語については、「1-4 個人性と共同性」[1] 参照。

[12] 悪性の狂信になった13歳の少年の例がベルギーの映画（2019年）で描かれている。MOVIE WALKER PRESS (2020) ダルデンヌ兄弟が『その手に触れるまで』で問いかける社会のひずみ…「狂信化した人を救うことはとても難しい」https://movie.walkerplus.com/news/article/1002849/（2020年11月12日閲覧）

[13] Erikson, E. H. & Erikson, J. M. (1997) *The life cycle completed: Extended version.* Norton, pp. 72-74.（村瀬孝雄・近藤邦夫（訳）

発達してくる。青年期の自我の強みは、**忠誠**（fidelity：信じきる心）の感覚である。忠誠をとおして同一化の対象を両親から指導者に置き換える。そのことで、子ども時代の総合（経験をまとめること）と再総合が行われる。青年期の終わりになって、新しい**布置**[14]が確立すると、青年期のアイデンティティの危機は永続的な解決を見出す。青年期の新しい布置とは、生まれつきの体質、独自の**リビドー**（libido：心理・性的な本能的エネルギー）欲求、恵まれた才能、種々の重要な同一化、有効な防衛機制、効果的な昇華、および一貫した諸役割である。

そうなると、社会は青年を取り込んで同一化し、彼らがそうなるべくしてなった人として、つまり彼らのあり方が当然なものとして承認する。ここでの承認は、空虚なほめ言葉や恩着せがましい励ましなどではない。社会が青年の達成を認めるといったことでもない。それ以上のものである。〝青年の成長が青年自身にとってだけでなく、青年にとって重要な他者にとっても重要な意味をもつ〟ことが青年に実感できるような社会の応答が、青年に向けてなされることである。そうして社会は、青年に一人の人間として、それにふさわしい機能と地位を与える。

その結果、青年は自分の自我総合の方法が集団アイデンティティの成功例のひとつであることを知って、リアリティを再び得る。青年は自分が社会の期待するライフプラン（人生設計）に一致している有能（competent）な自分であると確信するが、この感覚が**自我アイデンティティ**の感覚である。[15]

（2001）『ライフサイクル、その完結』［増補版］みすず書房 pp. 97–99.）

[14]「1-1　辺縁性」参照。

[15] Erikson, E. H.（1959/1980）*Identity and the life cycle: Reissue.* Norton. p. 22.（西平直・中島由恵（訳）（2011）『アイデンティティとライフサイクル』誠信書房 p. 7.）

■個人のライフサイクルと歴史的必然性の一致[16]

ジェームズが「これこそが本当の私だ！」と気づいたとき、彼は30代になっていた。ジェームズは青年時代に誠実に、しかし絶望的に深いアイデンティティの危機に直面し、その解決に取り組んだ。文化的・哲学的・民族的なアイデンティティのさまざまな経験の後、アメリカ・プラグマティズムの哲学を代表する心理学者・哲学者となった。彼の長引いた心理社会的モラトリアムは、新たに拡大しつつあるアメリカ文明によってもたらされたものである。ジェームズは自分がこうなってしまった歴史的必然を受け入れる位置に身を置くことで個人的な葛藤を解決したが、これは個人のライフサイクルが歴史の流れとなったことを意味しているし、歴史の流れが個人のライフサイクルになったともいえる。

[16]［2］の文献 p. 20/p. 8.

■エリクソンの著作の主な参照箇所

中島由恵（訳）(2017)「第3章 ライフサイクル―アイデンティティのエピジェネシス 前文」『アイデンティティ―青年と危機』(pp. 103-110) 新曜社
(発達のメカニズムを説明)

大野久 (2010)「アイデンティティの実感としての充実感」大野久（編）『エピソードでつかむ青年心理学』(pp. 42-46) ミネルヴァ書房
(アイデンティティの感覚は充実感であるとする)

1−6

エピジェネティック・チャート

——エピジェネシスの原理とチャートの見方

表1－2の**エピジェネティック・チャート**（epigenetic chart：漸成図式・個体発生分化図式）は有名だが、どのように見て使うのだろうか。

■エピジェネティックな性質

一般の発達理論のいう発達は、表1－2では斜め右下への移動で示される。それをエリクソンは前進（progression）と呼ぶ。エピジェネティック・チャートという二次元の発達理論が一次元（直線的）の一般的な発達理論と根本的に違うのは、**エピジェネティックな性質**の有無にある。[2] エピジェネティックな性質とは、一歩ずつ進み、右斜め下のものがめざされるようになると、新しいものが1つ付け加わることで、その時期に焦点となったものとそれ以外のもの、古いものと新しいものが統合され、新しい**全一性**（wholeness：ホールネス、多様なものを包み込む全体）のある総体（whole ensemble）[3] ができあがるという性質である。

青年期までのアイデンティティの統合により、どんな新しい全一性ができあがって

[1] Erikson, E. H. (1968) *Identity: Youth and crisis.* Norton, p. 94.（中島由恵（訳）(2017)『アイデンティティ—青年と危機』新曜社 p. 107.）

Erikson, E. H. (1959/1980) *Identity and the life cycle: Reissue.* Norton, p. 129.（西平直・中島由恵（訳）(2011)『アイデンティティとライフサイクル』誠信書房 pp. 136-137.）

Erikson, E. H. & Erikson, J. M. (1997) *The life cycle completed: Extended version.* Norton, pp. 56-57.（村瀬孝雄・近藤邦夫（訳）(2001)『ライフサイクル、その完結』［増補版］みすず書房、翻訳は表がない）

[2] Evans, R. L. (1964/1995) *Dialogue with Erik Erikson* (*With reactions from Ernest Jones*). Rowman & Littlefield, pp. 40-41.（岡堂哲雄・中園正身（訳）(1981)『エリクソンは語る—アイデンティティの心理学』新曜社 pp. 50-51.）

表 1-2　エピジェネティック・チャート（漸成図式・個体発生分化図式）[1]

発達段階	心理社会的モダリティ 1	2	3	4	5	6	7	8
Ⅰ 乳児期	基本的信頼 vs 基本的不信 希望				相互承認 vs 自閉的孤立			
Ⅱ 幼児期前期		自律性 vs 恥、疑惑 意志			自分自身でありたいという意志 vs 自己への疑惑			
Ⅲ 遊戯期			主導性 vs 罪悪感 目的		役割への予期 vs 役割抑制			
Ⅳ 学童期				生産性 vs 劣等感 有能感	仕事への同一化 vs 虚しさ感			
Ⅴ 青年期	時間的展望 vs 時間の混乱	自己確実性 vs 自己意識	役割実験 vs 役割の固定化	徒弟期間 vs 労働麻痺	アイデンティティ vs アイデンティティ拡散 忠誠	性の両極化 vs 両性愛的混乱	リーダーシップとフォロワーシップ vs 権威の混乱	イデオロギーへのコミットメント vs 価値の混乱
Ⅵ 成人期前期					連帯 vs 社会的孤立	親密性 vs 孤立 愛		
Ⅶ 成人期							ジェネラティヴィティ vs 停滞 世話	
Ⅷ 老年期								インテグリティ vs 絶望、嫌悪 知恵

（注）縦軸は、一般的な発達理論の示す認知・社会的発達段階とフロイトの提唱する心理・性的段階の両方を合わせたものである。心理・性的段階は人の心理が身体に根ざしていることを表し、人の本能的エネルギー（instinctual energy）が発達に伴って、どのように生まれ、変化するのかを示す。横軸は、心理社会的モダリティ（人が他の人とのやりとりのなかで経験するときのしかた）である。これは人と人のやりとりから、どのように自分のさまざまな経験をまとめ、ライフ（life：生命・生活・人生）を生み出し、変えるのかを示す。欄の中の事項は危機を示し、斜めの欄の中の一番下の事項は自我の強みである。9番目の発達段階の老年的超越（gerotranscendence）は入っていない。図の上下の向きは、もともとエリクソンが意図した当初のものに戻した。

きたかを考えてみよう。[4]「5Ⅰ」（表1－2の横軸の5と縦軸のⅠと重なる欄のこと）に「相互承認」が入っているが、これが乳児期のアイデンティティの芽生えである。乳児が最初に笑顔の交換をするなかに、多少なりとも相互認識と一体となった自己理解が含まれている。次に「5Ⅱ」で自分自身でありたいという意志が芽生え、「5Ⅲ」で自分はどうなっていくのだろうと予期し、「5Ⅳ」の学童期には、自分がこれからなりつつある自分にどのようにしたらなるのかのスキルを学習する。

それぞれの心理社会的モダリティは、すでに発達し終わった段階の心理社会的モダリティに新たな意味合いを付与するのである。

■分岐点としての危機[5]

表1－2を見ると、いずれの欄にも危機が書かれており、人生は危機の連続であるように見えるかもしれない。ただし、エリクソンのいう危機とは破滅のことではなく、分岐点（turning point）であり、誰でもこの分岐点を通り過ぎると言っているにすぎない。[6] たいていの人は難なく通過し、分岐点があったことも気づかないだろう。

危機は、統合か発達の遅れ（retardation）か、前進か退行（regression）かの分岐点である。まず統合か発達の遅れかであるが、青年期のアイデンティティとアイデンティティ拡散を統合できずに成人期前期が来てしまうと、発達の遅れになる。表1－3では、発達の遅れは垂直方向での下の移動で表され、「5Ⅴ」から「5Ⅵ」への移

[3] 他の日本語訳としては「全体（しなやかな全体）」、「全体（排他的に完璧な全体）」（村瀬孝雄・近藤邦夫（訳）（2001）『ライフサイクル、その完結』［増補版］みすず書房、索引 p. 249(4)）、「まとまりのある状態」、「全体性」（鑪幹八郎（訳）（2016）『洞察と責任―精神分析の臨床と倫理』［改訳版］誠信書房 p. 91, p. 86）などがある。

[4] Erikson, E. H. (1968) *Identity: Youth and crisis.* Norton, p. 180.（中島由恵（訳）(2017)『アイデンティティ―青年と危機』新曜社 p.221.）

[5] Erikson, E. H. (1950/1963) *Childhood and society* (2nd edition). Norton, p. 78.（仁科弥生（訳）(1977, 1980)『幼児期と社会1』みすず書房 p. 92.）

[6] [5] の文献 pp. 370-378/1 p. 348)

動である。一般の直線的（一元的）な発達理論では、発達の遅れは青年期にとどまったままを意味するが、二元的に表すエリクソンの発達理論では、それとは意味が違う。成人期前期で愛の能力を獲得する時期にアイデンティティ拡散を統合できず自分に拘ったままだと、連帯か社会的孤立かの二律背反に陥ってしまうことを意味する。

次に前進か退行かであるが、統合できないと前進できず、退行する。退行とは現在の時点で過去を解決するため、以前のいろいろの失敗に後戻りすることをいう。表1-3では、退行は水平方向における左の移動で表される。水平方向の左のそれぞれの欄には、アイデンティティ拡散の症状が入っている。たとえば、将来展望や期待を維持する自我の機能が失われていれば、「1V」の**時間的展望**（time perspective）vs 時間の混乱との緊張である。それを上に遡ると、乳児期の基本的信頼感と不信の緊張につきあたる[7]。この緊張は、青年期では時間への不信として現れる。少しでも遅れるとイライラしたり、どんな計画も失敗すると決めつけたりする。誰でも青年期になるとユートピアを夢見るものであるが、それは時間の不信がきっかけになっている。しかし、青年期に基本的信頼の不信に陥るかは、運良く正しい指導者に恵まれるかどうかによって決まる。

表 1-3　青年期のアイデンティティに焦点化した周囲の諸部分の前進を、時間の流れにそって図式化したもの[8]

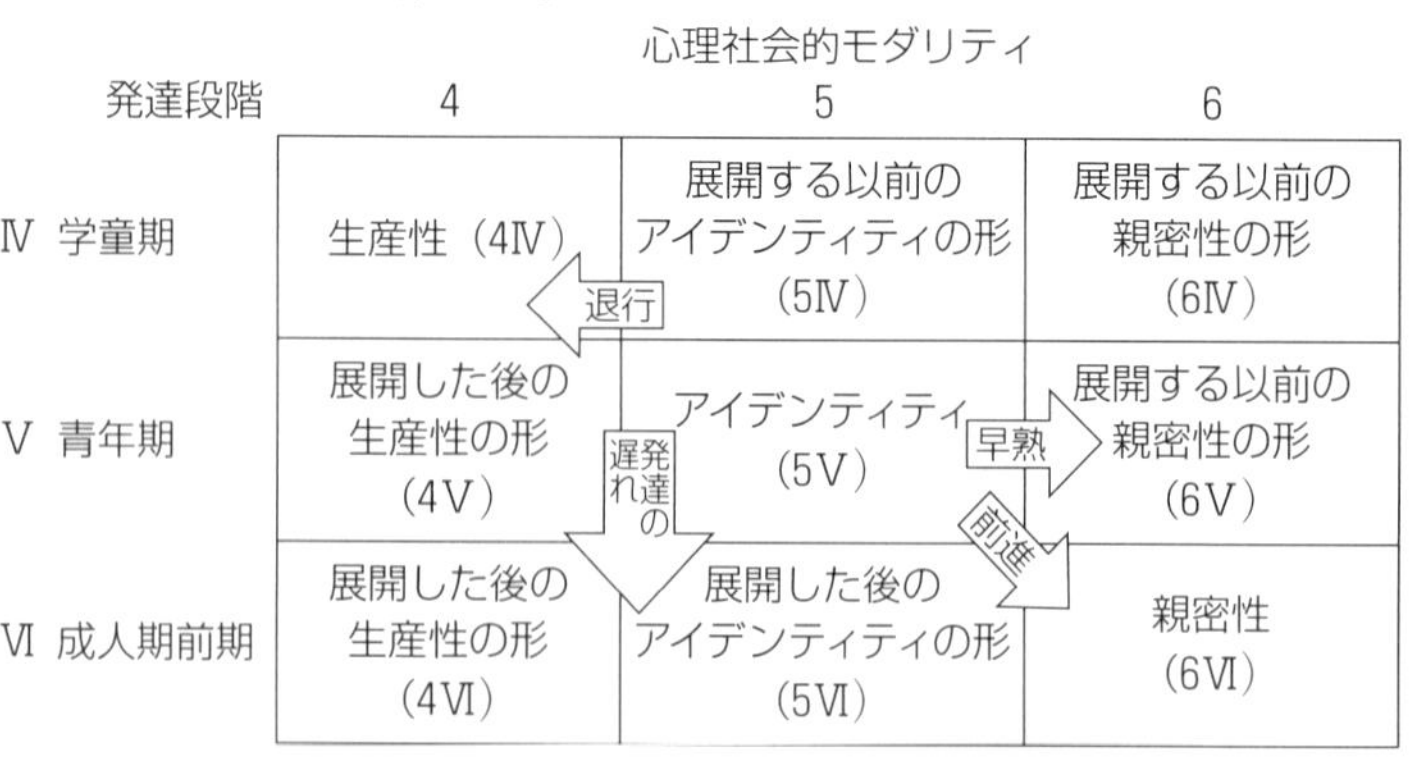

発達段階 ＼ 心理社会的モダリティ	4	5	6
Ⅳ 学童期	生産性（4Ⅳ）	展開する以前のアイデンティティの形（5Ⅳ）	展開する以前の親密性の形（6Ⅳ）
Ⅴ 青年期	展開した後の生産性の形（4Ⅴ）	アイデンティティ（5Ⅴ）	展開する以前の親密性の形（6Ⅴ）
Ⅵ 成人期前期	展開した後の生産性の形（4Ⅵ）	展開した後のアイデンティティの形（5Ⅵ）	親密性（6Ⅵ）

（注）注［8］の文献の幼児期の例を青年期に改変し、前進等を入れた。

最後に、早熟を考えてみよう。早熟は、表1-3では、水平方向における右の移動で表される。「5V」から「6V」への移動である。早熟は一般の発達理論では次の発達段階に一足先に早く進むことであり、その人が優秀であることを示すかもしれない。しかし、エリクソンの発達理論では、発達に無理が出てくると考える。たとえば社会的に責任をとることのできない青年期に性器を使うなら、自分がどんな男性または女性になるのかという問いに過剰に囚われてしまうと言う。

■エピジェネシスの原理とは何か

なぜ早熟に無理が出てくるかというと、それぞれの心理社会的モダリティは焦点となる時期があり、その時期に経験する特別に新しい出会いを果たす準備が整っていないため、そのときが来るまではそれを二者択一的な危機として経験しないと考えられるからである。また環境の側も、そのときが来るまでは、その人に合った出会いを求めているとは思わず、その人の危機を危機として受け止めないからである[9]。

人は一定のステップを踏んで一歩ずつ前に進んでいくが、そのように進んでいけるためには、大人から適切な指導をほどよい量でほどよい時期に与えられなければならない。指導のしかたもその量も文化によって違うのだが、バランスよく、かつ適切な順序でなされるなら、彼らにとって意味ある大人や制度とかかわることで、子どもは拡大していく社会的半径に向かって駆り立てられ、発達していくのである。

[7] Erikson, E. H. (1959/1980) *Identity and the life cycle: Reissue.* Norton, pp. 151-153.（西平直・中島由恵（訳）(2011)『アイデンティティとライフサイクル』誠信書房 pp. 163-164.）

[8] [7] の文献 p. 55/ p. 49.

[9] [4] の文献 p. 95/ p. 108.

[10] [4] の文献 p. 92/ p. 105.

[11]「1-1　辺縁性」参照。

[12] [5] の文献 p. 67/ p. 79.

■エリクソンの著作の主な参照箇所

村瀬孝雄・近藤邦夫（訳）(2001)「漸成と前性器期性」「用語と漸成図式について」『ライフサイクル、その完結〔増補版〕』(pp. 27-37) みすず書房 pp. 71-78.（エピジェネシスの原理からティック・チャートの見方を説明）

西平直・中島由恵（訳）(2011)

このことを**エピジェネシスの原理**（epigenetic principle）[10]というが、それが実現するかどうかは、大人や社会制度によって決まるのである。

■エピジェネティック・チャートの使い方

エピジェネティック・チャートは、エピジェネシスの原理に基づいて、各時期において、①新しい特質が適切な時期に適切なしかたで現れているか、②それが他の特質や古い特質とどのように関連しあっているか、③各部分の「調和のとれた総体（whole ensemble）」となっているかを読み取るためのものである。

4歳児のアンの事例[11]を例にとって見てみよう。母親の主訴は「アンが粗相をする」であった。これは幼児期前期の把持と排出という心理社会的モダリティに縛られて、身動きできないでいることを示す。アンは時折激しく親指をしゃぶる。これはアンが乳児期の心理社会的モダリティに何度も退行していることを示す。アンは父親を愛して、父親の恋人である母親を攻撃するが、母親の仕返しを怖れて罪悪感が引き起こされる。これはアンにとって重要な異性に対する愛情の処理という、次の発達段階の遊戯期（幼児期後期）の心理社会的モダリティの主導性に進む試みに何度も失敗していることを示す[12]。こうした分析から、アンと家族が、解決に助けを必要とする深刻な危機にいることをエリクソンは読み取っている。

エピジェネティック・チャートは一人ひとりに即して、縦軸と横軸が織り合わさっ

「Ⅲ もう一度、図表について」『アイデンティティとライフサイクル』（pp. 161-171）誠信書房
（アイデンティティをめぐるエピジェネティック・チャートの見方を説明）

■参考文献

鑪幹八郎（1977）「精神分析と発達心理学」村井潤一（編）『発達の理論―発達と教育・その基本問題を考える』（pp. 147-213）ミネルヴァ書房
（エリクソンの発達理論が他の発達理論とどう違うかが話される）
谷冬彦（2008）『自我同一性の人格発達心理学』ナカニシヤ出版
（エピジェネティックな発達の観点から青年期のアイデンティティを明らかにする）
岡本祐子（2007）『アイデンティティ生涯発達論の展開』ミネルヴァ書房
（日本におけるアイデンティティの生涯発達がわかる）
鈴木忠・西平直（2014）『生涯発達とライフサイクル』東京大学

出版会
（鈴木忠がシステム理論の観点からエリクソンの発達理論を読み解いている）

て発達していくその動きを分析し、その人のかかえているテーマ（主題）を読み取って、その人に寄り添うためのあり方を考えるワークシートである。空欄は危機が何もないのではなく、一人ひとりに即して考えるための余白である。

1-7

根こぎ感

――人はどのようにして社会化されるのか

人は社会化されるよう仕組まれている。それはなぜだろうか。エリクソンの理論によれば、生まれつきそうなるようにプログラムされているわけでも、社会がしつけや教育や法律をとおして接ぎ木をしているからでもない[1]。それでは、いったい社会はどうやって、人を社会の中に取り込んでいるのだろうか。

■個人の発達は、どのようにして社会的プロセスになるか[2]

社会は、人が社会との相互作用が起こる一連の可能性と遭遇するように構成されており、その展開が適切な順序とバランスで進むように、人を保護したり奨励したりする。それが**普通に期待できる環境**（average expectable environment）[3]である。この環境に導かれて、人は社会的半径を拡大していくたびに、年上の人に**同一化**（identification：未来の自分と重ねる）して、〝自分はこれからどんな大人になるのか〟と期待し、年下の人に同一化（過去の自分と重ねる）して〝今までどんなふうに幼かったのか〟を知る。人はそれが自分に**適合**（fit）するかどうかをさまざまに試し、自

[1] Rapaport, D.（1959）A historical survey of psychoanalytic ego psychology. In E. H. Erikson. *Identity and the life cycle: Selected papers*（pp. 5-17）. International Universities Press, p.15.（小此木啓吾（訳）（1973）「精神分析的自我心理学の歴史的展望」小此木啓吾（訳編）『自我同一性―アイデンティティとライフサイクル』（pp. 219-235）誠信書房 p. 233.）

[2] Erikson, E. H.（1968）*Identity: Youth and crisis.* Norton, pp. 222-224.（中島由恵（訳）（2017）『アイデンティティ―青年と危機』新曜社 pp. 280-284.）

[3] Hartmann, H.（1958）*Ego psychology and the problem of adaptation.*（D. Rapaport, Trans.）. International Universities Press, p. 46.（霜田静志・篠崎忠男（訳）（1967）『自我の適応―自我心理学と適応の問題』誠信書房 p. 78.）

分の目標や居場所を見つける。

社会はそうした環境を提供するが、それは大人たちの粘り強い組織的な共同の努力に負っている。大人たちがそうした社会的な企てに参加するのは、自分たちが発達し続け、孤立（isolation）・停滞（stagnation）・絶望（despair）に陥らないためには、年下の世代――年下の複数の自我――に力を貸し、彼らの自我総合（ego-synthesis：自我がさまざまな経験をまとめること）に力を貸すことでしか、自分の自我総合を行うことができない仕組みになっているからである。そのようにすることによって、年下の世代に合った一貫した（consistent）援助が可能になる。また、自分自身に、個人を越えた一貫性（consistency）を得ることができる。つまり、愛や正義・創造性などといった普遍的な価値を身につけるのである。このように、一方に社会の体制化された価値（organized values）および制度化された努力（institutional efforts）があり、他方には、自我総合のメカニズムがあり、両者は1つのシステムとなっているのである。

このようにして、ある世代の人が発達していくというライフサイクルは、別の世代のライフサイクルと深くかかわっている。このことをエリクソンは、〝人間の生物的な適応としての発達は、自らが属する共同体の変化しつつある歴史のなかでの自分の発達するライフサイクルの問題へ変わる〟と表現している。

■社会は個人をどう取り込むか[4]

人はエピジェネティックな発達の各段階において社会環境（milieu）と出会っていくが、そのときの社会の個人の取り込みかたは単にしつけや教育による接ぎ木ではない。人が社会環境と出会うなかで危機を生じさせ、それを解決する方法を社会環境が提供し、危機を解決させることによって、その人の所属する社会がその人を社会の構成員として迎え入れる。[5] 社会の提供する自我総合の方法を、**集団アイデンティティ**（group identity）、もしくは**集団エトス**（group ethos）と呼ぶ。

共同体は自分たちの集団アイデンティティを乳幼児の初期の身体経験に伝え、その身体経験をとおして、芽生え始めた乳児の自我に伝える。たとえば、ネイティブ・アメリカンのユーロク族は、惜しみない頻繁な授乳の後、歯が生え始める頃、離乳を強行する。乳児はできるだけ早い時期に独り立ちするよう奨励されるのである。強制的に母親から切り離されるため、乳児は生涯にわたる郷愁的欲求（nostalgic needs）を植えつけられる。そうしておいて社会は、子ども時代に、食事場面の作法をとおして一貫した超自然的な意味づけを行う。食事場面では黙って食事し、貝殻（通貨）と鮭（狩猟の対象）に思いを集中しなければならない。こうして乳児期の葛藤とその燃えかすである郷愁的欲求を「立派な漁師になる」という社会のライフプランを実現する欲求で昇華させるのである。こうして、社会は人のいまだ脆弱（ぜいじゃく）な自我を守るとともに、その自我をしっかりと社会に結びつけ、若い人たちの葛藤から解放されたエネルギー

[4] Erikson, E. H. (1950/1963) *Childhood and society* (2nd edition). Norton, pp. 175-177.（仁科弥生（訳）（1977, 1980）『幼児期と社会 1』みすず書房 pp. 221-223.）

[5] [1] の文献 p. 15/p. 233.

を社会の維持や発展のためにふんだんに使う。これが社会による個人の取り込み方であり、社会の組織化（social organization）である。

■リアリティの崩壊としての根こぎ感

自分の親が自分にしてくれたように自分も子どもにしていくといったライフサイクルの循環のなかで人は育っていくが、そうした世代継承のプロセスが破壊されると、自分が意味あるライフサイクルの中にしっかりと植えつけられるべき根を失ってしまう。それにより**根こぎ感**（uprootedness）が生じる。[6] 根こぎ感とは、自分がアウトサイダーになったものとして人目にさらされていると感じることである。

たとえば、遊牧民のネイティブ・アメリカンのスー族は、後にアメリカ大陸に移住してきた白人から莫大な費用を投じて白人の価値観で再教育された。定住を強制され、自分の意思で巡遊することは許されなかった。そのため、彼らはうつ病患者に典型的な症状、つまりスローモーション映画のような、ぼんやりしながら足を引きずるのと似たような行為や話しぶりをした。[7]

スー族の子どもは、学校で白人から教えられた価値基準と、自分の部族から与えられた価値基準という、大人の世代とは比べものにならないほど隔たった二重の価値基準に挟まれた。[8] たとえば、スー族の少女が白人の小学校に入学して間違いなくもつ第一印象は、自分が不潔だということである。それは現在の板張りの木造家屋に蓄積す

[6] Erikson, E. H. (1964) *Insight and responsibility: Lectures on the ethical implications of psychoanalytic insight.* Norton, pp. 95-96.（鑪幹八郎（訳）(2016)『洞察と責任─精神分析の臨床と倫理』［改訳版］誠信書房 pp. 90-91.）

[7] [6] の文献 pp. 86-87/pp. 79-80.

[8] [4] の文献 pp. 130-133/1 pp. 160-163.

る悪臭によるものであるが、かつての狩猟時代の移動式テント小屋にはなかったものである。もちろん、学校の中で少女は清潔さや身体の衛生について教えられ、化粧品の使い方も学ぶ。しかし、彼女らが着飾って家に帰ると、母親や祖母は不潔な女性という。スー族にとって清潔な女性とは、たとえば、月経時にはある種の食物を手に触れないことを意味したが（触ると手が腐ると言われた）、大部分の少女にはそのような風習は受け入れられるものではなかった。彼女らは学校で白人女性の活躍する自由や野心も植えつけられたが、白人女性のような生活をする機会はなかった。このように深刻な二重規範に挟まれながらも、公然と反抗することもなく、また葛藤の兆候も示さずに過ごすという、**悲劇的な無気力**（tragic apathy）の状態に陥っていた。

このように、ある集団の人びとが自分たちの歴史のなかで培ってきた行為のリアリティや理想を特徴づけているものを否定したり、部分的であっても他のものと入れ替えたりすると、世代間のライフサイクルのつながりが壊され、その集団の人びとの存在を脅かしてしまうのである。

■オースティン・リッグス・センターの実践[9]

根こぎ感は民族集団だけではない。病院は患者から能動的な生活を奪い、根こぎにして屈辱を与える。それは診断や入院といった面倒な過程のなかで行われる。入院以前から病人として見られるだけでがっかりしているのに、入院すると患者という地位

[9]［6］の文献 pp. 97-100/pp. 91-94. オースティン・リッグス・センターについては以下を参照。岡本祐子（2014）「Austen Riggs Center の臨床活動と世代継承性」岡本祐子（編）『プロフェッショナルの生成と世代継承―ケーススタディ 中年期の実りと次世代の育成（世代継承性シリーズ1）』(pp. 179-205) ナカニシヤ出版。

に甘んじなければならず、泣きっ面に蜂なのである。

エリクソンからすれば、病院は、本来、意味あるモラトリアム（コミットメント（責任）を遅延する期間）を提供するところである。病院は安心できる逃げ場であり、英気を養ったり、苦難を意味あるものにするところである。そこで、オースティン・リッグス・センターではスタッフが患者からの強い要望に支えられて、「みんなのための仕事（common work）」というプログラムに取り組んだ。たとえば、入院患者が、町の住民の子どものための保育園を運営したり、かなり難しい劇に取り組んでコンテストで優勝したりした。こうして患者たちはみんなから認められ、著しい主導性（initiative）を現したのだった。

■日本の場合――集団就職による根こぎ感[10]

日本では1960年代に地方から都市圏への未曾有の人口移動があり、そうした人びとは故郷の喪失とカルチャーショックから根こぎ感をもった。ある人は「私は今でも心の奥底では異邦人だと思っている」と話した。移住者の子どもの発達の遅れとして現れた問題に取り組んだ地域の病院の心理師は、母親たちの相談にのるだけでなく、発達障害児の通園施設で母親教室を開いた。そこでの活動として母親たちは、夏祭りで浴衣を着て踊り、父親にも手伝ってもらって夜店を開き、焼きそばやビールの販売をした。母親たちはこれらをみんなと力を合わせて行った。彼女たちはこれらの活動

[10] 間宮正幸（1984）「地域住民の生活史と生活指導の課題」『生活指導研究』*1*, 25-45. p. 30.／間宮正幸（1983）「発達相談活動と『両親教育』―名古屋市南部地域での実践」『現代と保育』13, 126-140. p. 134.

が「子どものため」ではなく、「私の歓び」であると初めて感じ、生きる喜びを実感できたという。この取り組みは、エリクソンがオースティン・リッグス・センターで行った実践に通じる。

■哲学的な異邦人[11]

エリクソンは、根こぎ感が示す怠惰な感じは、同時に本物の冒険をする人と同じように精神的に止まることがないという特徴をもつため、創造の要因にもなりうるという。また青年はアイデンティティがバラバラになったと感じるが、それにより一時的な実存主義者になりうるし、まったく孤立させられたと感じることからアウトサイダーにもなりうる。

エリクソンは、アルベール・カミュ[12]の**異邦人**が示した人間の実存への洞察が役立つという。カミュは、子どもだから受け入れるようにと押しつけられても、妥協することなく信仰を生き直し取り戻すことに関心（care）を示した。本物の適応は、状況に順応することを拒否する誠実な反抗によって支えられるという。

成熟していない人が哲学的な異邦人として生きるには、心理臨床家の支援も受けながら、**働くこと**と**愛すること**の**アクチュアリティ**（actuality：その時その場で直接、他者とかかわって得られる手応え）に自分の拠り所をもたなければならないという。確かに、アイデンティティは自分の所属する社会のパースペクティブを共有する現実

[11]［6］の文献 pp. 99–100/pp. 94–96.

[12] Albert Camus: 1913–1960.

[13]［6］の文献 pp. 163–164/p. 166.

[14]［6］の文献 pp. 95–96/p. 90.

■エリクソンの著作の主な参照箇所

中島由恵（訳）（2017）「第5章 自我の共有性」『アイデンティティ－青年と危機』（pp. 279–284）新曜社

感覚（リアリティ）をもつことで、つかのまの自分を今、ここにつなぎ止めるものではある。しかし、他方でそうした社会のリアリティを取り入れることで、ムカデのジレンマ（どの足を前に出すか注意深く注視するように言われて身動きがとれないことをかかえてしまうこともある。この動きのとれない拘束衣（がんじがらめになっている状態）から解放されるためには、自分にとって意味不明な社会のリアリティではなく、人と直接ふれあって確かめることのできるアクチュアリティの世界をもたなければならない[13]。

■回復力としてのアイデンティティ[14]

人は人生の段階を進む結果として、また歴史的条件による環境の変化によっても、運命が変化する。アイデンティティは変化するプロセスのなかで本質的なパターンを維持する**レジリエンシー**（resiliency：回復力）にもなる。アイデンティティは文化が共通にもっている基本的な価値にそってつくられ、よく統合された自己像と集団アイデンティティをもっているなら、個人も社会もラディカルな変化に耐えることができる、とエリクソンは言う。

（ハルトマンの「普通に期待できる環境」をエリクソンが解説）

村瀬孝雄・近藤邦夫（訳）（2001）「種族化と儀式化」『ライフサイクル、その完結［増補版］』（pp. 82-93）みすず書房

（ユーロク族を例にした社会と自我の分析が pp. 90-93 に要約してある）

鑪幹八郎（訳）（2016）「第3章 現代におけるアイデンティティと根こぎ感」『洞察と責任―精神分析の臨床と倫理［改訳版］』（pp. 73-103）誠信書房

（移民や黒人、入院患者らの根こぎ感について事例やオースティン・リッグズ・センターの実践から説明）

■参考文献

宮下一博（2014）「アイデンティティ研究の必要性」鑪幹八郎（監修）宮下一博他（編）『アイデンティティ研究ハンドブック』（pp. 1-10）ナカニシヤ出版

（エリクソンが本当に伝えたかったことの要点がわかる）

1-8 全一性（ホールネス）と全面性（トータリティ）

——全体主義（トータリズム）の起源

全体主義（totalitarianism）は一般に国家や集団を個人よりも優先する政治体制や思想をいい、独裁国家やファシズムのことを指すが、エリクソンは**全体主義**（totalism：トータリズム）はどの社会にもあるばかりか、普通の人間にもあるという。エリクソンのいう全体主義とは何だろうか。

■全体主義的分裂[1]

内部に異質なものも包み込んで互いにつながって豊かになり、外部にも開かれている心の1つの全体（Gestalt：ゲシュタルト）を**全一性**（wholeness：ホールネス）という。それに対して、異質なものを内部から排除し、外部にあるものも排斥するような全体を**全面性**（totality：トータリティ）という。人はアイデンティティの獲得が困難になると、異質を排除して全面的になろうとする。この突然、白から黒へと変わるようなことを**全体主義的分裂**（totalistic split）という。たとえば仲のよかった夫婦が離婚を決意したとたんに、いがみ合うといったことである。

[1] Erikson, E. H.（1968）*Identity: Youth and crisis*. Norton, pp. 79-80.（中島由恵（訳）（2017）『アイデンティティ—青年と危機』新曜社 pp. 88-89.）

■ヒトラーはなぜ現れたか[2]

ドイツのナチスは、アーリア人が優れた人間だとし、ユダヤ人を劣ったものとみなして虐殺した。エリクソンはユダヤ人であり、身の危険を感じたという。彼が生徒だった頃、他の生徒がナチスに寝返り、ユダヤ人の友人が殺害され、その場に居合わせていたら自分の命も危なかったという。そのときからエリクソンは、なぜ実際の犯罪者となるのはヒトラー個人ではなく、いつも「その他大勢」（ハンナ・アーレント『エルサレムのアイヒマン――悪の陳腐さについての報告』1963年）の善人なのかと疑問をもった。後になって、エリクソンは、当時の青年の、アイデンティティに対する満たされぬ思いが答えだと考えた。

第一次世界大戦に負けたドイツは全責任を負わされ、償えないほどの賠償金を課せられた。世界中からの過剰なドイツ否定に対して、ドイツ国内では誰も青年にリアリティのあるアイデンティティを約束してくれなかった。そこにヒトラーが現れ、青年の望むもの（第一次大戦で敗北した祖国を再建したいという願い）を肯定し、これまでドイツで支配的だったユダヤ・キリスト教の価値観を否定的アイデンティティとして排除した。その否定的アイデンティティを投影するスクリーンとして、ユダヤ人を使った。他方で、青年の満たされぬ思いは、ユダヤ人に対する過激な排斥となった。ドイツ人の豊かなアイデンティティの要素は統合に向かわず、肯定的アイデンティティ

[2] Evans, R. L. (1964/1995) *Dialogue with Erik Erikson* (*With reactions from Ernest Jones*). Rowman & Littlefield, pp. 65–67.（岡堂哲雄・中園正身（訳）(1981)『エリクソンは語る―アイデンティティの心理学』新曜社 pp. 81–83.）

と否定的アイデンティティの全体主義的分裂に至った。ヒトラーは自分の野望が多くの青年の願いと偶然にも一致したため、社会にとっては望まれないが青年の願いをかなえる方向での否定的アイデンティティの代表になった。

■誰にでもなる擬似種[3]

自分たち以外を間違いとみなし、自分たちだけが選ばれた人間だとみなすことを**擬似種**（pseudospecies）という。擬似種は集団的アイデンティティの邪悪な側面の現れであるが、そうしたものが人間には誰にでもあるから、そのことから目を背け（そむ）てはならない、とエリクソンは言う。私たちの心はどんなに良い人であっても、〝他者に否定的アイデンティティを投影し、それを否定することで肯定的アイデンティティをもつ〟という仕組みになっているからである。したがって、擬似種を禁止したり罰したりしてもなくならない。必要なことは、その時代にふさわしい肯定的アイデンティティで、その人が選択できるものを社会が用意することである。それが青年に対する大人の責任である、とエリクソンは言う。

［3］［1］の文献 pp. 41-42/pp. 37-38.

■乳児期における善と悪の分割[4]

全体主義的分裂は、個人の発達から見ると、３つの誘因がある。

１つ目は、乳児期の**悪の分割**（an evil dividedness）である。乳児に歯が生え始め

［4］［1］の文献 pp. 82-83/pp. 91-93.

ることは、両親にどんなに愛情が溢(あふ)れていたとしても、乳児には厳しいものとなる。この時期に、授乳中に思わず噛(か)もうとしてしまう自分の歯に対する乳児の怒り、またそれに対して乳首を引っ込める母親に対する怒り、そして自分の無力な怒りに対する怒りの3つが生じ、それまで善（good）のみだった自分の世界に悪（evil）が分かれ出てくる。[5] これはどんなに基本的信頼感を獲得していたとしても避けられない。自分のせいで母親との一体性が壊れてしまったのだという印象は拭(ぬぐ)いきれない。このときに経験した基本的不信は、全面的な激怒を伴い、大人になっても喜びや豊かさをその源から全面的に支配し破壊する幻想として現れる。

社会は、人が内なる魔物の餌食にならないように、集合的保証を与え続ける。たとえば、宗教は基本的不信という捉えどころのない感覚に「悪魔」といった名前を付けて捉えやすくし、安心感を与える。そうしておいて社会は、しつけや社会の維持のために内なる魔物を利用する。これをエリクソンは**搾取**（exploitation）と呼ぶ。

このように述べると暗く感じるかもしれないが、人は**希望**（hope）をもつことで乗り切ることができる。希望とは、暗い衝動（impulsions）や怒りが存在の始まりを特徴づけるにしても、運命の善意を、初めはそうでなくても結果的には信じられることをいう。

[5] Erikson, E. H.（1950/1963）*Childhood and society*（2nd edition）. Norton, pp.78-79.（仁科弥生（訳）（1977, 1980）『幼児期と社会 1』みすず書房 pp. 93-94.）

■遊戯期に根ざす良心の独裁[6]

第2の誘因は、遊戯期（play age：幼児期後期）にある。3、4歳の頃、健康で遊び心の溢れた子どもは、栄光と達成の大きな夢を育み、一人の独立した人間であるという強い確信を得て、自分がどのような種類の人間になるのかを見出さなければならない。そのため、子どもはその場の力関係で、誰が一番強いかに敏感になり、それを見て自分も強い人間になろうとする。

そのようなときに下の子が生まれると、両親は弱い子を守り、強い子の意志（will）を制限する。すると、上の子どもにとってはそれまで両親に完全に同一化し、力強く美しい存在として映っていた両親像が、理不尽で不愉快で危険なものとして映り始める。両親が自分を不平等に扱ったという支配的なイメージは、どんなに両親に愛情が溢れていたとしても、生涯にわたって消えない。親子関係のアンビバレンスは、両親からアンビバレントに愛されたという自己像となって現れ、子どもの内的世界が分裂する。

この分裂は良心（conscience）を芽生えさせる。人は道徳的になるのである。幼児は、自分の意志を善意（good will）に置き換えることを学習しなければならない。しかし、どんなに善悪に置き換えたとしても、両親による不平等の経験の燃えかすは消えない。そこに**良心の独裁**（autocracy of conscience）[7]は根ざしている。良心の独裁とは、冷酷なほどに良心過剰であることをいう。

[6] Erikson, E. H.（1964）*Insight and responsibility: Lectures on the ethical implications of psychoanalytic insight.* Norton. p. 119.（鑪幹八郎（訳）（2016）『洞察と責任―精神分析の臨床と倫理』［改訳版］誠信書房 p. 117.）

[7] Erikson, E. H.（1959/1980）*Identity and the life cycle: Reissue.* Norton, p. 99.（西平直・中島由恵（訳）（2011）『アイデンティティとライフサイクル』誠信書房 p. 101.）

誰でも幼児期に経験した強迫や非合理的な衝動に向き合わなければならない。この事実から目を背けないなら、大人になっても破壊的なまでに子どもっぽくなることはないし、より創造的な子どものようにとどまることができる。

■青年期のアイデンティティの喪失[8]

第3の誘因は青年期にある。遊戯期の病理的な結果は青年期になって現れる。良心の独裁は自己観察・自己指導・自己処罰などの超自我による「内なる声」となって、青年の内界を根本的に分裂させる。

ある青年は次のように言う。「タバコを吸おうとしたり、女の子に好きだと言おうとしたりするとき、何かの身振りをするとき、音楽を聴こうとするとき、本を読もうとするとき、この第三の声がいつでも僕を責めるんです。下心があるだろう、お前はペテン師だ、と」。この内なる声は彼をとがめるだけで、別の生き方に導くほどには統合されていなかった。

また、かなり繁栄した鉱山都市出身のフランス系アメリカ人の少女は、男子と二人っきりになると、麻痺を起こすくらいパニック状態に陥っていた。彼女は男子から通俗的に「フランス式」とされる性行為を求められたら従わなければならないと強迫的に思い込んでおり、その考えと超自我からの数々の禁止命令とが短絡的に結びついてアイデンティティ葛藤が起こっていた。

[8]［1］の文献 p. 173/pp. 211–212.

実は、彼らは本物のアイデンティティを支える社会による集合的な感覚を失っていた。それを頼りにできないため、青年期のアイデンティティの感覚が喪失していたのである。

■否定的アイデンティティの選択[9]

ある母親は、最初の子どもを亡くしたという罪の意識のために、生まれてきた下の子どもに対して、同じ愛情を注げなくなった。母親は選択的に息子に応答したため、息子は健康で動き回るよりも病気になるか死んだほうが母親に認めてもらえるという致命的な確信をもってしまった。こうして病んだり絶望したりして葛藤状態が続いている青年期後期の人たちは、何者にもならないか、全面的に悪者になるか、あるいは、死を自ら選ぶことを願ってしまう。これを否定的アイデンティティの選択という。

人は肯定的アイデンティティがどうしても得られないとき、否定的アイデンティティを全面的に選ぶことで、その後にやってくる安心感を求めようとする。ただし、普通はそのようにならない。社会は制度や慣習をとおして、人がそのようにならないような仕組みを用意しているからである。

■内なるアイデンティティの感覚[10]

自我アイデンティティは、青年期の欲動（drive）をコントロールできないことや

[9]［1］の文献 pp. 174-176/pp. 214-216.

[10]［7］の文献 p. 175/p. 192.

■エリクソンの著作の主な参照箇所

中島由恵（訳）（2017）「第2章 全体主義について」『アイデンティティ―青年と危機』(pp. 82-101) 新曜社

（全一性と全面性の定義や全体主義の起源が書かれている）

良心の独裁に対する唯一の守り手である。子ども時代（childhood）の終わりにアイデンティティが良心の独裁を乗り越えることができるなら、それまで抱いていた罪悪感は、強力ではあるが厳格ではない良心に統合される。青年期の葛藤を自我が総合して達成した全一性を、**内なるアイデンティティの感覚**（a sense of inner identity）という。

■参考文献

日原尚吾・杉村和美（2017）「20答法を用いた青年の否定的アイデンティティの検討―量的・質的データによる分析」『発達心理学研究』28, 84-95.
（否定的アイデンティティが発達の3つの誘因に根ざすことが実証的に明らかにされている）

三好昭子（2008）「谷崎潤一郎の否定的アイデンティティ選択についての分析」『発達心理学研究』*19*, 98-107.
（発達の3つの誘因がどのように全体主義をつくるかを事例に則して分析）

茂垣まどか（2005）「青年の自我理想型人格と超自我型人格の精神的健康」『教育心理学研究』53, 344-355.
（良心の独裁の様子を大学生の姿から描く）

1-9

心理社会的モラトリアム

――青年期の社会的遊びの意義

アイデンティティ形成は後から振り返ってそうだったと思うものであって、青年が意識して形成しようとする必要はなく、むしろ社会が制度として提供するものである。[1] 青年期にアイデンティティはどのようにして形成されるのだろうか。

[1] Erikson, E. H. (1968) *Identity: Youth and crisis*. Norton, pp. 157-158.（中島由恵（訳）(2017)『アイデンティティ―青年と危機』新曜社 pp. 191-192.）

■社会的遊びと役割実験[2]

[2] [1] の文献 pp. 156-157/pp. 190-191.

思春期にセクシュアリティ（sexuality：性欲）が成熟するが、性器の使用はそれが社会的に可能になる成人期まで保留しなければならない。親になることを遅延することで引き延ばされた期間を、**心理社会的モラトリアム**（psychosocial moratorium）という。

この期間は青年の側の挑発的な遊び心と社会の側の選択的な寛容によって特徴づけられる。青年は**社会的遊び**（social play）に熱中し、アウトサイダー・非行少年・反抗者・患者といった否定的アイデンティティを演じて**役割実験**（role experimentation）を行い、心理社会的モラトリアムをつくり出す。役割実験とは、安全なところに身を置いて、自分の取りうるさまざまな役割を自由に演じてみることをいう。

社会的遊びはあくまで演じる（play）だけなので、幼児期の空想の挫折や罪悪感、親から受ける罰の不安といったものによって制止されることなく行うことができる。罰の不安は、遊びで行うことにより、価値ある目標を心に描き、追求する勇気に置き換わる。そこに**リアリティ**（他者と共有する現実）の感覚が伴うと、行為が目的のあるものとなる。「私とは私がこうなるつもりだと想像できるものだ」という確信をもつことで、親から植えつけられた罪悪感によってもくじけることのない青年期のアイデンティティをもたらす[3]。

青年は役割実験をとおして、社会の特定の場所に**適所**（niche）を見つける。適所とは、あらかじめ明確に定められた、その人にとっては自分だけのためにつくられたと思える場所である。それにより青年は内的連続性と社会的斉一性（social sameness）の確かな感覚を獲得する。その感覚が子どもだったときの自分と、これからなろうとしている自分とのあいだを橋渡しし、内的連続性をつくる。また、自分について自分が抱いているものと、所属している共同体がその人を認識しているものを調和させ、社会的斉一性をつくる。

エリクソンは、青年が否定的アイデンティティを演じて役割実験を行うことに対して、大人が目くじらを立てて否定的なラベルを貼るべきではないと言う。アイデンティティ形成の真っ只中にいる青年は否定的な自己像に敏感であり、頭の固い大人をか

[3]［1］の文献 pp. 121–122/pp. 142–143.

らかって演じているだけだからである。もし否定的なラベルを貼ろうものなら、本当にそのとおりにしようとする。それほどまでに絶望的で激しいものとなりうる。文化が提供するモデルが自分たちにとって有効でないとき、否定的アイデンティティを演じることでしかアイデンティティの感覚をもつことができないためである。否定的アイデンティティを演じることは、彼らにとって唯一の自我アイデンティティの総合と昇華の方法なのであり、それを許してほしいという捨て身の嘆願なのである[4]。

■忠誠をとおして得られる理想の体系[5]

青年期の**アイデンティティの危機**（identity crisis）は、幼児期の親との同一化を問い直し、未来に向けて組み換えるが、それは家族外の指導者や同世代の仲間との**同一化**（identification：まねをしてその人の特徴を取り入れる）によってのみ行うことができる。青年期の同一化を**忠誠**（Fidelity：信じきる心）という。

指導者という両親よりも偉い権威に服従することによって、自分が演じていることの責任を指導者に転嫁するとともに、一人ではなく集団で行うことで仲間に責任を分散する。さらに集団の中で仲間意識をもつことにより、発達の違いはあっても価値のうえでは平等であるという経験をする。それが両親によってつくられた幼児期の不平等の燃えかすによる良心の独裁から自分を解放し、自分の罪悪感を和らげる。こうして、幼児期に両親から植えつけられた超自我による禁止が働いて自分を動けなくさせ

[4] [1] の文献 p. 54/p. 54.

[5] [1] の文献 p. 87/pp. 97–98.

ていた病的な罪悪感は、強力ではあるが厳格ではない良心に統合され、そうした罪悪感を引き起こす元となった親子関係のアンビバレンスを克服する。

忠誠は特定の個人やイデオロギー（ideology：時代的な思想）に対する忠節心（loyalties）や私淑（devotions）といったものではない。忠誠とは、特定の指導者や仲間をとおしてではあるが、そこから得た理想の体系（ideal system）もしくは価値観（value system）が自分の意志で選んだものであると思える、つまりそこにどんなに矛盾があったとしても、自分がもち続けることができると思えることである。[6] イギリスの作家のバーナード・ショウは、「私は1880年代初頭に起こった社会主義の復興運動に引き込まれた。全世界を蝕（むしば）みつつあった非常にリアルで根本的な悪に対して真剣に向き合い、憤りに燃えていたイギリス人の一人であった」と述べている。ショウは社会主義の指導者に忠誠を誓うことで理想の体系を得て、それを基盤にすることで幼い頃からの親との同一化を組み換え、自分のアイデンティティをもったのである。

こうしたプロセスは、社会が制度として提供する。社会は青年のために目標や価値を用意し、救済と改革、冒険と征服、理性と進歩をめざし、それが首尾一貫した世界像と両立するという確信を青年に与える。社会は新参者である青年に対して、彼らが自ら選択したという最大級の感覚と連帯感をもたせ、社会に対する最適な従順意識をもたせるように仕組む。つまり、青年に「与えられたもの」を自分が「なさねばならないもの」と選び直すように仕向ける儀式を用意する。キリスト教やユダヤ教の入会

[6] Erikson, E. H. (1964) *Insight and responsibility: Lectures on the ethical implications of psychoanalytic insight*. Norton. p. 125.（鑪幹八郎（訳）（2016）『洞察と責任―精神分析の臨床と倫理』［改訳版］誠信書房 p. 123.）

式や堅信礼がその例である。それゆえ、そのような社会の機能が弱まると、青年はアイデンティティ拡散から抜け出せなくなる。

■退行に打ち克つ発達[7]

次の事例は、仲間によって確証され（affirm）、教師によって承認され（confirm）、生きるに値する人生にしたいと熱望する青年に対して、社会がイデオロギーの潜在力（ideological potential）を伝え、それによって青年がアイデンティティの感覚を得て、人間存在の社会的ジャングルを生きる感触を得たものである。言い換えると、幾分かのゆとりを得て、伝統的な生活様式を利用し、否定的アイデンティティの燃えかすを処理した事例である。

10代後半の女性であるジルは、過食で苦しみ、過食や依存という口唇期（乳児期）の特徴を示していた。ジルはおてんばでもあり、兄弟にひどく嫉妬し、張り合おうとしていた。エリクソンはジルが食欲の貪欲さや兄弟との競争心とどのように折り合いをつけるのかを見守った。そして、それらが彼女の発達のなかで吸収され、運良く消えていくことを期待した。

ジルは、十代の終わりの秋、大学の夏休みに家族と一緒に行った農場に、そのまま一冬残らせてほしいと親に頼んだ。この期間はジルにとっての心理社会的モラトリアムとなった。新たな役割（**働くこと**：work）を試してみる期間だったからである。働

[7] [1] の文献 pp. 130-131/pp. 154-155.

くことという役割は、恵まれた状況下にあれば、あらゆる役割のなかでもっとも個人を安定させるものである。生まれたばかりの子馬の世話に専念し、お腹をすかせた動物たちにミルクを与えるため、何時でも起きた。ジルの熱心な世話はカウボーイの賞賛を得た。

これまでは過食というかたちで現れていた、貪るように自分の得たいものをなんとしても得たいという欲求を、農場で働く世話というかたちで、与える側にまわることで解消した。受動的なものを能動的なものに転換し、それまで症状として出していたものを社会的行為に変換したのである。

ジルの行動は農場の人びとのもつイデオロギー的潮流に合致していたので、やりがいがあり、**楽観性**（optimism）の承認（confirmation）を得た。楽観性とは自分自身であると感じられる何かを行うことができると思うことをいう。

このように、青年が自ら選んだ自己治療（self-chosen "therapies"）が、最適の時期に、しかも青年の精神状態に適したかたちで与えられるなら、青年のもっている資源の豊かさが現れる。

■日本の具体例 —— 寝屋子制度[8]

日本の心理社会的モラトリアムの例は何だろうか。高校や大学は制度化された心理社会的モラトリアムであるが、ここでは三重県の答志島に残る寝屋子制度を紹介した

[8] 松浦勲・大村恵子（2003）「日本最後の若者宿―鳥羽市答志の寝屋子の研究」『九州工業大学研究報告（人文・社会科学）』51, 39-57.／村本由紀子・遠藤由美（2015）「答志島寝屋慣行の維持と変容―社会生態学的視点に基づくエスノグラフィー」『社会心理学研究』30, 213-23.

[9] [1] の文献 p. 156/p. 191.

■エリクソンの著作の主な参照箇所

中島由恵（訳）（2017）「発生論的研究―同一化とアイデンティティ」『アイデンティティ―青年と危機』（pp. 189-202）新曜社（青年期の心理社会的モラトリアムやアイデンティティ形成の内容がわかる）

西平直・中島由恵（訳）（2011）「要約　エリクソン、E・H」『アイデンティティとライフサイクル』（p. 192）誠信書房（青年期のアイデンティティ形成が1ページに要約してある）

い。これは、中学を卒業し結婚するまでの若い男性（寝屋子という）が、週末に自分の親ではない大人（寝屋親という）の家に泊まり、仲間と一緒に一晩過ごす風習である。以下では、エリクソンの言う青年期特有の3つの課題[9]に対応づけて考える。

青年期特有の課題は、第1に、猛烈な勢いで強まる衝動（成熟した性器や力を蓄えた筋肉に投入される）に対して自我防衛を維持することである。寝屋子制度では、それは寝屋親の性や労働の教育をとおして教えられる。答志島の沿岸には豊かな漁場があり、漁業の技術が伝達される。第2に、就労の機会のために、葛藤から解放された（conflict-free）成果（学業の成績や労働の産物）を得る方法を学ぶことである。寝屋親に忠誠を誓い、実の親に相談しにくいこと（恋人や結婚なども含めて）が相談でき、両親と距離を置けるので、良心の独裁の犠牲から免れることができる。第3に、子ども時代に行った同一化を未来に向けて再総合（resynthesize）し、自分にとっての社会を広げ、そこから与えられる役割に従うことである。自宅とは別の場所で仲間と一緒に過ごすことで、社会人の集団生活に入る訓練ができる。彼らは青年団に入り地域の防災や祭りを任されている。彼らが結婚し、地元で一家を立ち上げると、今度は自分たちが寝屋親となって、若い人たちを育てる。こうして地域の大人が自分にしてくれたように自分も次の世代を育てる企てに加わっており、世代継承のプロセスが働いている。

■参考文献

エリクソン、E・H／西平直（訳）（2002, 2003）『青年ルター1・2』みすず書房（アイデンティティの危機と歴史との関係が具体的にわかる）

エリクソン、E・H／星野美賀子（訳）（1973, 1974）『ガンディーの真理 1・2』みすず書房（ガンディーが「偉人」となった秘密を、彼の生活史と当時彼を慕っていた青年とのかかわりから明らかにしている）

大野久（2020）「アイデンティティ概念再考」『教職研究』（立教大学）34, 3-15.（大学生のもちがちな青年期のアイデンティティの誤った理解を正す）

小沢一仁（2002）「居場所とアイデンティティを現象学的アプローチによって捉える試み」『東京工芸大学工学部紀要（人文・社会編）』25(2), 30-40.（日常の世界に生きている「私」を居場所から捉える方法を教える）

1-10

アイデンティティの超越

――歴史のアクチュアリティ

2020年、「黒人の命は大切（Black Lives Matter）」という社会運動が、アメリカから世界中に広がった。アイデンティティという概念も、1960年代に入ってアメリカの国家としてのアイデンティティの危機が一部の青年たちの公然たる社会行動（黒人差別撤廃やベトナム戦争反対、平和のための運動など）として現れるようになって、特に重要な意味をもつようになった。エリクソンは、歴史的にアイデンティティが問題となるときに、アイデンティティを概念化し始めたと振り返っている[1]。

■何者でもない感覚[2]

アメリカの黒人文学者、ロバート・ペン・ウォーレンは、アイデンティティという言葉を聞いて、「私はアイデンティティという言葉を捉えた。これはキーワードだ。何度も何度も聞くことになるだろう。数多くの争点が、この言葉に焦点を合わせ、この言葉の周りに凝固し、動きながら、互いに変化してゆくだろう。自ら生まれた世界

[1] Erikson, E. H. (1950/1963) *Childhood and society* (2nd edition). Norton, p. 282.（仁科弥生（訳）(1977, 1980)『幼児期と社会 2』みすず書房 p. 14.）

[2] Erikson, E. H. (1968) *Identity: Youth and crisis*. Norton, pp. 295-297.（中島由恵（訳）(2017)『アイデンティティ―青年と危機』新曜社 pp. 382-383.）

から疎外され、自らが市民たる国から疎外され、しかもその新たな世界の、その国の成功価値に囲まれていて、どうすれば黒人は自らを定義することができるだろうか。」と書いた[3]。

アメリカの黒人は、アフリカやインドなどから強制的に連れてこられた。黒人は白人の成功価値を内面化し、自分がアメリカ人だと思っていてもアメリカ市民として扱われない。それゆえ、黒人は「何者でもない感覚」という社会的役割をもたされているのだとエリクソンは言う。それは一般的にはアイデンティティの感覚がないことを意味するが、エリクソンはそうは考えない。アイデンティティの感覚とは自分自身が世界と1つになる感覚をいうが、黒人の置かれた現実を考えるとまったく期待できないことだからである。エリクソンはむしろ、「何者でもない感覚」というものを言葉にして社会に訴えていること自体に価値があると言う。そこには、肌の色という目に見える表面的なものによって特徴づけられた人間ではなく、〝ある選択をもつ個人として視線を向けられ、耳を傾けられ、認識され、向き合ってほしい〟という能動的かつ力強い要求が表現されていると考えるからである。こうした潜在的な発達は、いかにして歴史的な事実になるのだろうか。

[3] Warren, R. P.（1965）*Who Speaks for the Negro?*. Random House.

■アイデンティティ障害[4]

人種差別撤廃をかかげ、一度も人種差別をしたことがないとする保育所で起きた出

[4] Erikson, E. H.（1964）*Insight and responsibility: Lectures on the ethical implications of psychoanalytic insight*. Norton. p. 94.（鑪幹八郎（訳）（2016）『洞察と責任－精神分析の臨床と倫理』［改訳版］誠信書房 p. 88.）

来事である。ある4歳の女の子は、保育所で、いつも鏡の前に立って石けんで自分の皮膚をごしごしと、こすっていた。今度は鏡をこすり始める。保育者がそうしないで絵を描くように言うと、この子は初めは怒ったように何枚もの画用紙を茶色と黒色でびっしりと塗りつぶしたのち、自ら「大変良く描けた絵」というものを保育者のところに持ってきた。保育者には初めはただの白い画用紙に見えただけだったが、よく見ると、この子が白い絵の具でたっぷりと隙間なく塗っていたことがわかった。この自己抹消の行為は、清潔感の統制が黒人の社会的な自己評価の喪失と幼い頃から結びついていることの現れだと、エリクソンは言う。

この保育所が依って立つアメリカの人種差別撤廃の政策は、スラム街の黒人の子どもたちは白人の中産階級の文化が剝奪されているとする文化的剝奪理論に基づき、黒人に白人の中産階級と同じ文化を身につけさせようとするものであった。それは、この女の子に見られるように、容赦なく黒人が「違っている」と感じさせるものであり、エリクソンに言わせると、単に長い苦痛を伴う内的再同一化（白人という自分とは別のものをまねようとさせること）の始まりにすぎないものであった。

文化的剝奪理論によると、黒人の父親は家庭に「不在」であり、母親は「強い母親」であるとされ、黒人家庭の崩壊として問題視された[5]。しかし、エリクソンに言わせると、それは家族が一緒に住んでいる法的・宗教的に合法的な白人もしくは黒人の中流家庭を基準にしたものである。エリクソンは、黒人の問題は黒人の伝統的な家庭

[5]［2］の文献 pp. 310–311/pp. 401–403.

のパターンの逸脱から理解されるべきだと言う。そして、黒人家庭の「父親不在」という問題については、黒人男性から組織的に搾取し、責任ある父親としての地位を否定してきた白人の行為を恥ずべきである、と主張する。ただし、エリクソンは、文化的剥奪理論の旗印のもとでなされた黒人の子どもに対する支援活動を否定しているわけではない。

■**服従アイデンティティ**[6]

黒人は多数派である白人の文化の理想を意識しているため、黒人にとって、白人が肯定的イメージを担っている。ところが、黒人はそれを実現することが社会的に妨げられているため、許可される場面でも平等を行使せず、抑制するように母親にしつけられてきた。こうして黒人の**服従アイディンティティ**（surrendered identity）が黒人の共同体の中で育まれたのである。そのため、白人が黒人に対して使う「ニガー」（nigger）という「ニグロ」（negro）よりも軽蔑的な言葉を、黒人が別の黒人に対しても使う。

その理由は単に、よく言われるように圧迫される（oppressed）少数派である黒人が支配的な多数派（majority）である白人の文化に防衛的に適応しようとしているのだ、といったことではない。むしろ、それは黒人の**搾取**（exploitation）されやすさ（白人にとっては搾取への誘惑）によるものである。搾取は、依存する関係において生

[6]［2］の文献 pp. 302-304/pp. 390-392.

じる自分の無力感や見捨てられ感、恥や罪の意識を利用する。実際に、黒人のみならず、あらゆる少数派に劣等感や極端な自己嫌悪が見られる。黒人は搾取されることにより潜在的能力の発達が傷つけられ、無力感を伴う激しい怒り（rage）を蓄積させる。

■インクルーシブ・アイデンティティ[7]

黒人と白人で見てきたことは、人間が**擬似種**[8]として進化し、発達してきた証である。擬似種は、自分たち以外を間違いとみなし、自分たちだけが選ばれた人間だとする。圧迫する側（多数派）は、圧迫される側（少数派）の否定的アイデンティティの中に既得権益をもっている。なぜなら、圧迫される側の否定的アイデンティティは、圧迫する側の無意識の否定的アイデンティティの**投影**（projection）だからである。投影とは、自分の中に生じた衝動・感情・観念を外部に帰属することで心の安定をはかろうとする自我の働きである。この投影は、圧迫する側に、ある程度は優越感をもたらしてくれ、危ういやり方ではあるが、全一性（wholeness：ホールネス）も感じさせてくれる。これが擬似種の特徴である。白人であろうと、黒人であろうと、それぞれの肯定的アイデンティティは否定的アイデンティティによって定義される。私たちの天与のアイデンティティは、しばしば他者を貶（おとし）めることによって生きながらえるという事実を直視しなければならない。

自分の肯定的アイデンティティをつくるのに必要だった偏見から脱却し、排他的な

[7]［2］の文献 pp. 303-304/pp. 391-392.

[8]「1-8　全一性（ホールネス）と全面性（トータリティ）」参照。

全面性（totality：トータリティ）の代わりになるものは、新しい、**インクルーシブ・アイデンティティ**（inclusive identity）としての全一性である。[9] インクルーシブ・アイデンティティとは、より広いアイデンティティ（wider identity）であり、1つの集団に対する同一化でなく、複数の集団に対する同一化を統合するアイデンティティである。インクルーシブ・アイデンティティは、否定的アイデンティティに依存し、互いの敵意という伝統的な状況のなかで生きるか、あるいは一方的な搾取という共生的な適応のなかで生きるか、という二者択一ではなく、2つの集団が両者の関係の中で新しい可能性を活性化（自分の力が引き出されること）するようなやり方で、アイデンティティを結合させることである。

[9]［2］の文献 p. 314/p. 407.

■相手のなかで失うことで自分を発見する

インクルーシブ・アイデンティティだからといって、それが直ちに人間一般のものとか人類全体のものとかになるわけではない。[10] 私たちは常に、子どもと大人、男性と女性、雇用者と労働者、リーダーとフォロワー、多数派と少数派といったカテゴリーのなかでしか互いに出会うことができないからである。それゆえ、それらの関係のなかにある特定のアンビバレンス（力関係などによって生まれる一筋縄ではいかない感情）を具体的に克服していくことでしか、前に進めない。

この点で興味深い現象がある。[11] ある白人の青年は、文化的に剥奪されているはずの

[10]［2］の文献 pp. 314-316/pp. 407-410.

[11]［2］の文献 p. 304/p. 392.

スラム街の黒人の子どもたちを支援するなかで、彼らに白人が示す神経症的不適応が見られないことを発見し、あるときふと、白人の中産階級の文化のほうが実は白人の子どもたちから神経症的不適応を予防する経験を剥奪しているのではないか、という事実に気づいて、皮肉に思ったという。黒人を助けようとして、むしろ白人のほうが助けられる側にあったことに気づいたというのである。

実は、その瞬間、社会の中で縛られていたその人のアイデンティティ（social boundness of identity）が、社会から**超越**（transcendance）したのである。[12] これはアイデンティティの意識が、人と人が対面して得られる**アクチュアリティ**[13]のなかに吸収されたことを示す。アクチュアリティにおいては、相手の力を最大限引き出そうとすることで自分の力が最大限引き出される。これを**相互活性化**（mutual activation）という。実際に、先の現象は、白人の青年が黒人と顔と顔を突き合わせ、生活や労働をともにするなかで起きた。活動に没頭するなか、自分を失うことで、自分を発見し、同世代の仲間を発見した。黒人の権利向上のための運動のなかで、白人の青年がスラム街の黒人と生活や労働をともにすることで、アイデンティティと連帯を見つけたのである。

■1つの種としての人類の可能性

擬似種はアイデンティティの本質的な一側面であるため、なくすことはできない。

[12] [2] の文献 pp. 300-301/p. 387.

[13] 「1-7 根こぎ感」参照。

[14] [2] の文献 p. 42/p. 38.

[15] [2] の文献 pp. 83-84/p. 93.

[16] Evans, R. L.（1964/1995）*Dialogue with Erik Erikson (With reactions from Ernest Jones)*. Rowman & Littlefield, pp. 32-33.（岡堂哲雄・中園正身（訳）（1981）『エリクソンは語る―アイデンティティの心理学』新曜社 pp. 40-41.）

そのため、成熟した大人はアイデンティティを超越しなければならない。それができるのは、成人期の**倫理**の力（ethical power）のみである。それを得ることで、子ども時代に提供されたアイデンティティの基盤となった道徳や、青年期のイデオロギー（特定の世界観）をとおして獲得した善意識を越えることができ、それゆえアイデンティティを相対化できる。そして、すべての個別性（individuality）を越えて、一人ひとりは真に個性的となる。[14]

擬似種には希望もある。人類の歴史からもわかるように、擬似種は全体主義だけではなく、より大きな全一性への進歩ももたらす。[15]エリクソンは、核兵器に対する激しい怒りが擬似種としてのナショナリズムを終わらせ、人類が1つの種になる最初の好機であると述べている。[16]

■エリクソンの著作の主な参照箇所

中島由恵（訳）（2017）「民族、そしてより広いアイデンティティ」『アイデンティティ―青年と危機』（pp. 379-416）新曜社（インクルーシブ・アイデンティティは「より包括的なアイデンティティ」と訳されている）

鑪幹八郎（訳）（2016）「自我とかかわり関与性」『洞察と責任―精神分析の臨床と倫理［改訳版］』（pp. 163-190）誠信書房（アクチュアリティは「かかわり関与性」と訳されている）

■参考文献

コールズ、R／森山尚美訳（1997）『子どもたちの感じるモラル』パピルス（エリクソンはコールズが黒人の子どもが歴史を変えることを見届けていると言う。ルビー・ブリッジスという女の子の6歳から10歳の4年間の一人きりの戦いには目を見張らされる）

第2章　アイデンティティ・ステイタス理論の考え方と展開

2-1 アイデンティティの測定

——エリクソンからマーシャへ

アイデンティティはきわめて包括的な概念で、エリクソン自身もさまざまな観点からアイデンティティを説明している。そのため、アイデンティティの全体を1つの方法で測定することは難しい。研究者たちは、アイデンティティの概念のなかで、それぞれが重要だと考える側面に焦点を当てて測定してきた[1]。アイデンティティを研究するにあたりまず気をつけるべき大切な点は、それぞれの方法がアイデンティティのどの側面を捉えているかを認識しておくことである。

これまでもっとも多く用いられてきたのは、アメリカ（後にカナダ）の心理学者であり心理臨床家でもあるジェームス・マーシャ（James Marcia）が開発した**アイデンティティ・ステイタス・アプローチ**（identity status approach）である[2]。このアプローチの特徴は、個人のアイデンティティの発達の状況を、アイデンティティ形成に向けた取り組みをとおして査定する点にある。そのためにマーシャは、エリクソン理論において青年期に直面する通過点であるアイデンティティの**危機**（crisis）に着目し、青年が危機にどう対応しているかを聴取する半構造化面接、「アイデンティティ・ス

[1] 例えば、アイデンティティが発達した時に感じられる自分自身に対するくつろぎ感や充実感、自分に対するまとまりの感覚を取り上げたり（例えば、Rosenthal et al.（1981）、大野ら（2004））自分自身のアイデンティティを形成するための、青年自身の取り組みに焦点を当てたりしてきた。本章で取り上げる、マーシャが開発したアイデンティティの測定方法（アイデンティティ・ステイタス・アプローチ）は、主として後者の「アイデンティティを形成するための取り組み」を査定するものである。

Marcia, J. E. (1966) Development and validation of ego-identity status. *Journal of Personality and Social Psychology, 3*, 551-558.

Rosenthal, D. A., Gurney, R. M., & Moore, S. M. (1981) From trust to intimacy: A new inventory for examining Erikson's stages of psychosocial development. *Journal of Youth and Adolescence, 10*, 525-537.

テイタス面接」を開発した。

大野久他（2004）「MIMICモデルによるアイデンティティの実感としての充実感の構造の検討」『教育心理学研究』52, 321-330.

［2］Marcia, J. E.（1966）Development and validation of ego-identity status. *Journal of Personality and Social Psychology*, 3, 551-558

■危機とコミットメント

この面接ではまず、青年が社会の中で大人として生きていくうえで重要な人生の選択について、アイデンティティの危機と**コミットメント**（commitment：「傾倒」や「関与」と訳されることもある）の2つを体験しているかどうかを査定する。危機とは、青年が自分にとって意味のある選択肢を探索する時期にいること、コミットメントとは、自分の選択に対して責任をもってかかわっていることを指す。

人生の重要な選択が行われる場面としてマーシャが選んだのは、職業選択と社会的思想・信条（イデオロギーとも呼ばれる）の決定であった。イデオロギーの中身は宗教と政治であった。マーシャがこの面接法を開発した1960年代のアメリカの若者、特に大学生にとって、大人として社会に認められるためには職に就き、特定の信仰をもち、自ら選んだ政党を支持することが重要だったからである。アイデンティティは、自分がどのような人間であるかの自己定義にとどまらず、その自分が他者や社会からも認められていることによって成立する。社会に根ざしたアイデンティティ、すなわち心理社会的アイデンティティを形成するためには、その青年が生きている社会が認める大人としての役割や課題において、危機とコミットメントを経験することが大切なのである。

この面接では、とりわけ危機の経験が詳しく聴取される。「なぜ、どのようにしてそれを選んだのか」が繰り返し問われる。人生の選択肢は、たとえば職業であればパイロット、教師、銀行員など、基本的には社会が青年に提示したものである。それら社会が提示する（あるいは、社会に存在する）役割を、あなたはしっかりと認識し、吟味し、自分の役割とし

表 2-1　アイデンティティ・ステイタス面接の質問項目例（［5］より引用）

1. 将来の職業については、どのように考えていますか。（まだはっきりとは考えていない場合には、）漠然とでも、どういう領域、種類のことをしたいと思っていますか。（特定の職業に就く気がない場合には、）職業に就くということを、どう考えていますか。
2. ～になろうということを、どのように考えて決めましたか。他のものも考慮しましたか。
3. ～の魅力はどういうところですか。～になったら、仕事の上での日常生活はどんなだと思いますか。～になるためには何か必要なことがあると思いますか。
4. ～になろうということについて、確信が持てなくなったことがありますか。いつですか。なぜですか。どのようにして、それを克服しましたか。
5. 何かもっと良いものがあれば、変えるのをいといませんか。あなたにとって「良い」と考える基準はどんなことですか。
6. 親というものは、子どもに何になってほしいとかどういう仕事をしてほしいとか期待していることがよくあります。お宅の場合は、どのように期待していらっしゃるようですか。それに対してあなたはどう感じていますか。
7. ～になろうと考えていることについて、御両親はどう感じていらっしゃるようですか。それに対してあなたはどう感じていますか。

［3］危機は後にハロルド・グロートヴァントによって**探求**（exploration）と呼ばれ、現在はその用語が定着している。探求は、人生の重要な選択を決定するために、自分自身や環境について情報を引き出すことをめざした解決行動と定義される。

Grotevant, H. D. (1987) Toward a process model of identity formation. *Journal of Adolescent Research, 2*, 203-222.

さまざまな大人としての役割を試すことは必ずしも心の痛みを伴う劇的な体験ばかりではないことから、危機よりも、青年のアイデンティティに対する積極的な取り組みを表す探求のほうがふさわしいと考えられた。

Grotevant, H. D. et al. (1982) An extension of Marcia's Identity Status Interview into the interpersonal domain. *Journal of Youth and Adolescence, 11*, 33-47.

て引き受けることを検討したのか。引き受けるとは、この社会、あるいは社会の組織や集団の一員になることで、自分と社会が統合されることである。また、児童期までの親などの重要な他者への同一視から脱却しているかどうかも問われる。自分の能力、好み、さまざまな経験をとおして構成してきた自己像などを全体としてまとめ、親とは異なる自分の存在を自覚できているかどうかである。たとえ親が期待する職業や親と同じ職業を選んでも、親とは異なる自分の視点で選択していれば、危機の体験があると言える[3]。

■アイデンティティ・ステイタス

次に、危機とコミットメントの2つの次元を組み合わせて、アイデンティティの4つの発達の程度、**アイデンティティ・ステイタス**（status は「地位」と訳されることもある）を分類する[4]。

アイデンティティを**達成**した青年は、危機の時期を経験した後に、現在は自分が選択した職業や思想・信条に責任をもってかかわっている。達成の対極にいるのが**拡散**の青年であ

表2-2　アイデンティティ・ステイタス

		コミットメント(Commitment)	
		あり	なし
危機(crisis)	あり	達成 (Achievement)	モラトリアム (Moratorium)
	なし	早期完了 (Foreclosure)	拡散 (Diffusion)

[4] 危機とコミットメントの経験の有無は職業、宗教、政治のそれぞれで評定されるが、それらを総合して1つのステイタスが割り当てられる。

[5] 無藤清子（1979）「『自我同一性地位面接』の検討と大学生の自我同一性」『教育心理学研究』27, 178-187.

■参考文献

Marcia, J. E. et al.（1993）*Ego identity*. Springer.（アイデンティティ・ステイタス・アプローチに関する包括的な解説書）

杉村和美（2008）「大学生の自己分析の進め方」宮下一博・杉村和美『大学生の自己分析―いまだ見えぬアイデンティティに突然気づくために』ナカニシヤ出版 pp. 105-128.（同一性地位判定尺度（p. 123）に答えてみて自分のステイタスがわかる）

る。彼らは、危機を経験しておらず、いかなるコミットメントも欠如している。発達的に両者の中間に位置するとされたのが、モラトリアムと早期完了である。**モラトリアム**の青年は、現在危機を経験中で、コミットメントはまだ曖昧である。**早期完了**の青年は、危機を経験していないにもかかわらず、コミットメントを表明するのが特徴である。

2-2 アイデンティティの統合

――マーシャのめざしたもの

マーシャのアイデンティティ・ステイタス面接では、青年のアイデンティティの危機への取り組みが詳しく問われる。そこで問われているのは、2つの観点からの**アイデンティティの統合**のありようである。マーシャがめざしたのは、青年を単にアイデンティティ・ステイタスに分類することではなく、ステイタスの根底にある統合のありようを理解することなのである。

■**自己像は統合されているか**

1つめの観点は、児童期までに形成されてきたさまざまな自己像の統合である。自己像には、自分の素質や能力に起因するものもあれば、両親を始めとする重要な他者への同一視に基づいて、あるいは彼らをモデルとして、作り上げたものもある。アイデンティティとは、それらを統合した全体的な自己の感覚である[1]。その過程で、青年はさまざまな自己像を取捨選択したり、それらをまとめきれずに苦悩したりする。

他者、特に両親とは異なる独自の自己像を明確にすることも必要となる。面接項目

[1] アイデンティティの、統合された全体としての性質のことを wholeness（全一性）という。これは自己の同じ要素ばかりで統一した totality（全面性）とは違う。さまざまな、ときには矛盾することもある自己の要素をやわらかくまとめたものである。「1-8 全一性（ホールネス）と全面性（トータリティ）」参照。

Erikson, E. H. (1968) *Identity: Youth and crisis.* Norton.（中島由恵（訳）(2017)『アイデンティティ―青年と危機』新曜社）

のうち、たとえば職業選択に関する「～になろうということを、どのようにして決めましたか。他のものも考慮しましたか」とか「～になろうとして確信がもてなくなったことはありますか。（中略）どのようにしてそれを克服しましたか」といった質問、さらに両親からの期待やそれをどう扱ったかについての質問は、この自己像の統合を捉えようとしたものと言える。

■自己と社会は統合されているか

観点の２つめは、自己と社会の統合である。エリクソンのアイデンティティは、自己の一貫性が個人内で自覚されているだけでは不十分である。その自己が社会、あるいは社会を構成する他者からも認められる、つまり、社会の中に位置づけられていなければならない。これは、社会の中に自己の適所（niche）を見つけていることである。マーシャが、アイデンティティ・ステイタス面接において職業とイデオロギーの危機を取り上げた理由はここにある。社会に入るときに経験される危機でなければ、心理社会的アイデンティティの形成の契機とはならないのである。この危機を克服することで、青年は自己と社会を統合する、つまり自らを社会に位置づける、あるいは自らの中に社会を取り入れることができるからである。

■統合のありように徹底的に迫る

ステイタス面接は、アイデンティティの統合のありようを理解することに重きを置いている。そのことを、杉村はマーシャが行ったステイタス面接のデモンストレーションを見て強く印象づけられた。彼は、ヨーロッパ青年研究学会のシンポジウムでアイデンティティにおける統合の重要性について語った後、聴衆から希望者を募って壇上に招いた。そしてステイタス面接を行ったのである。以下は杉村の記憶に基づく記録である。面接対象者は、自身が幼少期にアメリカに渡った移民としての体験を語った。マーシャは、ステイタス面接の標準的手続きである職業選択やイデオロギーといった領域での危機は取り上げず、大局的な見地から次のように尋ねた。

「これまでの人生で、あなたがもっとも受け入れがたかった体験は何でしたか」

対象者は、自分が移民として学校でいじめられ、非常に辛かった経験をあげた。それに対してマーシャはさらに追求した。

「その経験はその後どうなりましたか」
「今はどう思っていますか」
「今では自分の一部になって自分の中に取り入れることができましたか」
「どうやって克服したのですか」

このような質問を繰り返し投げかけたのである。これらは次のようなことを深く、徹底的に取り出すための問いだったように思われる。「あなたはその体験、その自己（移民としての自己）を、あなたのアイデンティティの全体の中に統合することができているのか」、「あなたはあなたが今いる（アメリカ）社会にうまく統合されたのか」。

このデモンストレーションは、アイデンティティの危機とは、自己のさまざまな要素――なかには受け入れがたい要素もある――を、その人が自己の一部として受け入れ、アイデンティティとしてまとめあげるまでの苦闘の過程であることを強く印象づけるものであった。マーシャのステイタス・アプローチがめざしたのは、その過程とそこでの青年の主体的な取り組みの把握である。アイデンティティが形成された結果としてのコミットメントの明確さと、そこに至るまでの過程に注目することなのである。[2]

■アイデンティティ統合の諸形態――後の研究者に引き継がれていること

アイデンティティの統合は、エリクソン理論のもっとも中核的な概念のひとつである。その認識はマーシャ以後の研究者にも引き継がれている。たとえばモイン・サイエドとケイト・マクリーンは、エリクソン理論とこれまでの実証研究を概観して統合の4つの形態を分類した。[3] それらは、文脈的統合（多様なアイデンティティの領域の

[2] 形成されたアイデンティティの感覚に注目する測定方法もある。エリクソンの著作に記されるような、〝斉一性と連続性の感覚〟、〝自分自身の身体にくつろいでいる感じ〟、〝重要な他者から、自分が思っているとおりの人間として認められているという内的感覚〟の有無を尋ねるような質問項目を用いる方法である。マーシャはそのような感覚に注目しなかった理由は、これらの表現が社会的に望ましい回答を求めているように見えるからであるとしている。マーシャは、できるだけ価値的に中立な質問項目を用いて、アイデンティティに関する豊かな描写を捉えることを考えたという。

Marcia, J. E.（1993）The ego identity status approach to ego identity. In J. E. Marcia et al. (Eds.), *Ego identity* (pp. 3–21). Springer.

統合）、時間的統合（過去・現在・未来の調和）、自我統合（文脈的統合と時間的統合の調和）、人と社会の統合（自己と社会の協調）である。アイデンティティ研究は多様で、一貫した研究動向を見出しにくいことがある。しかし、その研究がどういったタイプの統合に着目しているのか、あるいは着目していないのかを考えれば、流れをつかみやすくなる。

[3] Syed, M., & McLean, K. C. (2016) Understanding identity integration: Theoretical, methodological, and applied issues. *Journal of Adolescence, 47*, 109-118.

■参考文献

杉村和美（2012）「アイデンティティとパーソナリティ――生涯発達的視点」日本発達心理学会（編）氏家達夫・遠藤利彦（編）『発達科学ハンドブック 第5巻 社会・文化に生きる人間』新曜社 pp. 286-298.

McLean, K. C., & Syed, M. (Eds.)（2015）*The Oxford handbook of identity development*. Oxford University Press.
（両書ともアイデンティティ研究の現在までの到達点を幅広い観点からまとめている）

2-3
アイデンティティの領域
――青年と社会との関係

アイデンティティの危機を経験する人生の重要な課題、あるいはそこで人生の重要な選択が行われる場面のことを、アイデンティティの**領域**（domain）と呼ぶ。どの課題や場面がアイデンティティの領域として立ち現れるかは、個人と社会の関係で決まる。マーシャは、少なくとも１９６０年代のアメリカの大学生においては、職業やイデオロギー（宗教、政治）の危機を経験することが、彼らのアイデンティティの形成にとって重要だと考えた。職業やイデオロギーを選択することは、大人として社会に入るためのパスポートだったのである。社会的背景が異なれば、必要なパスポートの種類も異なる。

■領域は青年と社会の関係を映す鏡

アイデンティティの領域は時代とともに拡張してきた。その歴史的変遷のひとつは、グロートヴァントらによる対人関係領域の付加である[1]。彼らは、１９８０年代になって、アメリカの青年は将来構築しなければならないキャリアやライフスタイルについ

[1] Grotevant, H. D. et al. (1982) An extension of Marcia's Identity Status Interview into the interpersonal domain. *Journal of Youth and Adolescence, 11*, 33-47.

て膨大な選択の幅に直面していると感じた。そして、従来の領域に友情、デート、性役割の領域を加えたのである。友情とデートは対人関係に関する領域で、友だちや恋愛関係をもつことが大人社会への入り口として重要であることから選択された。職業選択やイデオロギーの問題に触れる前の10代のアイデンティティ形成を査定する際に有益である。たとえば友情では、その人が考える「友情とはこういうものでなくてはいけない、という大切なものは何か」が問われ、それがどのようにして形成されたのか、両親の考えとどう違うのかが追求される。

もう1つの流れは、グロートヴァントらの新たな領域にも含まれる性役割、さらにライフスタイル、とりわけ家庭と仕事のバランスおよび葛藤といった、ジェンダーにかかわる領域の登場である[2]。背景には、マーシャがアイデンティティ・ステイタス面接を開発したときのサンプルが男性のみであったことへの批判があった。また、1980年代以降女性の社会進出の勢いが高まり、女性特有のアイデンティティ危機が見られるようになったことがある。社会の中での男性と女性の役割はどうあるべきか、結婚したら家庭と仕事のどちらを優先するかという問題は、当初は女性に、後には男性にも十分にアイデンティティの危機を引き起こす領域になった[3]。

このように、アイデンティティの領域は、その時代と社会を生きる青年が何をきっかけとしてアイデンティティの問題に取り組むのかを教えてくれる。いわば青年と社会の関係を映す鏡なのである。

[2] Archer, S. L. (1985) Identity and the choice of social roles. *New Directions for Child and Adolescent Development*, *30*, 79-99.

[3] Gyberg, F. et al. (2019) "Being stuck between two worlds": Identity configurations of occupational and family identities. *Identity*, *19*, 330-346.

■マイノリティのアイデンティティ研究がなぜ重要なのか

欧米のアイデンティティの研究では、民族的あるいは性的マイノリティを対象とした研究が多い。養子の青年のアイデンティティ研究もある。日本人の多くにとっては、なぜ民族、性的志向、養子といったことがアイデンティティ研究の対象となるのか、ぴんとこないかもしれない。しかし、これらはアイデンティティの危機を理解するうえで重要な領域なのである。マイノリティの人びとは、社会の中に居場所（エリクソンの言葉では適所）を見つけることが難しい。自分がどのような人間であるかを、あるいはありのままの自分を、他者、集団、さらには国家が認識してくれないとき、重大なアイデンティティの危機が引き起こされる。自分がこの社会の中で定義されず、何者でもなくなってしまうからである。

アイデンティティは、それがうまく形成され、維持されているときにはあまり自覚されない。むしろ、自己の一貫性や社会とのつながりが脅かされたときに、自分はいったい何者かというアイデンティティの問いが明確になる。マイノリティの人びとは、こうした危機を日常的に体験しているので、アイデンティティの形成過程を明確に、強く意識している。だからこそ、彼らを対象とした研究はアイデンティティ形成の本質を理解する上で重要なのである。

[4] 無藤清子（1979）「『自我同一性地位面接』の検討と大学生の自我同一性」『教育心理学研究』27, 178-187.

[5] International Social Survey Program（2008）*International social survey programme: Religion III - ISSP 2008*. GESIS data archive. Cologne. ZA: 4950 Data file Version 2.2.0.

■日本における領域の問題

マーシャのアイデンティティ・ステイタス面接が日本に導入されたとき、[4] まず初めに行われた改訂は、宗教の領域を除外することであった。そして価値観に置き換えられた。宗教領域の質問項目は、たとえば次のようなものである。

「あなたは、自分の宗教的信念について疑ったことがありますか。それはいつですか。どのようにして起こりましたか。」

日本の若者（16～29歳）のうち特定の信仰をもつ人は2割に満たない。[5] 信仰をもたない人に上記の質問をしても意味をなさないのである。しかし、日本の若者は、お正月には初詣に行き、教会で結婚式をあげ、お盆になれば実家に帰りお墓参りに行く。自然を敬い、その超越的・神秘的な力を認める人は少なくない。仏教伝来以降の日本の思想傾向である無常観は、私たちの生活感情としてなじみ深い。[6] 日本人は必ずしも無神論者でも不可知論者でもなく、自身の宗教性を信仰というかたちで表すことが少なく、意識しにくいだけとも考えられるのである。

そうだとすれば、日本人の宗教性を丁寧にすくい取るようなアプローチによって、宗教性の危機をとおしたアイデンティティの形成を捉えうるのではないか。実際、日本の大学生を対象にした調査によれば、神仏への信仰と自然・神秘への信仰[7] がコミッ

［6］浦田悠（2013）『人生の意味の心理学―実存的な問いを生むこころ』京都大学学術出版会

［7］宗教心理学者である西脇が開発した宗教意識尺度の下位尺度「神仏への信仰」および「自然・神秘」によって測定される。神仏への信仰の項目例として、「神や仏は、いつも私を見ていると思う」、「私は、神や仏の助けを受けていると感じることがある」、自然・神秘への信仰の項目例として、「大自然―大空、海、山々など―には何か神秘的な力があると思う」、「この宇宙のあらゆるもの（星、人、動物、山々、森など）には何か霊的なものがやどっていると思う」。

西脇良（2004）『日本人の宗教的自然観―意識調査による実証的研究』ミネルヴァ書房

トメントの問い直し[8]と関連することが明らかになっている[9]。日本人のアイデンティティにおいて、宗教も含めてさまざまな領域がどのように配置され統合されているのかを検討することは、日本人のアイデンティティの特質を理解する重要な切り口かもしれない。

[8] ステイタス面接と少し違う方法を使っているが、アイデンティティの危機と言ってよい。

[9] Sugimura, K., Umemura, T., & Nelson, L. (2021) Identity development in East Asia. In B. G. Adams & F. J. R. van de Vijver (Eds.), *Non-Western identity*. Springer.

■参考文献

鑪幹八郎（1990）『アイデンティティの心理学』講談社現代新書（アイデンティティとは何かについてまとめた日本語の書籍の決定版）

Ferrer-Wreder, L., & Kroger, J. (2019) *Identity in adolescence: The balance between self and other* (4th ed.). Routledge.（青年期のアイデンティティ発達に関して古典理論から最新の研究動向までカバーした優れた教科書）

2－4

ステイタスから見たアイデンティティの発達

――さまざまな経路

アイデンティティ・ステイタス・アプローチの視点から見ると、アイデンティティの発達はステイタスの変化として理解することができる。マーシャと同時代に活躍したアイデンティティ研究の「第一世代」[1]の一人、**アラン・ウォーターマン**は、マーシャの研究が発表されてから10年ほどを経てそれまでの研究結果とエリクソン理論を総合して、ステイタスの発達の方向性に関する基本的な仮説を提唱した。[2] このモデルは、図2－1のように、ステイタスの変化には拡散から達成に向かう前進（progression）だけでなく、退行（regression）や安定（stability）といった道筋もあることが示されている。[3] このモデルは、研究方法の進展に伴い、現在でも検証が続けられている。

■MAMAサイクル

第一世代の研究者は、ステイタス面接を多くの人に行うなかで、アイデンティティの発達あるいは変化の道筋はこれだけではないことに気づいていった。このことは、青年期から成人期にわたる発達に着目するなかでわかってきたことである。マーシャ

[1] マーシャ（「2－5 アイデンティティ構造」参照）、ウォーターマン、アーチャー（「2－8 他者との関係性」参照）、ジョセルソン（「2－9 関係性の次元」参照）など、マーシャのステイタス・モデルが発表された直後にアイデンティティの研究を開始した研究者が含まれる。

[2] Waterman, A. S. (1982) Identity development from adolescence to adulthood: An extension of theory and a review of research. *Developmental Psychology, 18*, 341-358.

[3] 図中の道筋は次のようなものである。アイデンティティの発達は拡散から始まり、アイデンティティに関する選択肢を真剣に探索し始めることによってモラトリアムとなる。初めて出会った現実的な生き方の可能性に強い関心を抱き、他の選択肢を検討することなくそれを取り入れれば、早期完了となる。アイデンティティの問

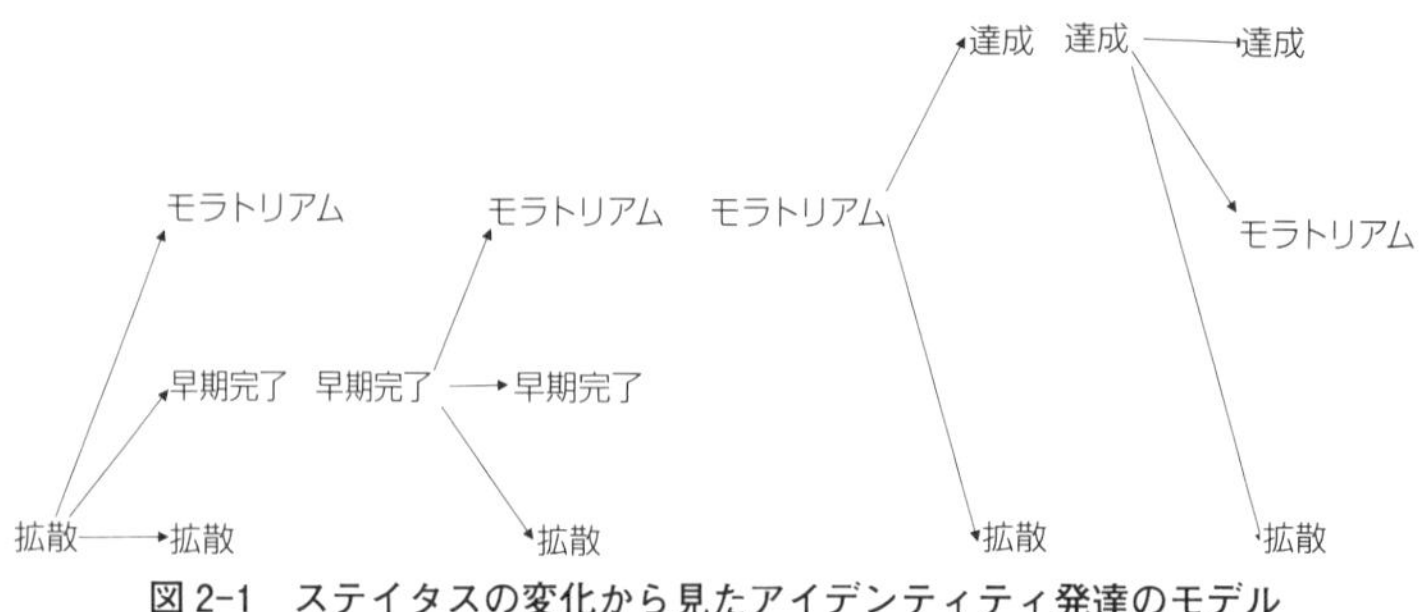

図 2-1　ステイタスの変化から見たアイデンティティ発達のモデル

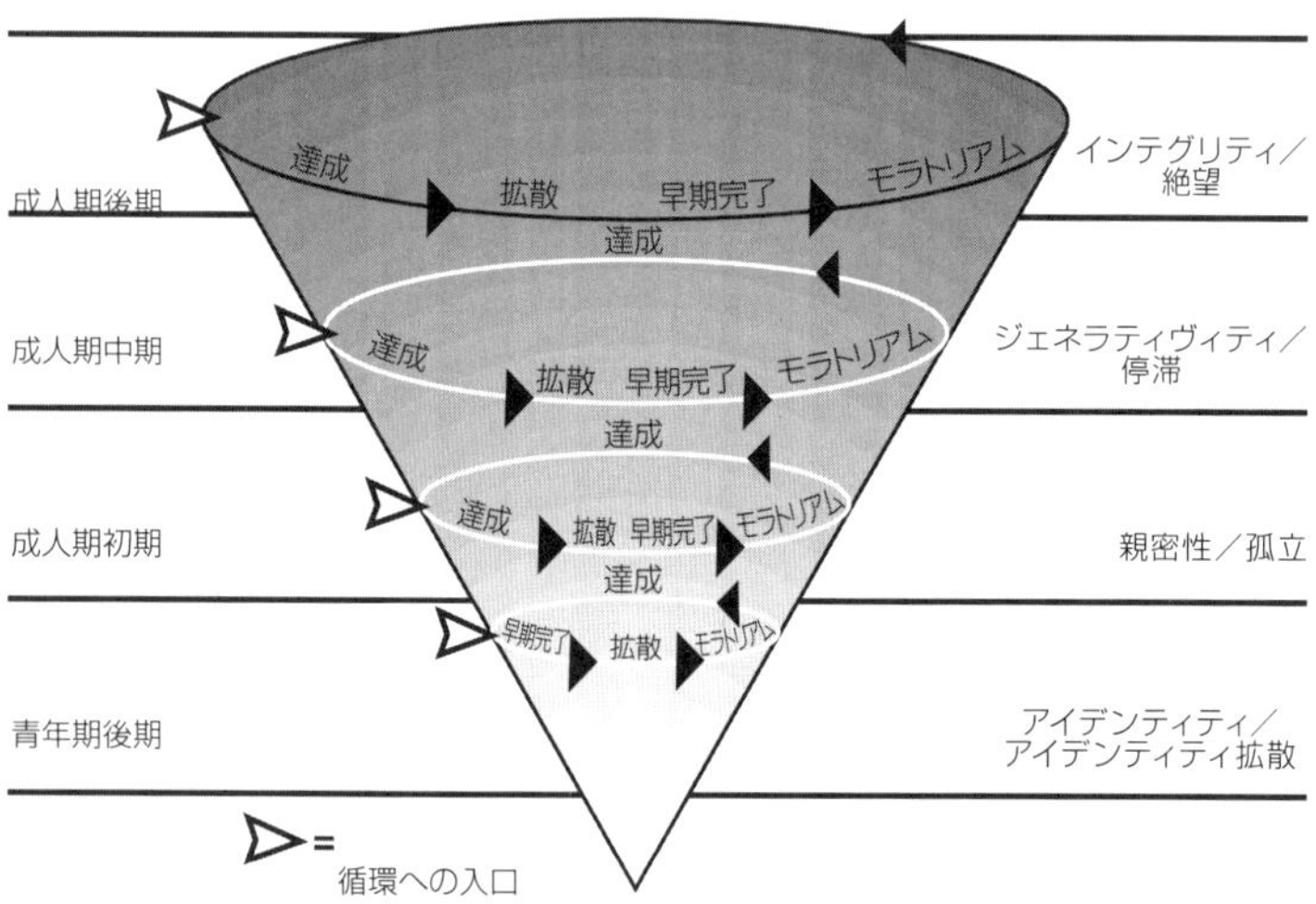

図 2-2　成人期のアイデンティティ発達の循環モデル（文献〔5〕より引用、杉村訳）

題にまったく取り組まなければ、拡散のままである。早期完了からの道筋としては、最初に取り入れた生き方が立ち行かなくなり他の可能性を模索すればモラトリアム、そのまま継続すれば早期完了を継続、最初のコミットメントが意味を失っても代替を模索しなければ拡散に陥る。モラトリアムからは、特定の目標や価値に関与すれば達成に、意味あるコミットメントを見つけることを放棄すれば拡散となる。達成からは、その状態の維持、それまでのコミットメントに満足がいかなくなり再び危機を体験してモラトリアム、危機を体験せず活力を失って拡散に至る道筋が想定された。

自身、アイデンティティがいったん達成されても、人は人生の節目ごとに自分のアイデンティティを見直し、何度でも危機を経験する可能性があると主張した[4]。この行ったり来たりの変化のことを**MAMAサイクル**（モラトリアム―達成―モラトリアム―達成サイクル）と呼ぶ。新しい経験に対して開かれた価値をもつ人、自分のコミットメントと相容れない情報を無視せずに矛盾を自覚し、解決しようとする思考システム（弁証法的思考）をもつ人は、このサイクルを経験しやすいと考えられている。このサイクルは単なる繰り返しではない。青年期以降の心理社会的危機への取り組みの影響を受けながら、より成熟したアイデンティティとなることが想定されている[5]。逆に、青年期のコミットメントが、長い年月を経るうちに活力を失っていくこともある。たとえば、青年期に選んだ仕事や対人関係が、もはや現在の自分の関心と合わなくなっているにもかかわらず、家庭や経済の事情でそれらを続けざるを得ないような場合である。そのコミットメントは活力を失い、ステイタスとしては早期完了に移行するケースも報告されている[6]。

■すべての人がアイデンティティを達成するのか？

アイデンティティの発達に退行も含めてさまざまな経路があるとしたら、青年期にすべての人がアイデンティティを達成するのかという疑問が湧いてくる。エリクソンも、青年期の終わりは確かにアイデンティティの危機の時期であるが、アイデンティティ

[4] Stephen, J. et al. (1992) Moratorium-achievement (Mama) cycles in lifespan identity development: Value orientations and reasoning system correlates. *Journal of Adolescence, 15*, 283-300.

[5] Marcia, J. E. (2002) Identity processes and contents through the years of late adulthood: Theoretical and methodological challenges. *Identity, 2*, 29-45.

[6] Kroger, J. et al. (2010) Identity status change during adolescence and young adulthood: A meta-analysis. *Journal of Adolescence*, 33, 683-698.

ティの形成は「青年期に始まるものでも終わるものでもない」[7]と述べている。

アイデンティティ・ステイタス面接によってアイデンティティの生涯発達を明らかにしてきた、今も継続中の貴重な研究がある。フィンランドの1つの都市で1959年に生まれた人びとを8歳のときから追跡している研究である[8]。この研究では、27歳、36歳、42歳、50歳のときにアイデンティティ・ステイタス面接が行われた。まず興味深いのは、対象者のアイデンティティの発達状況である。職業、親密な関係、ライフスタイル、宗教、政治という幅広いアイデンティティの領域を取り上げて、それぞれについてステイタスを査定したところ、27歳と36歳ではほぼすべての領域で達成の人が半数に満たなかったのである。特に27歳では、領域によってはまだ拡散の人も目立っていた。42歳に至ってようやく半数を超えたのは、女性で職業、親密な関係、ライフスタイル、男性で職業だけであった。また、ステイタスの発達は、この期間全体としてみれば、領域ごとに見ても全体的に見ても概して達成に向かって進展しており、1つのステイタスにずっととどまっていることはまれであった。

これらのことから、誰もが青年期にアイデンティティを達成するわけではないことがわかる。アイデンティティの発達は長期的なプロセスであり、人生のさまざまな節目で問い直され、変化し続けるものなのである。

[7] Erikson, E. H. (1968) *Identity: Youth and crisis.* Norton. p.122.（中島由恵（訳）(2017)『アイデンティティ―青年と危機』新曜社 p.128.）

[8] Fadjukoff, P. et al. (2016) Identity formation in adulthood: A longitudinal study from age 27 to 50. *Identity, 16,* 8-23.

■参考文献

鑪幹八郎 (1990)『アイデンティティの心理学』講談社現代新書（アイデンティティとは何かについてまとめた日本語の書籍の決定版）

Ferrer-Wreder, L. & Kroger, J. (2019) *Identity in adolescence: The balance between self and other* (4th ed.). Routledge.（青年期のアイデンティティ発達に関して古典理論から最新の研究動向までカバーした優れた教科書）

2－5

アイデンティティ構造

――ステイタスはどのようにして移行するのか

アイデンティティの発達をステイタスの観点から理解するとき、〝どのステイタスからどのステイタスに移行したか〟を見るだけでは発達の本質に迫っているとは言えない。重要なことは、〝どのようにして〟ステイタスが変化するのかを説明することである。アイデンティティ発達のメカニズムの解明である。この点に関心を持ってきたのが、第一世代のマーシャと並ぶもう一人の代表的研究者、**ジェーン・クローガー**（Jane Kroger）である。

■アイデンティティの発達とは何が発達することなのか？

クローガーは、自己、自我、アイデンティティに関する5つの代表的な発達理論を比較・統合し、アイデンティティの発達の根底に自己と他者（あるいは社会・文化）の関係性の発達があることを提起した。[1] 5つの理論はエリクソンの心理社会的発達理論、ブロスの分離・個体化理論[2]、コールバーグの道徳性発達理論[3]、レヴィンジャーの自我発達理論[4]、キーガンの主体・客体の発達理論[5]である。これらの理論から見ると、

[1] Kroger, J. (2004) *Identity in adolescence: The balance between self and other* (3rd ed.). Routledge.
　この本は現在、第4版を重ねている（Ferrer-Wreder, L., & Kroger, J. (2019) *Identity in adolescence: The balance between self and other* (4th ed.) Routledge.）。第4版では、エリクソンとブロスの理論を残して、他の理論の代わりにアイデンティティの新しい研究領域としてライフ・ストーリー、社会・文化的視点、ジェンダーとセクシュアリティ等の問題が取り上げられている。なお、クローガーは米国人であるが、長くニュージーランドとノルウェーの大学で教鞭をとってきた。

[2] ブロスの分離・個体化理論は、精神分析理論の立場から、青年期に自我の発達と並行して子ども時代にもっていた親の内的対象から分離する過程を理論化したものである。青年が、親から情緒的に分離し、親を理想化したり親に依存するのをやめ、自分自身を頼

青年期は児童期までの親への同一化、あるいは、それとは意識せずに埋め込まれていた親子関係など身近な文脈から離れ、自分独自の視点で主体的に世界を認識し始める時期である。世界との関係性が根底から変わる、自我の再構造化の時期なのである。クローガーは、この自我の構造化のあり方は（クローガーはこれをアイデンティティ構造とも呼ぶ）ステイタスによって異なり、ステイタスの移行の根底にはこの構造の組み換えがあると考えた。

■養育者との関係に関する、早期記憶から見た各ステイタスの特徴

各ステイタスのアイデンティティ構造の相違を検討するためのクローガーのアプローチは興味深いもので、青年

表 2-3　代表的な発達理論から見た 4 つのアイデンティティ・ステイタスの特徴

理論家	発達段階				
	学童期		青年期		成人期初期
エリクソン	勤勉性／劣等感		アイデンティティ/ 拡散		親密性／孤立
マーシャ		早期完了／拡散	モラトリアム	達成	
ブロス	潜伏期、青年期前	初期青年期	狭義の青年期	後期青年期	ポスト青年期
対象関係論		青年期的共生	分化･練習･最接近	対象恒常性	
コールバーグ	組織志向	対人関係調和志向		社会システム志向	原理志向
レヴィンジャー	自己保存段階	服従段階		良心段階	自律段階
キーガン*	尊大な自己	対人関係的な自己		システム的な自己	個人間相互的な自己

*キーガンの発達段階については、齋藤・亀田・杉本・平石(2013)の訳語を採用した。

りに、親とは異なる自分の人生を構築する存在となっていく過程を描いている。

Blos, P. (1967). The second individuation process of adolescence. *The Psychoanalytic Study of the Child, 22*(1), 162-186.

[3] コールバーグの道徳性発達理論は、ピアジェの認知発達理論に基づき、道徳的な推論が認知構造の発達、つまり質的変容によってもたらされる過程を説明している。青年期になると、すべてではないものの多くの人は、他者や権威に従って善悪の判断をするのではなく、自分自身の内的な基準にそって自律的な判断を行うことができるようになる。

Kohlberg, L. (1981). *The philosophy of moral development.* Harper & Row.

[4] レヴィンジャーは、自我を、意味と一貫性を求める傾向と定義している。その自我発達理論にお

が語る重要な他者（養育者など）との関係のもっとも古い記憶を聴取することであった。この記憶は幼少期の関係の表象を表している。関係の表象は他者や社会といった外界とかかわる原型として機能する。つまり青年が世界観を構築するおおもとになり、青年期にはアイデンティティの探求のあり方を左右する。実際、青年の早期記憶はステイタスによって異なっていた[6]（以下の例は杉村による要約）。

達成：重要な他者から離れて一人でいることや、重要な他者と並んでいることに満足する記憶。「父が私に畑仕事のやり方を教えてくれ、それから私たちは離れて別々に作業をしました。父と一緒に作業をしてすごく楽しかったです。」

モラトリアム：重要な他者や慣れ親しんだ状況から離れる記憶。「庭のプールで遊んだ記憶です。私は母を見ていたのを覚えています。何もかもがすごく大きく見えて、前より見え方がずいぶん違うと感じていました。」

早期完了：重要な他者や慣れ親しんだ状況からの安心感や助けを求める記憶。「母と出かけようとしたら嵐が来た記憶です。一人で家の外に出たら怖くなって、慌てて家の中に戻りました。外では何もかもが風で飛んでいて怖かった。」

拡散：関係を切望する記憶。「母が亡くなるときのことを憶えています。何かの前触れのようにひどい雨でした。怖くて……もう母は私のところには戻ってこないのだと。」

いて、青年期は、個人差はあるものの、他者や帰属集団の規範への同一化から脱却し、それらとは異なる自分自身を見出すようになる時期とされている。

Loevinger, J. (1983). On ego development and the structure of personality. *Developmental Review*, 3(3), 339-350.

[5] キーガンの主体・客体の発達理論は、意味生成の発達段階を理論化したものである。意味は、自身がそれ「に」埋め込まれているところから脱し、それ「を」客体化することができることによって生成されると考えられている。青年期は、これまで同一化していた他者、所属集団、社会から心理的に距離をとり、それらを客体化することによって自己を見出す時期である。

Kegan, R. G. (1979). The evolving self: A process conception for ego psychology. *The Counseling Psychologist*, 8(2), 5-34.

また、クローガーは早期完了型に注目し、このステイタスにとどまり続ける人（強固な早期完了 firm foreclosure）とモラトリアムや達成へと移行する人（発達的な早期完了：developmental foreclosure）の早期記憶の違いを比較した[7]。すると、養育者の保護を求める記憶を語った人の多くが2年後も早期完了にとどまったのに対して、養育者から離れて新たな環境を探求することに前向きな様子の記憶を語った人の多くがモラトリアムや達成に移行したのである。両群の青年には、確かにアイデンティティ構造に違いがあることを示唆する結果である。

■ステイタス移行のメカニズム

クローガーはまた、ステイタスの変化のメカニズムを理解するために、成人を対象にした事例研究を行い、アイデンティティに関する語りを分析している。たとえば、早期完了からモラトリアムを経て達成に至るまでの移行のステップは次のようなものであり、この根底には内的対象関係の変化が見られる[8]。

1　葛藤やズレを否認するのではなく体験する
2　内在化された他者からの分離に集中する：依存するのではなく逃れる
3　行動への最初のステップ：橋渡しする他者の役割

齋藤信・亀田研・杉本英晴・平石賢二（2013）「Kegan の構造発達理論に基づく青年期後期・成人期前期における自己の発達―Erikson の心理社会的危機との関連」『発達心理学研究』24(1), 99-110.

[6] Kroger, J. (1990) Ego structuralization in late adolescence as seen through early memories and ego identity status. *Journal of Adolescence, 13*, 65-77.

[7] Kroger, J. (1995) The differentiation of "firm" and "developmental" foreclosure identity statuses: A longitudinal study. *Journal of Adolescent Research, 10*, 317-337.

[8] Kroger, J. (2003) What transits in an identity status transition? *Identity, 3*, 197-220.

■参考文献

鑪幹八郎（1990）『アイデンテ

4　罪悪感や崩壊の不安に耐える能力：不均衡のなかでの進展と退行
5　児童期の同一化と絶縁する：怒り
6　個別化に集中する
7　分化の体験と新しい関係の形成

クローガーが他のアイデンティティ研究者と違うのは、アイデンティティがどのように発達するのかを理解するために、〝いったい何が発達するのか〟という根本的な問いを立てたところである。そこで自我の構造化（アイデンティティ構造）という概念が登場したのである。しかし、こうした根底的な心的構造を直接測定することは難しい。クローガーは早期記憶を手がかりに青年の内的対象関係を査定して、それを自我の構造化の程度と見立てた。また、事例研究によってその変化を回想的ではあるが詳細に捉えるアプローチをとった。本書第3章で述べるように、アイデンティティのプロセスとメカニズムを解明する研究は近年発展しつつあるが、クローガーは早くにこの問題の重要性を認識した先端的な存在であると言える。

ィティの心理学』講談社現代新書（アイデンティティとは何かについてまとめた日本語の書籍の決定版）

Ferrer-Wreder, L., & Kroger, J. (2019) *Identity in adolescence: The balance between self and other* (4th ed.). Routledge.（青年期のアイデンティティ発達に関して古典理論から最新の研究動向までカバーした優れた教科書）

2-6 アイデンティティ・プロセスモデル

——ステイタス・アプローチの展開

マーシャのステイタス・アプローチは、2つの新しいモデルへと引き継がれて現在も展開している。ヴィム・メウス、エリザベッタ・クロチェッティらの**3因子モデル**（The three-factor model）[1]、クーン・ラックスらの**5次元モデル**（The five-dimensional model）[2]である。これらのモデルは**アイデンティティ・プロセスモデル**とも呼ばれる。探求とコミットメントのそれぞれを複数の次元に分け、アイデンティティの形成プロセス、すなわち青年のアイデンティティ形成への取り組みを詳細に捉えることをめざしている。マーシャの方法が面接法であるのに対して、次元モデルは質問紙法を用いる。そうすることで、面接法では実現するのがなかなか難しい測定の信頼性・妥当性の問題の克服がしやすくなった。また、より確実に多くの対象者に継続的な測定を実施することが可能になった。

■3因子モデル

3因子モデルはコミットメントに着目する。このモデルは青年にとって現在の生活

[1] Crocetti, E. et al. (2008) Capturing the dynamics of identity formation in various ethnic groups: Development and validation of a three-dimensional model. *Journal of Adolescence, 31*, 207-222.

[2] Luyckx, K. et al. (2008) Capturing ruminative exploration: Extending the four-dimensional model of identity formation in late adolescence. *Journal of Research in Personality, 42*, 58-82.

[3] Meeus, W. (2011) The study of adolescent identity formation 2000-2010: A review of longitudinal research. *Journal of Research on Adolescence, 21*, 75-94.

の中心である教育と親友との関係をアイデンティティの領域として設定している。これらの領域で、青年期は初めから親などの重要な他者への同一化に基づいた何らかのコミットメントをもっていると仮定する。[3] **コミットメント**（commitment）は自ら選択した価値、信念、目的に積極的にかかわっており、そこから自信と安心感を得ていること、**深い探求**（in-depth exploration）は自分が選択したコミットメントについて他人と話したり情報を収集したりしてコミットメントを深めようとすること、**コミットメントの再考**（reconsideration of commitment）は現在のコミットメントに満足できずに新たな選択肢を探すことと定義される。コミットメントと深い探求をアイデンティティの〝維持サイクル〟、コミットメントとコミットメントの再考をアイデンティティの〝形成サイクル〟と呼ぶ。

■5次元モデル

5次元モデルは探求とコミットメントをそれぞれ2つに分けたことに加えて、不適応的な探求を追加している。彼らが焦点を当てるアイデンティティの領域は将来である。将来の選択肢を幅広く探索する**広い探求**（exploration in-breadth）と自分の選択を深く検討する**深い探求**（exploration in-depth）、特定の選択に責任をもってかかわる**コミットメントの形成**（commitment making）と自分の選択に同一化する**コミットメントへの同一化**（identification with commitment）、加えて、将来について悩み思考

[4] 3次元モデルと5次元モデルの日本語版については、それぞれ畑野・杉村および Hatano et al.、中間らによって開発されている。

畑野快・杉村和美（2014）「日本人大学生における日本版アイデンティティ・コミットメント・マネジメント尺度（Japanese version of the Utrecht-Management of Identity Commitment Scale: U-MICSJ）の因子構造、信頼性、併存的妥当性の検討」『青年心理学研究』*25*, 125-136.

Hatano, K., Sugimura, K., & Crocetti, E. (2016) Looking at the dark and bright sides of identity formation: New insights from adolescents and emerging adults in Japan. *Journal of Adolescence*, *47*, 156-168.

畑野快・杉村和美・中間玲子・溝上慎一・都筑学（2014）「エリクソン心理社会的段階目録（第5段階）12項目版の作成」『心理学研究』*85*, 482-487.

が停止してしまう不適応的な**反芻的探求**(ruminative exploration)である。広い探求とコミットメント形成を〝形成サイクル〟、深い探求とコミットメントへの同一化を〝維持・評価サイクル〟と呼ぶ。反芻的探求はどちらのサイクルでも生じうる。[4]

■プロセスモデルから見えてきたアイデンティティの発達

プロセスモデルに基づく研究は、各次元および次元を組み合わせたステイタスの発達的変化に加えて、ビッグファイブ(Big Five)[5]などのパーソナリティ特性、精神的健康、家族・仲間関係など、さまざまな要因との関連を検討している。青年期と初期成人期の大規模なサンプル、それも多様な国の若者を対象に数年単位の縦断研究を行っており、マーシャ法を用いた比較的小規模で短期間の研究ではわからなかったこと

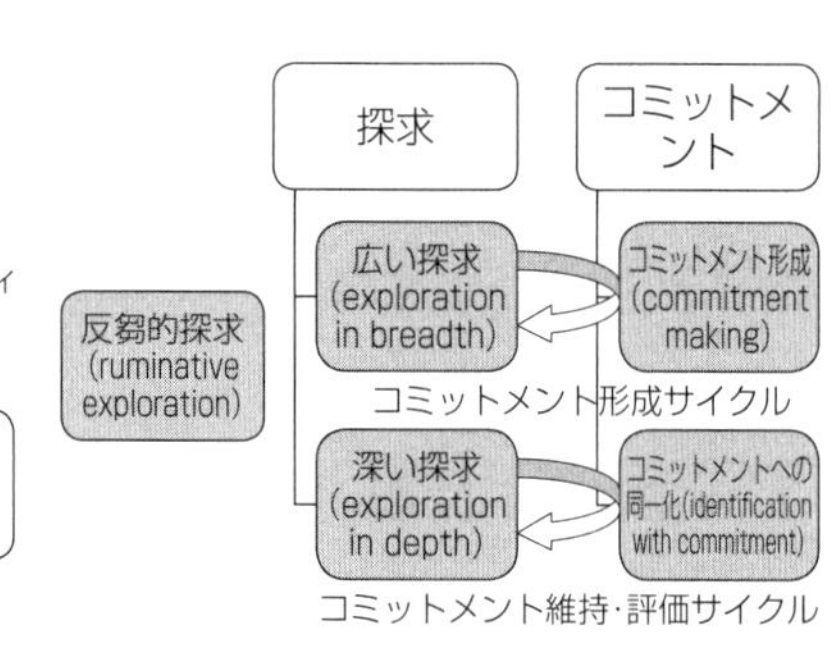

図 2-3 アイデンティティの 3 因子モデルと 5 次元モデル

[5] ビッグファイブ(Big Five)は、人格の5つの基本的特性である。外向性(Extraversion、環境に積極的にかかわる傾向)、神経症傾向または情緒安定性(Neuroticism/Emotional Stability、苦悩を引き起こしたり脅威的なものとして環境を体験する傾向)、誠実性(Conscientiousness、行動的・認知的な統制の傾向)、協調性(Agreeableness、他者との協調的な関係を志向する傾向)、経験への開放性または知性(Openness to experience/Intellect、好奇心、創造性、美的感覚に優れているといった特徴)。

Caspi, A., & Shiner, R. L. (2006). Personality development. In W. Damon & R. Lerner (Series Eds.) & N. Eisenberg (Vol. Ed.), *Handbook of child psychology, Vol.3. Social, emotional, and personality development?* (6th ed. pp. 300-365) Wiley.

が見えてきている。

青年期にはあまり変化しない？　ステイタスが変わる人もいれば変わらない人もいることがわかってきた（オランダの12歳・16歳をそれぞれ5年間追跡[6]）。潜在クラス分析によって、5年間を通じて達成（20％）、早期完了（52％）、モラトリアム（15％）、探索型モラトリアム（5％）、拡散（8％）に分類されることがわかった。さらに潜在クラス移行分析によってステイタスの変化を確認したところ、青年の63％が5年間を通じて変化せず、残りの37％は変化すること、変化した青年は進展的な方向（モラトリアムから達成など）に変化することを見出した。この変化の方向はウォーターマンのモデル[7]を確証するものであるが、オランダの青年に限って言えば変化しない人が半数以上いることは新しい知見である。さらに興味深いことに、変化したとしてもほとんどの人は1回しか変化せず、安定性が高いこともわかった。就職や結婚といった人生の節目を迎える初期成人期になれば変化するのか、これについては今後の知見が待たれる。またこの知見はオランダの青年から得られた結果であり、日本でどうなのかは次項「2-7」で述べる。

アイデンティティと適応は双方向の関係にある　アイデンティティと適応に関するさまざまな変数の影響関係が双方向であることもわかってきた。5次元モデルによるビックファイブ・パーソナリティ特性との関連を縦断的に検討した研究によれば、青年期前期にはビックファイブとアイデンティティの次元は双方向の関係にあり、青年

[6] Meeus, W. et al. (2010) On the progression and stability of adolescent identity formation: A five-wave longitudinal study in early-to-middle and middle-to-late adolescence. *Child Development*, *81*, 1565-1581.

[7] 「2-4　ステイタスから見たアイデンティティの発達」参照。

[8] Hatano, K. et al. (2017) Which came first, personality traits or identity processes during early and middle adolescence? *Journal of Research in Personality*, *67*, 120-131.

Luyckx, K. et al. (2014) Identity processes and personality traits and types in adolescence: Directionality of effects and developmental trajectories. *Developmental Psychology*, *50*, 2144-2153.

期中期にはビックファイブが先行するようになるなど、必ずしもパーソナリティ特性がアイデンティティの発達を規定するのではなく、両者は相互に複雑に関連しながら発達する（日本、ベルギーの主に10代[8]）。家族関係も同様で、３次元モデルによる検討では親との関係の良好さがコミットメントを予測する一方で、青年のコミットメントと深い探求は良好な親子関係やきょうだい関係を予測するというように双方向の関係にあることがわかった（オランダの14歳[9]）。この研究では、青年本人ではなく親ときょうだいが家族関係を評価していることも、客観的な査定となっていて重要である。アイデンティティは家族関係によって育まれるだけでなく、青年のアイデンティティへの取り組み方が家族関係の良し悪しに影響を与えうるのである。

［9］Crocetti et al. (2017) Identity processes and parent-child and sibling relationships in adolescence: A five-wave multi-informant longitudinal study. *Child Development*, 88, 210-228.

■参考文献

Crocetti, E. (2017) Identity formation in adolescence: The dynamic of forming and consolidating identity commitments. *Child Development Perspectives*, *11*(2), 145-150.
（プロセスモデルの考え方と知見を概観した論文）

畑野快（2019）「青年期のアイデンティティ」日本児童研究所（監修）『児童心理学の進歩』58, 125-155. 金子書房
（プロセスモデルに基づいた日本の研究と課題をまとめた論文）

2-7 日本人青年のアイデンティティ
——プロセスモデルによって見えてきたこと

プロセスモデルに基づく研究は国際的にも展開している。方法が簡便で尺度構造が文化を超えて頑健であることが主な理由であるが、それだけではないと思われる。次元モデルを開発したのはヨーロッパの研究者である。ヨーロッパ内では国を超えた研究交流が盛んで、連帯して若者のアイデンティティの問題を解明しようとする意欲が高いように思われる。たとえば、急激な社会構造の変化による若者の失業、格差、移民などが引き起こすアイデンティティの困難といった問題がアイデンティティに与える影響の検討である。その連帯が、これまでアメリカの研究者にはあまり見られなかったヨーロッパ以外の研究者とのコラボレーションや、その地の若者への関心へと広がったのではないか。

精神的健康や心理的問題とアイデンティティ・ステイタスとの関連は、横断的検討でも縦断的検討でも、ヨーロッパの青年と日本の青年で共通する点が多く見出されている。発達したステイタスの人ほど精神的健康が高く、心理的問題が低いのである。一方、アイデンティティの発達プロセスについては、すべての人が変わるわけではないという共通性だけでなく、国による多様性が見えてきている。

■東アジアの若者はアイデンティティをなかなか確立しない？

10カ国の大学生を対象とした貴重な国際比較研究がある。3因子モデルの教育領域を用いたこの研究は、ヨーロッパ（オランダ、スイス、ポーランド、ルーマニア、イタリア、ポルトガル）、中東（トルコ）、アジア（中国、台湾、日本）の興味深い相違を示している[1]。アジアの若者はヨーロッパの若者より、コミットメントの得点が低く、コミットメントの再考の得点が高い。このことは、教育領域では、東アジアの若者のアイデンティティが不安定であることを示唆している。

その理由として考えられるのは、アジアの学生は大学で学ぶことを自分の将来の目標や、価値観、生き方にどう結びつけるのかをあまり考えないのではないか、ということである。ヨーロッパと比べてアジア、特に東アジアの国々では、一般に教育への信頼が篤く、大学に入ることが青年期の大きな目標のひとつである。たとえば中国では、大学に進学した人はそうでない人よりさまざまな点で豊かな青春を享受している[2]。また、調査対象のヨーロッパの国々と比べると、日本の若者の失業率は低い[3]。これらアジアの国々では何よりもまず大学に入学することが重要で、そこで何を学び、それをどう将来に生かすのかは不明確だとも考えられるのである。

[1] Crocetti, E., Cieciuch, J., Gao, C.-H. H., Klimstra, T., Lin, C.-L. L., Matos, P. M., … Meeus, W. (2015) National and gender measurement invariance of the Utrecht-Management of Identity Commitments Scale (U-MICS): A 10-nation study with university students. *Assessment, 22*, 753-768.

[2] Sugimura, K., Umemura, T., & Nelson, L. (2021) Identity development in East Asia. In B. G. Adams & F. J. R. van de Vijver (Eds.), *Non-Western identity*. Springer.

[3] Crocetti, E., Tagliabue, S., Sugimura, K., Nelson, L. J., Takahashi, A., Niwa, T., … Jinno, M. (2015) Perceptions of emerging adulthood: A study with Italian and Japanese university students and young workers. *Emerging Adulthood*, 3(4), 229-243.

■日本の青年の多くがモラトリアムと拡散

日本の若者のアイデンティティ発達の研究は、今のところ青年期を対象にした知見が積み上がりつつある。[4] 同じような規模と期間の縦断研究はオランダ（３因子モデル）で行われていて、同時に行った調査ではないがある程度の比較は可能で、日本の青年の特徴が見える。13歳・16歳の２群の日本人青年を４年間追跡した研究では、[5] 潜在クラス分析を用いてステイタスの軌跡を検討した。４年間にわたる次元間の得点のダイナミクスによって、達成、モラトリアム、拡散といった、オランダと同様の軌跡（クラス）を見出した。一方、衝撃的なのは、達成および早期完了の軌跡に分類された青年は、オランダでは約60％であったのに対して、日本では約５％であった。さらに、日本では約80％の青年がモラトリアムと探索的モラトリアム[6] の軌跡に分類されていた。つまり、人生の選択に十分にコミットしていない人が多いのである。日本の青年のアイデンティティは、少なくともオランダの青年と比べて、発展途上の様相を示していることが明らかとなった。

■コミットできない理由とは？

青年期にモラトリアムや拡散というコミットメントを伴わないステイタスの人が多いことには、いくつか理由が考えられるが、それを検討していくのは今後の課題である。

[4] Sugimura, K. (2020) Adolescent identity development in Japan. *Child Development Perspectives, 14*, 71-77.

[5] Hatano, K., Sugimura, K., Crocetti, E., & Meeus, W. (2020). Diverse-and-dynamic pathways in educational and interpersonal identity formation during adolescence: Longitudinal links with psychosocial functioning. *Child Development, 91*, 1203-1218.

[6] 探索的モラトリアムは、マーシャ法では見られない3因子モデルに特有のステイタスである。コミットメント、深い探求、コミットメントの再考のいずれの得点も高い人たちで、現在のコミットメントに満足できず、別の可能性を探索している最中であると解釈されている。

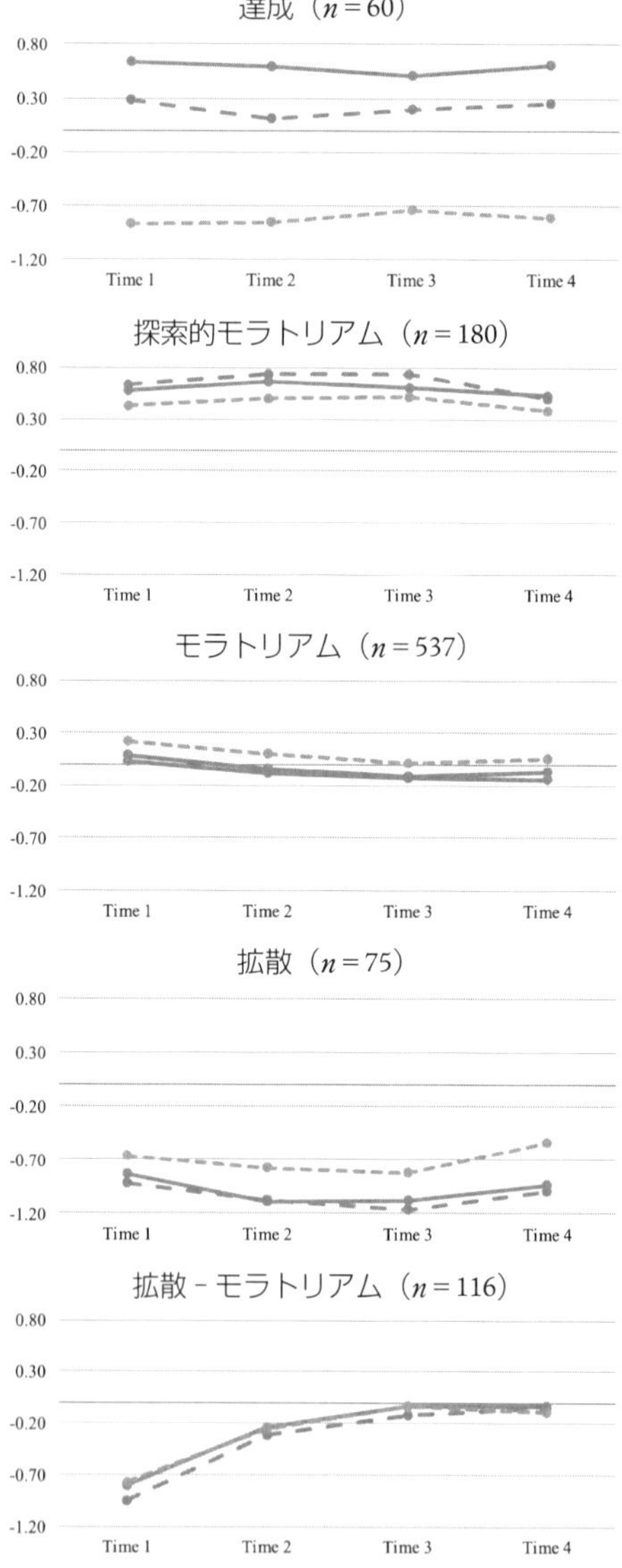

（注）グラフは教育領域のアイデンティティ・ステイタスの軌跡
折れ線は、―●―＝コミットメント、--●--＝深い探求、┈●┈＝コミットメントの再考

図 2-4　3 因子モデルによる日本の青年のステイタスの軌跡

本格的なアイデンティティ形成は18歳以降？　アメリカでは18歳以前にはアイデンティティはめったに達成されないという知見がある[7]。それを踏まえれば、日本の青年が低いステイタスに集中しているのには違和感はない。初期成人期にかけての追跡研究が待たれる。また、オランダの青年がむしろ特殊ではないかという気もしてくる。オランダでは日本より早く14歳頃に将来の進路を決定し、それによって進学する校種が異なる。そのため完了ステイタスが多かったのではないか。教育制度など、環境との関係で結果を丁寧に解釈する必要がある。

他者の期待に配慮しすぎて決められない？　文化に関心をもつ研究者は、日本人はアイデンティティを形成する際に他者や所属集団の期待とのすり合わせに心を砕くのではないかと指摘してきた[8]。両親をはじめとする周囲の意向に配慮していると、1つの選択肢を選ぶのが難しくなり、コミットメントを形成できないといったことがあるのかもしれない。

グローバル化の弊害 ―― 情報量が多すぎて混乱？　5次元モデルを用いた研究は、日本の青年に地域差があることを見出しており、低いステイタスの青年は地方より都市部（関東・関西・中部）の青年に多かった[9]。グローバル化による社会構造の変化のなかで、若者は将来の選択肢に関する多くの情報を得るようになった。規範的な、あるいは〝普通の〟生き方というものはなくなり、親など前世代は有効な大人のモデルとはもはやならない[10]。そうした変化は一般に都市部のほうが大きい。情報量の多さは

[7] Archer, S. L. (1982) The lower age boundaries of identity development. *Child Development*, 53, 1551-1556.

[8] Sugimura, K., & Mizokami, S. (2012) Personal identity in Japan. *New Directions for Child and Adolescent Development*, *2012* (138), 123-143.

　これに対して欧米では他者や集団の期待と自分の欲求や関心を切り離し、それらとは異なる独自な自分であることが求められる。

[9] Hatano, K., & Sugimura, K. (2017) Is adolescence a period of identity formation for all youth? Insights from a four-wave longitudinal study of identity dynamics in Japan. *Developmental Psychology*, 53, 2113-2126.

[10] Côté, J. E., & Levine, C. G. (2015) *Identity formation, youth, and development*. Psychology Press.

アイデンティティ形成にとって有利なようであるが、それが都市部の若者を混乱させている可能性がある。また、大都市には地方から流入してきた若者も多く、他者とのつながりが希薄で、根なし草のような状態になりやすいのかもしれない。

■参考文献

Sugimura, K. (2020) Adolescent identity development in Japan. *Child Development Perspectives* 14, 71-77.
（プロセスモデルを用いた研究を中心に、日本人青年のアイデンティティ発達に関する最新の知見をまとめた論文）

2－8

他者との関係性

――アイデンティティ・ステイタス・アプローチのもう1つの展開

アイデンティティを明確化するうえで他者の存在は不可欠である。私たちは他者の視点をとおして自分を認識し、他者からのフィードバックによって自分のあり方を調整するからである。アイデンティティがどのようにして形成、維持、変化するのかを詳しく知りたい研究者はこの点に着目し、他者との関係の持ち方や関係の質（以下、関係性）がどのようにして自己を形作り、自己に織り込まれ、アイデンティティとして結実するのかを捉えようとしてきた。ここではその歴史を解説したい[1]。

■関係性への注目

エリクソン理論は、自我と環境の相互作用を中核に据えた発達理論である。したがって、**他者との関係性**はどの発達の時期においても重要であり、第5段階の心理社会的危機であるアイデンティティも例外ではない。エリクソンはさまざまなかたちでアイデンティティについて記述しているが、定義の中心にあるのは、自分が何者であるかは、自分で自覚するだけではなく、他者あるいは自分が属する集団や社会から承認

[1] この議論は次に詳しい。杉村和美（1998）「青年期におけるアイデンティティの形成―関係性の観点からのとらえ直し」『発達心理学研究』9, 45-55.

されているという自覚によって明確になることである。

アイデンティティの定義の中核であるにもかかわらず、他者からの承認の問題が研究のなかで重視されたのは1990年頃からである。ただし兆候は1970年代からあった。マーシャの研究は男子大学生だけを対象にしており、その知見が女性にあてはまるのかという疑問である。[2]女性には職業、宗教、政治（これらを個人内領域と呼ぶ）の他に、あるいは、それよりも重要な領域があるのではないか。そこで、当時の若い女性が自己探求する際の契機となりやすかった結婚や性役割に関する領域が、他者との関係性にかかわる領域（これらを対人関係領域と呼ぶ）として付け加えられた。

■関係性の問題はどのアイデンティティ領域にもある

女性特有の領域に関する議論は当時の歴史的・社会的状況を背景として登場し、1990年代に女性も男性と同様に社会進出するようになるとあまり意味をなさなくなった。しかし、他者との関係性がアイデンティティにおいて重要であるという主張は一時的なものとはならなかった。エリクソン理論に立ち戻って、アイデンティティそのものが本来、関係のなかで発達する、という視点が現れた。第一世代のアーチャー、ジョセルソン、クローガー、そしてマーシャ自身も主張した。アーチャーは、第一世代が座談会形式でアイデンティティ研究の重要な課題を話し合った著作『自我アイデンティティをめぐる討論』[3]で、印象的な議論を展開している。人は女性であろうが男

[2]「2-3　アイデンティティの領域」参照。

[3] Kroger (Ed.) (1993) *Discussions on ego identity.* Psychology Press (eBook 2014).

[4] たとえば、マーシャのアイデンティティ・ステイタス面接における職業領域に次のような質問項目がある。「親というものは、子どもに何になってほしいとかどういう仕事をしてほしいとか期待していることがよくあります。お宅の場合は、どのように期待していらっしゃるようですか。それに対してあなたはどう感じていますか。」
　無藤清子（1979）「『自我同一性地位面接』の検討と大学生の自我同一性」『教育心理学研究』27, 178-187.

性であろうが、他者との関係を断ち切った状態でアイデンティティを形成することは不可能である。個人内領域と言われてきた職業、宗教、政治における選択の決定にさえ、他者の意見や影響をどのように取り込むかという問題があり、他者との関係性が反映されているはずである。ステイタス面接にも早期完了型を特定するために両親の影響を尋ねる項目[4]があり、すでに他者との関係性を捉えていることを認識すべきである、とアーチャーは主張した。

このような考えが強調された背景には、他者からの分離や自律を過度に強調する西洋的な個人主義のために、欧米の研究者がエリクソン理論における他者との関係の側面を見逃してきたという反省があるように思われる。実際、他者や社会など文脈のなかでのアイデンティティ形成に関する関心の高まりは、国際雑誌『青年期研究』(*Journal of Adolescence*)の特集号が1996年[5]と2008年[6]の2回にわたって組まれたことからも見て取れる。

■関係性から見るとアイデンティティ形成とは何なのか

他者とのあいだの関係性も含む視点をもつアイデンティティ研究は、2000年以降急速に増えていった。(もっとも新しいのは第3章で取り上げるボスマとクヌンのダイナミックシステムの観点である。[7]) 他者からの分離や自律を強調し、アイデンティティを個人内の要素として捉える従来の見方から、他者との結びつきを考慮した見方へ

[5] Phinney, J. S., & Goossens, L. (1996) Introduction: Identity development in context. *Journal of Adolescence, 19*, 401-403.

[6] Beyers, W., & Çok, F. (2008) Adolescent self and identity development in context. *Journal of Adolescence, 31*, 147-150.

[7] 「3-3 文脈依存性」参照。

[8] Baumeister, R. F., & Muraven, M. (1996) Identity as adaptation to social, cultural, and historical context. *Journal of Adolescence, 19*, 405-416.

の研究の視点の転換である。

たとえば、社会心理学における自己やアイデンティティの研究では、近代の西洋における歴史的変化（たとえば、選択の自由の増大や伝統的な価値観の喪失）とアイデンティティの特質の変化との関連を分析し、アイデンティティを、あらかじめプログラムされた発達的なパターンや個人の自由な選択の結果、あるいは単なる社会の産物として捉えるのではなく、自己の社会的文脈への適応であるといった議論が現れた[8]。また、1990年代になって関係性の問題に積極的な関心を示し始めたマーシャは、アイデンティティが自己や自我理想といった他の類似の概念と決定的に異なる点として、世界における個人の特定の存在のスタイルを意味することを強調した[9]。そして、自分以外のもの、すなわち他（者）に対する解放性が高いほど、アイデンティティが発達するという調査結果を踏まえて、世界に対する自己の関係のあり方の発展こそがアイデンティティの発達であると提言した[10]。

アイデンティティが社会的文脈への適応や、世界に対する自己の関係のあり方であるという考え方は、アイデンティティが真空の状況のなかで形成されるのではなく、文脈に埋め込まれた状態で形成されることを認識している。この認識は、青年の世界（そこには他者も含む）との関係のしかたこそがアイデンティティである、という新たな概念化を示唆する。アイデンティティは、青年の内部のみにあるのではなく、世界の側のみにあるのでもなく、両者の関係においてはじめて存在すると考えるのである。

[9] Marcia, J. E. (1994) The empirical study of ego identity. In H. A. Bosma et al. (Eds.), *Identity and development: An interdisciplinary approach* (pp. 67-80). Sage.

[10] Stephen, J. et al. (1992) Moratorium-achievement (Mama) cycles in lifespan identity development: Value orientations and reasoning system correlates. *Journal of Adolescence, 15*, 283-300.

■参考文献

Kroger, J. (1993) *Discussions on ego identity*. Psychology Press. (eBook 2014)
（アイデンティティ研究の第一世代がアイデンティティ理論と研究について語り合ったシンポジウムを収録した貴重な書）

2-9

関係性の次元

――自他のあいだに立ち上がるアイデンティティ

関係性を重視する第一世代の代表的研究者はクローガー、アーチャー、ジョセルソンである。いずれも女性であることは興味深いが、関係性への注目の歴史的経緯から言えば自然なことであろう。ここでは**ルテレン・ジョセルソン**[1]（Ruthellen Josselson）を取り上げる。ジョセルソンの研究のポイントは2つで、女性のアイデンティティの生涯発達を描いてきたこと、他者との関係性そのものを取り出して提示したことである。1つめについて、クローガーはアイデンティティの発達プロセスとメカニズムの解明をめざしてきたが[2]、ジョセルソンはアイデンティティ発達の解明のみならず、それぞれのステイタスの人たちの生き様を描くことにも重きを置いてきた。2つめは、関係性の8つの次元を提起するというきわめて独自性の高い仕事である。

[1] 文献は［3］参照。

[2]「2-5 アイデンティティ構造」参照。

■女性のアイデンティティ縦断研究から見えてきたこと

ジョセルソンは同一の米国人女性たち（1971年および73年に21歳だった大学生）を30年間追跡し、4つのアイデンティティ・ステイタスそれぞれの人生の語りを記録してきた。[3] 方法はステイタス面接と各領域のアイデンティティの変化をライフヒストリーのかたちで聴取するものだった。ステイタスの名称は、人生の歩みをより表すものとして、パスメーカーズ（Pathmakers：達成）、ガーディアンズ（Guardians：早期完了）、サーチャーズ（Searchers：モラトリアム）、ドリフターズ（Drifters：拡散）とした。最大の特徴は、これらの女性が関係性のなかでアイデンティティを認識する傾向の顕著さである。どのステイタスであっても、20~30代のあいだは、分離・個体化の過程で自己を経験するための対象が家族から次なる他者（配偶者、子ども、キャリア、友人）に置き換わり、彼らとの関係性がアイデンティティの拠り所として重要であった。多くの人が母親と自分を対比させながら自分のアイデンティティを語った。30~40代のあいだは、自分自身の能力や人との結びつきが成熟したことを土台にして仕事やライフスタイルを一新したり、自己実現に向かうなど、さまざまなかたちでアイデンティティを見直す様子が見られた。

53歳時の調査から見えてきたのは、人生の後半にさしかかった彼女たちが、それぞれのステイタスのなかで歩み続ける、その生き様の違いの明確さである。21歳のときにパスメーカーズであった人のほとんどはそのステイタスを維持し、ガーディアンズの多くはパスメーカーズとなっていた。彼女たちは、それぞれの特徴、すなわち人生を切り拓くこと（パスメーカーズ）と守ること（ガーディアンズ）にますます磨きをかけていた。一方、21歳のときにサーチャーズであった人はさまざまなステイタスに

[3] この研究の成果は、以下に発表されている。

Josselson, R. L. (1973) Psychodynamic aspects of identity formation in college women. *Journal of Youth and Adolescence, 2*, 3-52.

Josselson, R. (1987) *Finding herself: Pathways to identity development in women.* Jossey-Bass.

Josselson, R. (1996) *The space between us: Exploring the dimensions of human relationships.* Sage.

Josselson, R. (2017) *Paths to fulfillment: Women's search for meaning and identity.* Oxford University Press.

サンプルは、１９７１年、21歳（大学3年生）60名（うち12名は１９７３年に追加）、１９８３年、33歳33名、１９９３年、43歳30名、２００３年、53歳26名。初回調査の60名は、４つのステイタスのそれぞれが12名になるまでランダムにサンプリングした。

変化し、アイデンティティを構築しようとなお求め続けていた。ドリフターズの多くは同じステイタスにとどまって、心理的な不安定さをなんとか押しとどめて自分を保つことに心を砕いていた。サーチャーズとドリフターズは心理面でも生活面でも安定とは程遠い人が多いが、アイデンティティを確立することをあきらめていない。人はそのアイデンティティ構造のなかで自分がもつ資質と関係性を活用し、あるいはなんとかやりくりしながら生きているのである。

■関係性の本質を取り出す

ジョセルソンはまた、発達とは「〝他者とともにあること〟を学ぶこと」であるとの独自の発達観に基づいて、関係性の8つの次元を概念化した。生まれると同時に母親から肉体的に切り離される私たちは、他者と再びかかわるためには、自分と他者のあいだ（スペース）を乗り越えるしかない（これを論じた著作のタイトルは『私たちの間にあるもの（*Space between us*）』である）[4]。いろいろな乗り越え方があり、それを精神分析理論や発達理論（フロイト、ボウルビー、ウィニコット、ギリガンなど）と自身の面接調査[5]に基づいて概念化するとこの8つになるという。

最初の4つの次元はより基本的で人生の早期から存在し、次の4つは認知能力が大人に近づく児童期後半まで現れないという。ただし厳密な発達的順序を

表 2-4　関係性の 8 つの次元とその病理的な両極

欠如	次元	過剰
落下	抱えること	窒息
孤独、喪失	アタッチメント	おびえたしがみつき
抑制、情緒的行き詰り	情熱	強迫的な愛
消滅、拒絶	目と目による確認	透明性
幻滅、無目的	理想化と同一化	卑屈な献身
寂しさ、不和	相互性と共鳴	融合
疎外	深く組み込まれること	過剰な順応
他者の欲求への無関心	手入れ（世話）	義務的な世話

想定しておらず、個人のなかですべてが分かちがたく存在し、時によって同時あるいは別々に機能するという。ダイナミックな関係性理解の枠組みであり、ジョセルソン自身は明言していないが、エリクソンの８つの心理社会的危機を関係性の方向に拡張したものという解釈もできる。

アイデンティティの発達ではどの関係性の次元が重要であるか、ジョセルソンは明確に論じていないが、さまざまな示唆が含まれている。何者かに対する「理想化と同一化」を実現することはアイデンティティ形成の中核的な要因であろう。しかしこの枠組み全体の発想から言えば、それ以外の次元もかかわっているはずである。たとえば、「目と目による確認」によって自分がどのような人間であるかを理解するだろうし、「深く組み込まれること」によって集団や社会からの承認を体験できる。この枠組みから見ると、アイデンティティとは他者とかかわることを学び実践するなかで発見されるものだと言える。

［4］前掲 Josselson（1996）.

［5］「関係の空間地図」（relational space map）の描画とそれについて説明する面接調査からなる。描画では、「自分を真ん中にして人生で大切な人を配置してください」と教示する。面接調査では、空間地図に描かれた一人ひとりについて「どのように大切なのか」が明らかになるまで質問を行う。

■参考文献

Josselson, R.（2017）*Paths to fulfillment: Women's search for meaning and identity*. Oxford University Press.
（アメリカの女性たちを30年以上追跡してアイデンティティ発達の道筋を示した一連の研究の集大成）

2-10

自他の視点の葛藤と相互調整

――杉村の視点

第一世代の女性研究者らの議論から導き出された関係性の視点は、青年の他者との関係のしかたこそがアイデンティティである、という新たな概念化を示唆していた。この概念化を引き継ぎアイデンティティ形成の過程を検討した杉村の研究がある。[1] アイデンティティの探求において、青年が他者の視点をどのように認識し、活用し、自己の視点とすり合わせて統合しアイデンティティを形成するのかを明らかにした。杉村の研究のポイントは、探求における青年の他者の視点への取り組みにはさまざまなレベルがあることを提唱したことである。それによってアイデンティティ形成の個人差だけでなく一般的なメカニズムを解明することをめざしている。

■アイデンティティ探求における関係性のレベル

杉村は、アイデンティティ・ステイタス・アプローチと関係性の議論に加えて、青年期の認知発達理論を援用し、アイデンティティ形成とは他者の期待や欲求、関心を内在化しながら、自己の欲求や関心を認識し表現することであると捉え直した。その

[1] 杉村和美（2005）『女子青年のアイデンティティ探求ー関係性の観点から見た2年間の縦断研究』風間書房

Sugimura, K. (2007) Transitions in the process of identity formation among Japanese female adolescents: A relational viewpoint. In R. Josselson et al. (Eds.), *The meaning of others: Narrative studies of relationships* (pp. 117-142) American Psychological Association.

途上で青年は、両者のあいだに起こる不一致を相互調整によって解決しなければならないこともあるとした。

30名の女性を対象にした2年間で3回の縦断的面接調査から、関係性には6つのレベルのあることが見出されている。このモデルは、アイデンティティ形成を、特定のアイデンティティ領域の問題について、自己の視点と他者の視点という要素を統合し、1つのシステムを構築するプロセスと見る。具体的には以下のような発達の方向性が考えられる。

レベル1は、単一の自己の視点、あるいは他者の視点という要素を意味する。自己（他者）の視点は、自己（他者）のさまざまな表象を、特定のアイデンティティ領域（たとえば職業）に関するさまざまな側面と関係づけて構成されている。たとえば、職業についての自分はこういう考えをもっているとか、親は

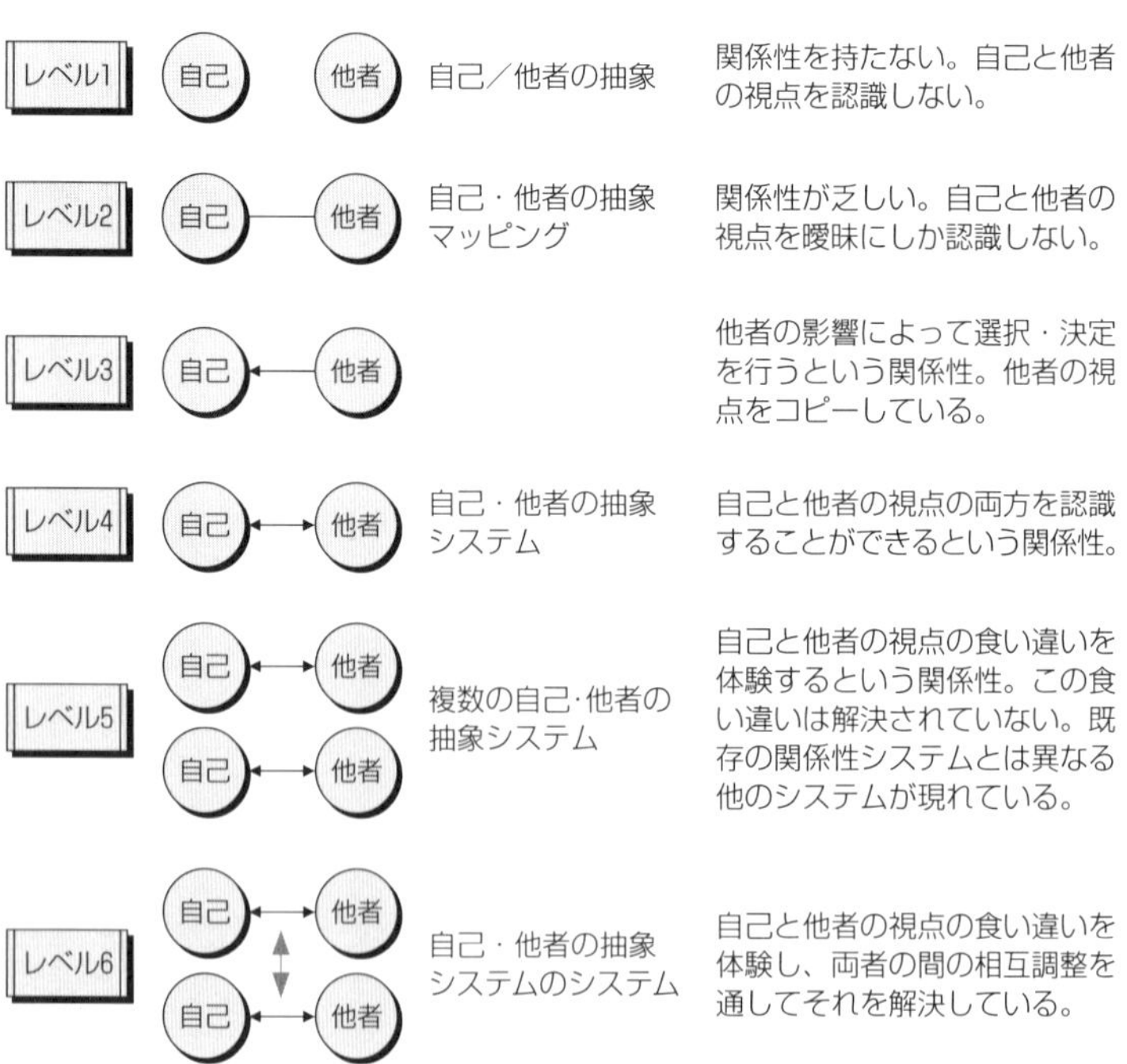

レベル1
自己
他者
自己／他者の抽象
関係性を持たない。自己と他者の視点を認識しない。
レベル2
自己
他者
自己・他者の抽象マッピング
関係性が乏しい。自己と他者の視点を曖昧にしか認識しない。
レベル3
自己
他者
他者の影響によって選択・決定を行うという関係性。他者の視点をコピーしている。
レベル4
自己
他者
自己・他者の抽象システム
自己と他者の視点の両方を認識することができるという関係性。
レベル5
自己
他者
自己
他者
複数の自己・他者の抽象システム
自己と他者の視点の食い違いを体験するという関係性。この食い違いは解決されていない。既存の関係性システムとは異なる他のシステムが現れている。
レベル6
自己
他者
自己
他者
自己・他者の抽象システムのシステム
自己と他者の視点の食い違いを体験し、両者の間の相互調整を通してそれを解決している。

図 2-5　関係性の 6 つのレベル

自分に何になってほしいと思っている、などである。レベル2と3は、自己の視点と他者の視点を非常に大まかなかたちで結びつける。たとえば、自己の視点の延長上に他者の視点があると認識したり、他者の視点をそのまま自己の視点とする。レベル1から3までの青年は、自己と他者の視点をどのように関係づけているのかを十分に明細化することはできない。それが可能になるのは、レベル4以降である。

レベル4では、自己の視点と他者の視点を、双方向的に柔軟に結びつけて1つの関係性のシステムを構築する。そのためには、自己（他者）の視点のさまざまな側面を区別して認識する必要がある。レベル5では、既存の関係性のシステムの他に新しいシステムが認識される。たとえば、自分の興味と親の期待を結びつけてある進路に決めていたが、友だちの進路選択の様子を見て、自分にもっとふさわしい別の選択肢を思いつく。この状態は、既存の関係性における他者（自己）の視点と新たな関係性における自己（他者）の視点の食い違いとして体験される。レベル6では、これら2つのシステムを協応させることができる。具体的には、2つのシステム間の矛盾を自分なりのかたちで解決し、職業に関するより統合的な考えをもつに至る。

■アイデンティティ形成をめぐる他者とのかけひき――相互調整の大切さと難しさ

関係性は、日常生活においては日々繰り返される他者とのコミュニケーションのなかで表現される。コミュニケーションのパターンは一通りではない。それは発達の時期、アイデンティティの領域、かかわる相手によって異なる。

たとえばある青年は[2]、大学3年生までは安定した職場として大企業や公務員をめざしてきたが、4年生になるとその選択は両親の期待を「そのまま受け止めていただけなんじゃないか」と気づき、「それに対する反発」として別の一般企業に就職することを考え始めた。しかし親はそれを認めず、青年が親との相互調整を試みようとしても親が応じず、探求は前に進まなかった。青年に残された道は、親子関係はもうこのままにして捨て置き、自分が信じる道へ進むことだけであった。その際、親以外の他者、たとえば友だちや先輩を利用して自分の視点を確認し、自分の選択を後押ししてもらうことができるのは青年の強みである。

別の青年では、自分の側がアイデンティティに関する視点を変えたことによって、親とのコミュニケーションが変化した。性役割領域のアイデンティティについて、性役割分業を強く主張する父親に反発し激しいけんかを繰り返していたが、就職活動を経て視点が大きく変化し、「父が働いて稼いで家族を食わすことがどれだけ大変か。そういうことを考えると（性役割とか）何も言えない」と、もうその話題で父親とやり合うことをやめたのである。

それにしても、いつも繰り返される相手とのコミュニケーションを変えることは案外に難しい。相手が親だと関係が平等ではないので特に難しい。関係性の観点から見たアイデンティティ形成においては、他者との実に繊細なかけひきが求められ、青年

［2］この事例は次に詳しい。
杉村和美（2011）「青年期」氏家達夫・高濱裕子（編）『親子関係の生涯発達心理学』（pp. 78-93）風間書房

■参考文献
杉村和美（2005）『女子青年のアイデンティティ探求―関係性の観点から見た2年間の縦断研究』風間書房
杉村和美（2010）「関係性から見たアイデンティティの発達―青年期から成人期へ」岡本祐子（編）『成人発達臨床心理学―個と関係性からライフサイクルを見る』ナカニシヤ出版 pp. 85-95.
（両書とも自己と他者の視点の調整と統合の観点から見たアイデンティティ発達のプロセスを明らかにした書）

はそれをやっているのである。

第3章　ダイナミックシステム・アプローチによるアイデンティティ研究

3-1 ダイナミックシステム・アプローチ
――その考え方

ダイナミックシステム・アプローチ（dynamic systems approach）とは、時間の経過とともに変化するシステムを記述し説明する理論と方法をいう[1]。本章は、それをアイデンティティ研究に応用したオランダの発達心理学者、サスキア・クヌン[2]の研究のしかたを説明する。まず本項では、ダイナミックシステム・アプローチの考え方を説明する。

■ダイナミックシステムとは何か

システム（system）とは、要素の結合によって個々の要素それ自体にはなかった性質が生まれている全体をいう。たとえば、水は、酸素と水素が結合することで、酸素や水素それ自体にはなかった水特有の新しい性質が生まれているシステムである。**ダイナミックシステム**（dynamic system）とはダイナミックに変化していくシステムのことをいう。ダイナミックな変化とは、徐々に変化するだけでなく、突然、大きく変化することをいう。そうしたなかで、それまでになかった新しいものが生まれてくる

[1] 杉村和美（2014）「ダイナミック・システムズ・セオリー」後藤宗理他（編）『新・青年心理学ハンドブック』福村出版. p.109.

[2] サスキア・クヌン（クンネンとの表記もある）(Saskia Kunnen)のダイナミックシステム・アプローチの全体像がわかる参考書として、以下を参照。
ボスマ、H・クンネン、S／杉村和美（訳）(2015)「公開講演会　青年期発達へのダイナミック・システムズ・アプローチ」『発達研究』29, 216-232.

が、このことを**創発**（emergence）という。

創発を生命の誕生で考えてみよう。地球が誕生したときの塵などの無機化合物から有機化合物が生まれ、さらにタンパク質の発展から生命が誕生した。生命は必ずしも地球の外からやってきたわけではなく、地球上にあった物質がランダムに結合したなかから不可避的に生まれてきたと考えられている。このように、物質系には自ら進化し創発するメカニズムがあると考えられている。そのことを**自己組織化**（self-organization）という。

自己組織化は進化を説明するだけではない。たとえば、V字型の隊列で飛ぶ鳥の群れを見ると、先頭に飛んでいる鳥がリーダーとなってみんなを率いているように見える。しかし、実際には、互いの鳥がつかず離れず距離を一定に保っているだけである。そうして鳥は気流に乗って飛ぶことができている。鳥の群れに全体を掌握して指示するような司令塔は存在しない。群れというシステムの構成要素である個々の鳥が距離を一定に保つという自律的なふるまいが、飛ぶ鳥の群れという秩序をつくり出しているのである。これも創発であり自己組織化である。このメカニズムを明らかにするのが、ダイナミックシステム・アプローチである。

■自然現象の自己組織化

自然現象は何一つとして同じかたちはないように見える。たとえば、草を見ても、どの部分もそれぞれが違ったかたちで伸びている。そうした複雑なかたちを示す草の成長のなかにも、自己組織化が見出される。

このような複雑なかたちをしたものであっても、単純なかたちの繰り返しで描くことができる。図3-1のように、①直線の中央部分に別の直線を置くと、②のようになる。この操作を繰り返していくと、③となって草の成長のかたちが現れる。言い換えると、③という全体のどの部分を見ても①と同じかたちとなっているが、このことを**自己相似性**（self-similarity）という。そして、このような自己相似形の繰り返しを**フラクタル**（fractal）という。フラクタルは私たちの身近にも見られる。雪の結晶や雲、海岸線のかたちにも現れるし、サッカーやバスケットボールの選手の動きにも現れる[3]。フラクタルに注目することは、複雑な現象にアプローチする方法のひとつである。

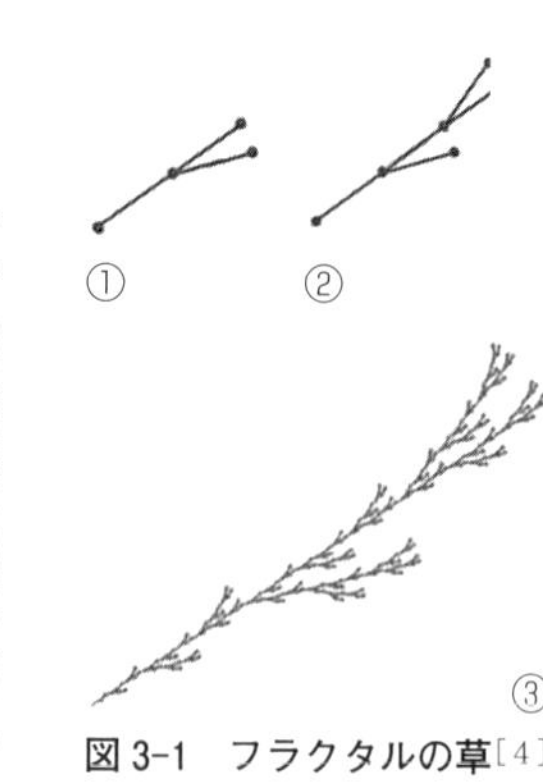

図3-1　フラクタルの草[4]

[3] 名古屋大学広報室（2014）「複雑な攻守のゆらぎに潜む単純な法則—サッカーの試合展開をフラクタル理論で解明」http://yujiy.kissr.com/press140219b.pdf（2021年4月12日閲覧）

[4] Falconer, K. J.（2013）*Fractals: A very short introduction.* Oxford University Press, p.9.（服部久美子（訳）（2020）『フラクタル』（岩波科学ライブラリー 291）岩波書店 p.9.）一部を改変した。

なぜ複雑なもののなかから構造が創発するのか[5]

ショウジョウバエは1つの受精卵から羽根や脚、眼とさまざまな器官に分化していくが、遺伝子によって決定されているからというだけでは、その発生のプロセスを説明しない。胚の一部を切除するといったストレスを外部から与えても、予定どおりの成体となることがあるからである。

発生分化の過程で細胞の運命を決定するのは、遺伝因子と環境因子の相互作用であ

[5] Waddington, C. H.（1966）*Principles of development and differentiation.* Macmillan, pp. 46–

り、このようなプロセスを説明するために視覚化したものが、図3－2の**エピジェネティック・ランドスケープ**（epigenetic landscape）である。エピジェネティックとは、後成的とも訳されるが、遺伝子（gene）の上（epi-）という意味である。

図では、胚の、ある部分の細胞が頂上にあるボールで示されている。おのおのの細胞が将来たどる数多くの筋道はいくつもある谷で示されている。ボールはいずれか1つの谷に落ち、それぞれの器官となる。

ここで重要なことは、それが複雑な調整作用によって支えられているということである。あるプロセスが何らかの理由で強くなりすぎると、それを抑える別のプロセスが強まる。ある特定のプロセスが早くなると、その進行を遅くするような二次的な効果が生まれる。

このように多くの異なったプロセスが互いにバランスをとり合って相互作用し、それによってもろもろの成り行きがコントロールされる。その過程はいつも同一というわけではない、以上のような調整作用が働いた、その時々のバランスの結果なのである。

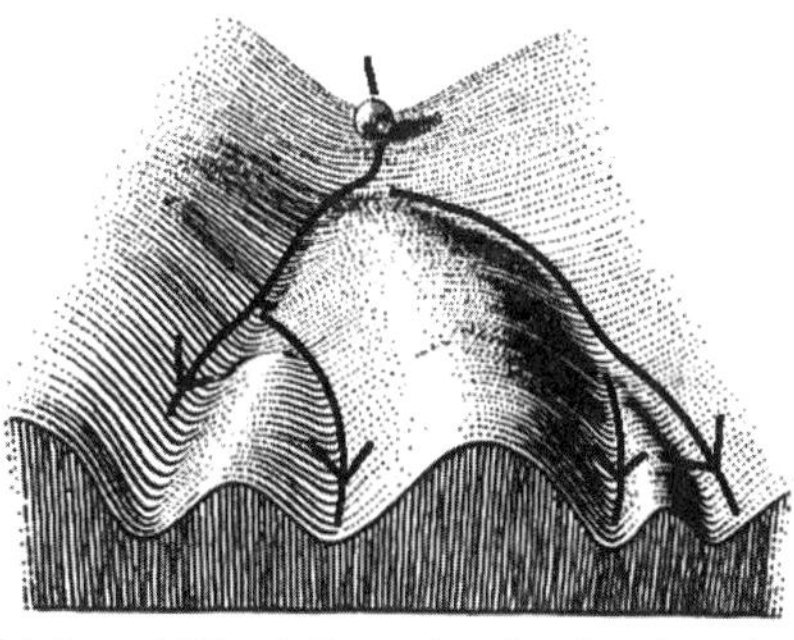

■発達研究に応用した心理学者

ダイナミックシステム・アプローチを発達研究に応用して成功したのは、アメリカ

図3-2　エピジェネティック・ランドスケープ
（epigenetic landscape：後成的風景図）[6]

50.（岡田瑛・岡田節人（訳）（1968）『発生と分化の原理』共立出版 pp. 56–60.）

[6] Waddington, C. H.（1957）*The strategy of the genes.* George Allen & Unwin. p. 29. 図の中の谷に沿って落ちる線はファンヒートが描いた。Van Geert, P.（2003）.

の発達心理学者のエスター・テーレン[7]である。テーレンは乳児の歩行運動の発達を研究し、発達が自己組織化のプロセスであることを明らかにした。

生まれたばかりの新生児は、図３-３に示されるように、大人に支えてもらって立たせられると足を前に出す。この足蹴り運動は胎児のときから見られるが、生後２ヵ月目には急に消える。これは原始反射の一種である自動歩行と呼ばれ、１歳後半になって現れる歩行とは関係がないとされていた。

テーレンは、自動歩行が消えたはずの乳児がプールでは足蹴り運動をすることから、これまでの常識に異を唱えた。乳児が足蹴り運動をしなくなった本当の原因は、体重が急激に重くなるのに対して、筋力は十分には発達しておらず、それゆえ体重を支えることができなくなったことであった。プールでは身体が浮くため、乳児の筋力が体重を支える必要がないので、足蹴り運動が見られたのである。

テーレンは、人の発達は脳の指令によるものでも、発達を方向づけるような設計図があるからでもなく、そのときその場の**適合**（fit）の結果であるとしている。その適合は「その場しのぎ」（ad hoc）のものである。そのため、新しい特質が芽生えたときは非常に不安定である。それがそのときその場の特殊性に左右されず、**安定**してくるようになって、たとえば歩行の開始といった特質となって、私たちが目にしている発達という現象が現れる。

ここで強調しておきたいことは、その人が安定を見せるからといって、その人の中

Dynamic systems approaches and modeling of developmental processes. In J. Valsiner & K. J. Conolly (Eds.), *Handbook of developmental psychology* (pp. 640-672). London, UK: Sage. p. 650.

図 3-3　新生児の自動歩行

[7] Thelen, E., & Smith, L. B. (1994) *A dynamic systems approach to the development of cognition and action.* MIT Press. pp. 10-17.（小島康次（監訳）高橋義信他（訳）(2018)『発達へのダイナミックシステム・アプローチ―認知と行為の発生プロセスとメカニズム』新曜社 pp. 25-33.）

にそうした能力があるといった一言で片づけられるものではないということである。たとえば、バスケットボール選手のマイケル・ジョーダンはどの試合でも同じ動作を繰り返していたのではない。ほんの数秒という瞬間的に過ぎていく、そのときその場の文脈に適合するように無限に変化させていたのである。[8] それはさまざまな調整作用が働いたシステム全体の結果なのである。そして、彼がそれを安定して発揮できるとき、あたかもそれが彼の能力であるかのように見えるのである。

■**アイデンティティ研究を可能にした折衷的アプローチ**[9]

テーレンがそのときその場の適合から発達がつくられるというボトムアップとしての自己組織化のプロセスから発達を説明したことは画期的だったが、マクロな視点から見ることを幻想とみなしたため、乳児の身体運動の発達にはあてはまっても、青年期や成人期のアイデンティティといった高次の発達を扱うことは難しかった。

クヌンが大学院生のときに指導を受けたパウル・ファンヒート[10]のダイナミックシステム・アプローチは折衷的だった。テーレンが強調する**ボトムアップ**だけでなく、テーレンが拒否する**トップダウン**の方向も取り入れた。そうすることによって、長期的な視点から見た個人の抽象的な表象（representation：ものが目の前になくても心の中でイメージできること）の発達を説明できる。

ファンヒートは、発達には多次元にわたる多くの変数が複雑に絡み合っているが、

[8] スミス、L・B（2018）「日本語版出版に寄せて」前掲『発達へのダイナミックシステム・アプローチ―認知と行為の発生プロセスとメカニズム』(pp. i-ii), p. i

[9] Kunnen, S. & von Geert, P. (2012) A dynamic systems approach to adolescent development. In S. Kunnen (Ed.), *A dynamic systems approach to adolescent development* (pp. 3-13). Routledge, pp. 5-7.

[10] van Geert, P. L. (2019). Dynamic systems, process and development. *Human Development*, 63(3-4), 153-179.

いくつかの重要な変数に絞るなら単純化できるとした。重要な変数の絞り込みは理論的な考え方によって行われるので、データを取る前に理論モデルを熟考することが非常に重要であるとされる。しかし、ファンヒートは、ダイナミックシステム・アプローチの範囲を量的な研究に限定していた。クヌンはファンヒートのダイナミックシステム・アプローチに依拠しながら質的研究にも拡張し、アイデンティティといった抽象度の高い概念を扱った[11]。

ファンヒートのアプローチは、活動の拠点となった都市名からフローニンゲン（Groningen）・アプローチと呼ばれる。それに対して、テーレンのアプローチは、ブルーミントン（Bloomington）・アプローチと呼ばれる。

[11] これについては「3-10 ランドスケープ」参照。

■クヌンの参考書

ボスマ、H・クンネン、S／杉村和美（訳）（2015）「公開講演会 青年期発達へのダイナミック・システムズ・アプローチ」『発達研究』29, 216-232.
（クヌン（クンネン）のダイナミックシステム・アプローチの全体像がわかる）

■全般的な参考書

岡林春雄（2008）「ダイナミカルシステム・アプローチ（DSA）の概念と歴史的流れ」岡林春雄（編）『心理学におけるダイナミカルシステム理論』金子書房 pp. 3-25.
（ダイナミックシステム・アプローチと心理学のかかわりを歴史的に説明）

3－2

非線形性

――なぜダイナミックシステム・アプローチなのか

オランダの発達心理学者サスキア・クヌン[1]は、どのようにして**ダイナミックシステム・アプローチ**に関心をもったのであろうか。それを知ることで、ダイナミックシステム・アプローチの見方について考える。

■出発点となった問い[2][3]

クヌンは、博士論文で身体障害のある子どもの課題への取り組みの発達を研究した。クヌンは、古典的な動機づけの理論に基づき、個人の動機づけが高くなると努力と投入した時間がともに増大するため、コンピテンス（competence：有能感）が発達し、それをとおして動機づけをさらに高める、と考えた。図3－4に示されるように、**線形**（linear）モデルで考えたのである。線形とは2つの変数が一定の割合で変化することをいう。ここでは、動機づけが上がればコンピテンスも上がり、コンピテンスが上がれば動機づけも上がることをいう。

動機づけとコンピテンスには正の相関があるという予想は的中したが、がっかりす

[1]「3－1 ダイナミックシステム・アプローチ」参照。

[2] Kunnen, S. & von Geert, P. (2012) A dynamic systems approach to adolescent development. In S. Kunnen (Ed.), *A dynamic systems approach to adolescent development* (pp. 3-13). Routledge, pp. 3-4.

[3] ボスマ，H・クンネン，S／杉村和美（訳）(2015)「公開講演会 青年期発達へのダイナミック・システムズ・アプローチ」『発達研究』*29*, 216-232. pp. 230-231.

ることに、両者の相関は.25と低く、コンピテンスという変数の変化を動機づけという変数で説明できる割合は10％と低かった。クヌンは理論の何が間違っていたのか、より重要な変数が他にあるのか、という疑問をもった。その疑問は当然であるが、一般に心理学の研究で、説明率が有意（説明率がゼロではないという意味）であればそれ以上は考えないことが少なくない現状を考えると、それを正面に据えて疑問にもったことはすばらしいことである。クヌンは、何が本当に起きているのかを知りたかったのである。

■ダイナミックな子どもの動き

クヌンは毎年1回、子どもの発達の調査をしていたが、子どもや教師から聞いたことが自分の分析にはまったく反映されていないことに気がついた。まず子どもたちの多くは、動機づけのレベルが必ずしも常に同じであるとは限らなかった。動機づけのレベルはたえず変動し、日常の小さな出来事によって突然、変化していた。たとえば、計算問題で正解したり、教師からほめられたりすると、動機づけは上がった。しかし、彼らは、平均的に見ると、必ずしも動機づけが高いとは言えない子どもたちでもあった。これは、子どもの発達が仮説で予想したように線形の変化をするのではないことを示している。線形でないことを**非線形性**（non-linearity）という。

たとえば、これからもうまくやれるだろうと思われるところでは、確かに安定した

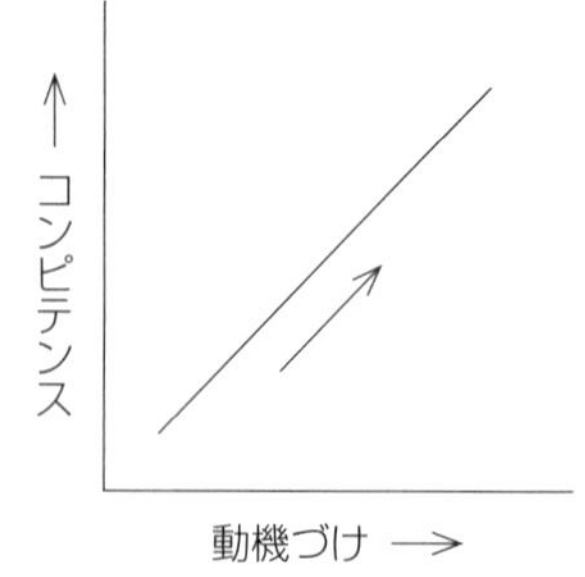

図 3-4 個人の動機づけとコンピテンスの線形モデル

高い動機づけを示すものの、それぞれの時点で見ると、ちょっとした失敗でつまずき、イライラする子どももいた。たとえば、ある男子は、うまくいくとますます動機づけを高めるが、そうなると逆にぎこちなくなってイライラしていた。また、ある女子は、動機づけが高いが、失敗を気にしていて、必要以上にうまくやろうとしていた。そのことで興味も動機づけも失っていき、そうなると今度は逆に、失敗も気にしなくなった。このように、一方の変数は他方の変数に影響を与えるが、互いの変数がポジティブな影響を与えあうのは、それぞれの変数の値が一定の範囲に収まるときだけだった。

他にも、変数どうしが互いに変化しようとする動きを無効にすることも見られた。たとえば、ある女子は、どんなに簡単で、どんなにおもしろそうな課題であっても自滅してしまう。「私はバカだから」といって努力しないため、失敗し、自分の言ったことを証明していた。ここでは、動機づけと成績の変数が互いに変化しようとする動きを無効にして、彼女を硬直状態に陥らせていた。

クヌンは、実際に教室で起きていたダイナミックな子どもの動きを捉えるためには、これまでとは違うアプローチをとらなければならないと考えた。そうしたときに出会ったのが、ダイナミックシステム・アプローチだった。

■最大成長能力[4]

線形モデルがあてはまるのは一定の範囲だけであり、その範囲を超えると違った動

[4] Kunnen, S. & von Geert, P. (2012) General characteristics of a dynamic systems approach. In S. Kunnen (Ed.), *A dynamic systems approach to adolescent development* (pp. 15-34). Routledge. pp. 17-18.

きになる。この現象は**最大成長能力**（maximum growth capacity）で説明できる。成長が永遠に続かない理由は、時間もエネルギーも限界のある資源だからである。そのため、直線的に伸び続けることはできず、限界にくると減少し始める。

移民の人の単語の学習を例に考えてみよう。最初は、なかなか覚えられる単語の数が増えない。発音もわからないし、文法もわからないし、聴き取ることも難しいためである。しかし、学習した単語の数が増えていくと、短いセンテンスならわかるようになり、そのバリエーションに気づいたり、新たに学習した文法構造の中に新しい単語を合わせることができるようになる。ところが、こうした上達は長続きしない。よくある単語はわかってしまうと、今度はまれにしか出ないような単語を学習しなければならなくなるからである。それにより学習のスピードは落ちることになる。こうして単語の学習は、最初はゆっくりであるが、しだいにスピードが上がり、再びゆっくりとなる。

最大成長能力とかかわる例として、**捕食－被食関係**を見てみたい。たとえば、キツネ（捕食者）が減少すると、野ウサギ（被食者）が急速に増加し、しばらく後にキツネが増加する。このように捕食者と被食者の個体数の変動は少しズレて進行していく。この振動（vibration）は、図３－５Ａのようなグラフで表すことができる。同じ振動が何回も繰り返されるが、１つの周期（位相：phase という）を捕食者と被食者の個体数の二次元で表すと、図３－５Ｂのようになる。図３－５Ａの変動は、図３－５Ｂで

[5] 金澤尚史（2016）「ポピュレーションダイナミクスの安定性解析」『計測と制御』55(4), 356-361. p. 357. 図は一部改変してある。

[6] De Ruiter, N. M. P. et al. (2019) Introduction to a dynamic systems approach to psychosocial development in adolescence. In E. S. Kunnen et al. (Eds.), *Psychosocial development in adolescence: Insights from the dynamic systems approach* (pp.1-16). Routledge. p. 7. を参考に作成。

[7] [6] の文献 p. 26.

[8] Page, S. E. (2018) *The model thinker: What you need to know to make data work for you.* Basic Books. pp. 90-91.（椿広計（監訳）長尾高弘（訳）(2020)『多モデル思考－データを知恵に変える24の数理モデル』森北出版 p. 98.）

は一番外側の円の動きに対応するだろう。逆時計回りに動いている。図3-5Bの円の底にあるように、捕食者数が少ないと被食者数が急激に増加するが、しばらくすると捕食者数が増加に転じ、被食者数が減少する。この安定した反復は閉じた循環で表される。

軌跡がアップしたりダウンしたりするメカニズムは、**フィードバック・ループ**（feedback loop）で説明される。フィードバック・ループとは変数間の循環する因果関係のことである。クヌンの線形モデルに基づいた予想は、図3-6Aのように、2つの変数が強化しあう循環（**ポジティブフィードバック・ループ**（reinforcing or positive feedback loop）という）に基づいていた。しかし、クヌンの観察した子どもの実際の動きは、それだけではなかった。ある時点にくると、図3-6Bのように、制止する循環（**ネガティブフィードバック・ループ**：inhibiting or negative feedback loop という）も働いていた。高い動機づけが高いコンピテンスをも

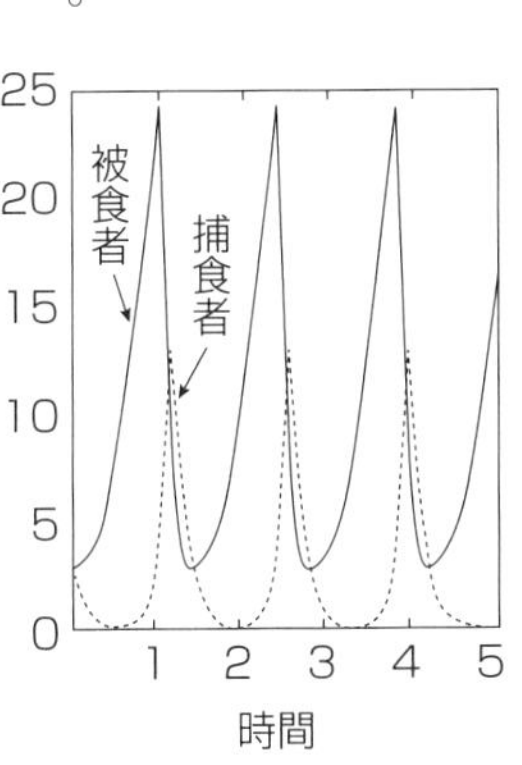

A．時間変化で表した図

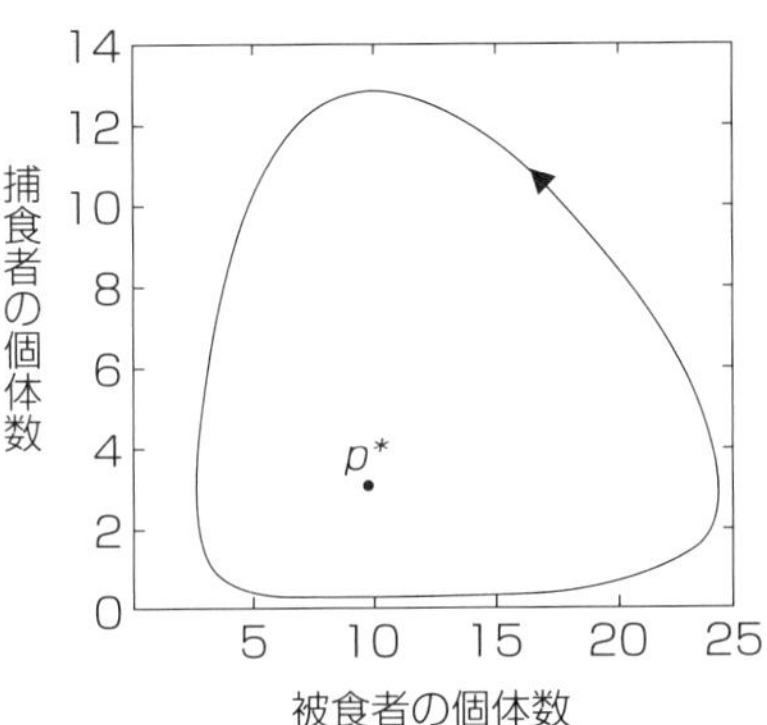

（注）p^*が示す点は変動の中心である。

B．位相図

図3-5　捕食被食関係における個体数の変化[5]

[9] 国立がん研究センター「多目的コホート研究（JPHC Study）-コーヒー摂取と全死亡・主要死因死亡との関連について」https://epi.ncc.go.jp/jphc/outcome/3527.html（2021年8月9日閲覧）

たらすと、それで満足してしまって、それ以上は動機づけも高まらなくなることもあった。ポジティブフィードバック・ループがネガティブフィードバック・ループを上回わることで急速に発達したり、逆に下回ることで急速に減退したり、さらには両者が均衡することで**安定**したりするのである。[6]

■ダイナミックシステム・アプローチで何がわかるか[7]

それでは、クヌンが出会った子どもたちのダイナミックな動きは、ダイナミックシステム・アプローチによると、どのように説明できるのであろうか。

先ほどの、硬直した状態に置かれていた女子の行動で考えてみよう。彼女は失敗を恐れていたが、失敗の原因を自分のコンピテンスの低さに帰属しているうちに、自分にはコンピテンスがないと思い込むようになり、勉強をしなくなってしまった。自分の問題点が表面化することを避ける戦略を**セルフ・ハンディキャッピング**（self-handicapping）というが、たとえば悪い成績をとっても勉強をしなかったからだと言い訳ができるように勉強を避けるといったことがそれにあたる。最初は単に勉強する気がなかっただけかもしれないが、そうした行動を繰り返しているうちに彼女の行動パターンとして定着してしまったのだろう。課題を与えられると最初から努力しなくなってしまった。

教師は彼女にどう指導したらよいのだろうか。それは、彼女に失敗と結果の

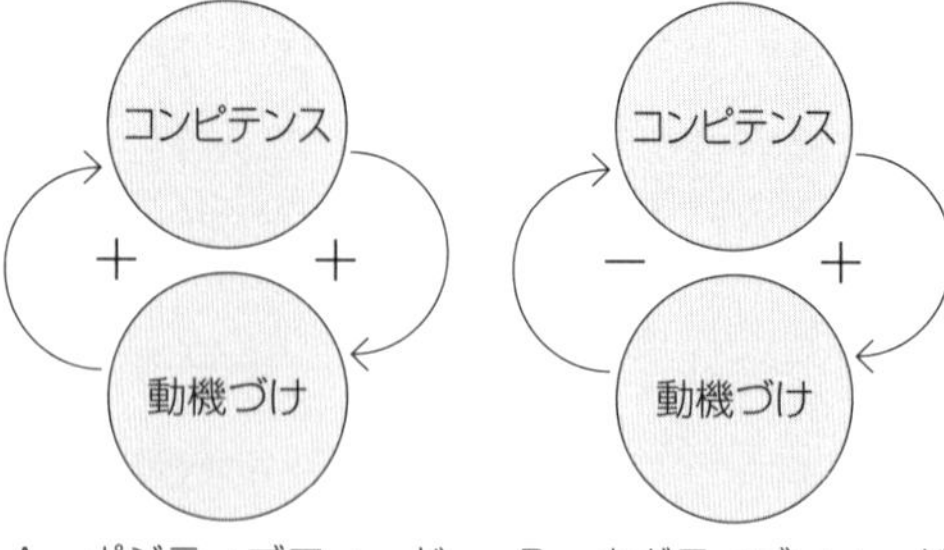

図 3-6　個人の動機づけとコンピテンスに働くフィードバック・ループ[6]

つなげ方を考え直す機会を与えることである。教師は、計算が苦手で学習しようとしない女子をほめて育てようとした。すると、彼女は突然、鉛筆を持って計算問題を解き始めたのである。指導を入れるタイミングが彼女に適合しているなら、変化が現れる。その結果、努力すれば成績がよくなるという確信をもつなら、彼女は変わることができると考えられる。どんなタイミングがよいのかを知ることも、ダイナミックシステム・アプローチのめざすものである。

■線形モデルの意義と限界[8]

多くの研究で線形モデルが使われている。確かにエビデンスに基づいてもっとも効果的な方法を見つけたいなら線形モデルに頼るのは賢明である。たとえば「コーヒーを1日3～4杯飲む人の死亡リスクは全く飲まない人に比べ24%低い[9]」などはわかりやすい。しかし、たとえ1日3～4杯であっても、一定の範囲を超えて直線的に効果が上がり続けるかどうかはわからない。線形モデルは、データさえあれば直観で分析できるため、分析の出発点としてはよいが、より実際に即したことを知るには非線形モデルを使う必要がある。そもそも私たちの身近にある興味深い現象は非線形である。たとえば、10円の小遣いが10倍の100円になっても嬉しくないかもしれないが、1000円の小遣いが10倍の10000円になったら非常に嬉しいのではないだろうか。日常の経験は必ずしも線形ではなく、それゆえ比例の関係とは限らないのである。

■クヌンの参考書

Kunnen, S., & von Geert, P. (2012). A dynamic systems approach to adolescent development. In S. Kunnen (Ed.), *A dynamic systems approach to adolescent development* (pp.3–13). Routledge.

（サスキア・クヌンのダイナミックシステム・アプローチとの出会いがわかる）

■全般的な参考書

テーレン、E・スミス、L・B／小島康次（監訳）高橋義信他（訳）(2018)『発達へのダイナミックシステム・アプローチ―認知と行為の発生プロセスとメカニズム』新曜社

（発達へのダイナミックシステム・アプローチの応用のしかたの具体例がわかる。特に4章のテーレン自身の研究を見ることを勧めたい。スミスの「日本語版出版に寄せて」が道案内になる）

3-3 文脈依存性

――ダイナミックシステム・アプローチによって何がわかるか

ダイナミックシステム・アプローチを使うことで、これまでのアイデンティティ研究ではわからなかった、どんな新しいことがわかるのだろうか。

■従来のアイデンティティ研究の限界[1]

アイデンティティの発達は、縦断研究も含めた研究で多様な筋道があることがわかっている。**アイデンティティ・ステイタス**[2]の変化に関するメタ分析によると、青年期後期から成人期にかけてアイデンティティ・ステイタスが**達成**（achievement）ステイタスに**前進**（progress）していく人は36％であり、アイデンティティ・ステイタスが変化しない人は49％と多かった。実に早期完了ステイタスの53％、拡散ステイタスの36％は同じステイタスにとどまっていた。このように成人期のアイデンティティ形成は、複数の筋道があったのである[3]。つまり、青年期から成人期にアイデンティティを改訂し満足できるアイデンティティの発達に向かう筋道、満足できるコミットメントを維持する筋道、そして、意味のあるコミットメントをつくることができない筋道

[1] Kunnen, E. S. (2019) Identity development from a dynamic systems approach. In E. S. Kunnen et al. (Eds.), *Psychosocial development in adolescence: Insights from the dynamic systems approach* (pp. 146-159). Routledge. pp. 147-148.

[2]「2-1 アイデンティティの測定」参照。

[3] Kroger, J. (2016) Identity. In S. K. Whitbourne (Ed.), *The encyclopedia of adulthood and aging* (Vol. 1) (pp.623-627). Wiley. pp. 624-625.

の3つである。

しかし、こうした研究では、個人のアイデンティティの発達が文脈のなかで行われることは検討されない。測定時点どうしのあいだに何が起きているのかも見ない。結局、何歳頃だとアイデンティティはこうなるといった年齢集団の特質を明らかにする研究にとどまっている。そもそもジェームズ・マーシャ[4]のステイタスパラダイムは類型論であって、発達を説明するモデルではない。そのため発達の**メカニズム**の解明に迫ることができないのである。

[4]「2-1 アイデンティティの測定」参照。

■文脈に埋め込まれている[5]

これまでアイデンティティは時間や空間を超えて個人に一貫するものであり、あまり変化しないものだと思われてきた。しかし、**アイデンティティ形成**（identity formation）に関心が向けられると、同一の人でもアイデンティティが文脈によって違うことがわかってきた。このことを、アイデンティティは**文脈に埋め込まれている**（contextual embeddedness）という。これをここでは文脈依存性と名づけておく。

たとえば、もし誰かが自己紹介で「妻と2人の子どもがいて4人の孫がいる」と話したら、彼にとってそれは**コミットメント**（commitment）の表明である。コミットメントとは、自分が選択したものにどれだけ投資するか（打ち込むか）の程度をいう。その表明は〝私は家族思いの人間である〟ということの確認である。同時に、それを

[5] ボスマ、H・クンネン、S（2014）２０１４年度日本発達心理学会国際ワークショップ「青年期発達へのダイナミック・システムズ・アプローチ—自己、アイデンティティ、関係性に着目して」大阪大学豊中キャンパス

聞いた相手も「ああ、この人はやはり妻が大切なんだ。子どもや孫に対してもコミットメントをしている（責任を感じている）」とわかる。つまり、社会関係のなかでの彼の立場を理解するのである。

こうして、人は自分のコミットメントを通じて自分自身を知り、他の人に対しても自分を知らしめることになる。コミットメントは自己を定義して自分の生きる意味という実存的な問いに答えるとともに、自分が所属するコミュニティに居場所をもつことになる。[6] このように人の実存と居場所が相互に補いあって支えていることを、**心理社会的相補性**（psychosocial reciprocity）というが、これこそがコミットメントなのである。コミットメントは個人と文脈の**適合**（fitness）である。

個人と文脈の適合は、アイデンティティを測定する際にも確かめられている。ボスマとクヌンが開発した**フローニンゲン・アイデンティティ発達尺度**（Groningen Identity Development Scale: GIDS）[7] では、コミットメントの強さは「自分の選択に満足しているか」といった質問で測定され、**探求**（exploration）の量は「このことについて他者と話しているか」といった質問で測定されている。探求とは、いろいろな可能性を探り、いくつかの意味ある選択肢のなかから選ぼうとすることをいうが、こうしてコミットメントの強さと探求を確かめることで、他者の見方と一致がはかられたコミットメントが測定されると考えられているのである。

[6] Bourne, E. (1978) The state of research on ego identity: A review and appraisal. *Journal of Youth and Adolescence, 7*(3), 223-251. p. 234.

[7] Bosma, H. (1992). Identity in adolescence: Managing commitments. In G. A. Adams, T. P. Gullotta & R. Montemayor (Eds.), *Adolescent identity formation* (pp. 91-121). Newbury: Sage. pp. 98-102.

■アイデンティティ形成の仕組み

個人と文脈の適合について具体的に説明しよう。図3-7で、個人から文脈の側に出ている線は、自分が抱いている**自己定義**（self-definition）を示す。文脈から個人の側に出ている線は社会の可能性を示す。

一番上の線は個人から文脈の側に出ているが、文脈から個人の側に出ている線と出会っていない。たとえば、自分とすれば大学の専攻である心理学の学習に熱心に取り組んでいるので心理学にコミットメントがあると思っているのだが、他者からすれば、そのようには評価されていない。クラブ・サークルやアルバイトといったもののほうに熱心で、心理学にコミットメントがあるように見えていないのかもしれない。自分がコミットメントしていると思っているだけで、他者から認められていないのでは、まだ自分を定義するアイデンティティにはなりえていないことを示す。2つ目のペアは、左側の個人が抱いている自己定義が右側の社会の可能性と出会っている。たとえば、職場の上司が自分にあった仕事を的確に振ってくれているので、仕事に打ち込むことができている。その結果、その仕事が自分のアイデンティティを感じるものとなっている。

■発達のメカニズムの捉え方[9]

一般の研究では、2つの測定時点の値を比較して変化があったかどうかを見る。た

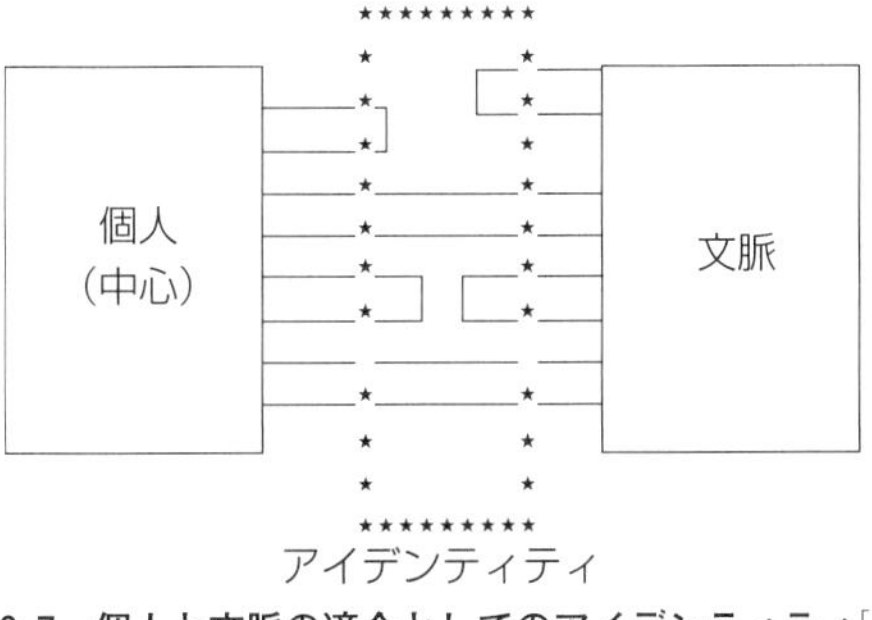

個人（中心）
文脈
アイデンティティ

図3-7　個人と文脈の適合としてのアイデンティティ[8]

[8] ボスマ、H・クンネン、S／杉村和美（訳）（2015）「公開講演会 青年期発達へのダイナミック・システムズ・アプローチ」『発達研究』29, 216-232. pp. 219-220.

とえば、**介入**（intervention）の効果を見るには、介入前と介入後の値を比較して、そこに変化があれば介入の効果があったと判断する。しかし、ダイナミックシステム・アプローチでは、それだけでなく、その途中のプロセスで何が起きているかを見る。そうして何がプロセスを駆り立てているのかを調べることにより、今までになかった新しい特質がいつ、どのように誕生し、どう安定したものになっていくのかを知るのである。

プロセス（process）とは、ある変数について時間に伴う変化の一般的なコース（course）をいう。発達のプロセスの典型的な性質は**反復**（iterativity）である。反復とは、プロセスにおいて、おのおののステップにとって出発点が以前のステップの**帰結**（outcome）となることをいう。ダイナミックシステム・アプローチでは、反復するということは、そこに同じメカニズムが働いていると考える[10]。そこで、反復するのに注目することで、そこに働いているメカニズムを捉えようとするのである。

プロセスは**軌跡**（trajectory）で捉えられる。軌跡とは、もともとは物体が空中に打ち投げられたときに描く曲線の経路（path）のことであるが、ここでは変数の測定時点の値を結んだときにできるグラフの線のことをいう。飛行機雲が飛行機の動きを表すように、軌跡は変数の**ふるまい**（behavior）を表す。軌跡が折れ線グラフのようにジグザグであれば、それが変数のふるまいを示す。軌跡の形状を分析することで変数のふるまいを捉え、そこに働いているメカニズムを解明するのである。

[9] Kunnen, S., & von Geert, P. (2012) General characteristics of a dynamic systems approach. In S. Kunnen (Ed.), *A dynamic systems approach to adolescent development* (pp. 15–34). Routledge, pp. 16–17.

[10] Lichtwarck-Aschoff, A. et al. (2008) Time and identity: A framework for research and theory formation. *Developmental Review*, 28(3), 370–400. p. 382.

[11] Kunnen, E. S. (2018) An elaboration of non-linear, non-ergodic and self-organizing processes: Understanding the bumps and jumps in adolescent development. In L. B. Hendry, & M. Kloep (Eds.), *Reframing adolescent research* (pp. 38–53). Routledge. pp. 40–45.

■ダイナミックシステム・アプローチは何をどう見るか[11]

実際に変化の軌跡を見てみよう。図3-8は、大学生に対するアイデンティティ形成のプログラムにおいてランダムに選ばれた6人の変化の軌跡である。これらの軌跡にはアップやダウンが見られ、でこぼこのある変化をしている。それはプログラムの効果が**線形**ではなく、**非線形**であることを示す。

ルーシーを見ると、最初はあまり変化がないが、すぐに突然上昇し、いったん下がった後、再び上昇して、高いままに安定している。それに対して、アンは、長いあいだあまり変化がなく安定していると思いきや、いったん下がった後、突然上昇し、再び元に戻って安定している。このように一人ひとりの軌跡が違う上、一人の人の変化にしても不規則にしか見えない。このようなものを、どのよ

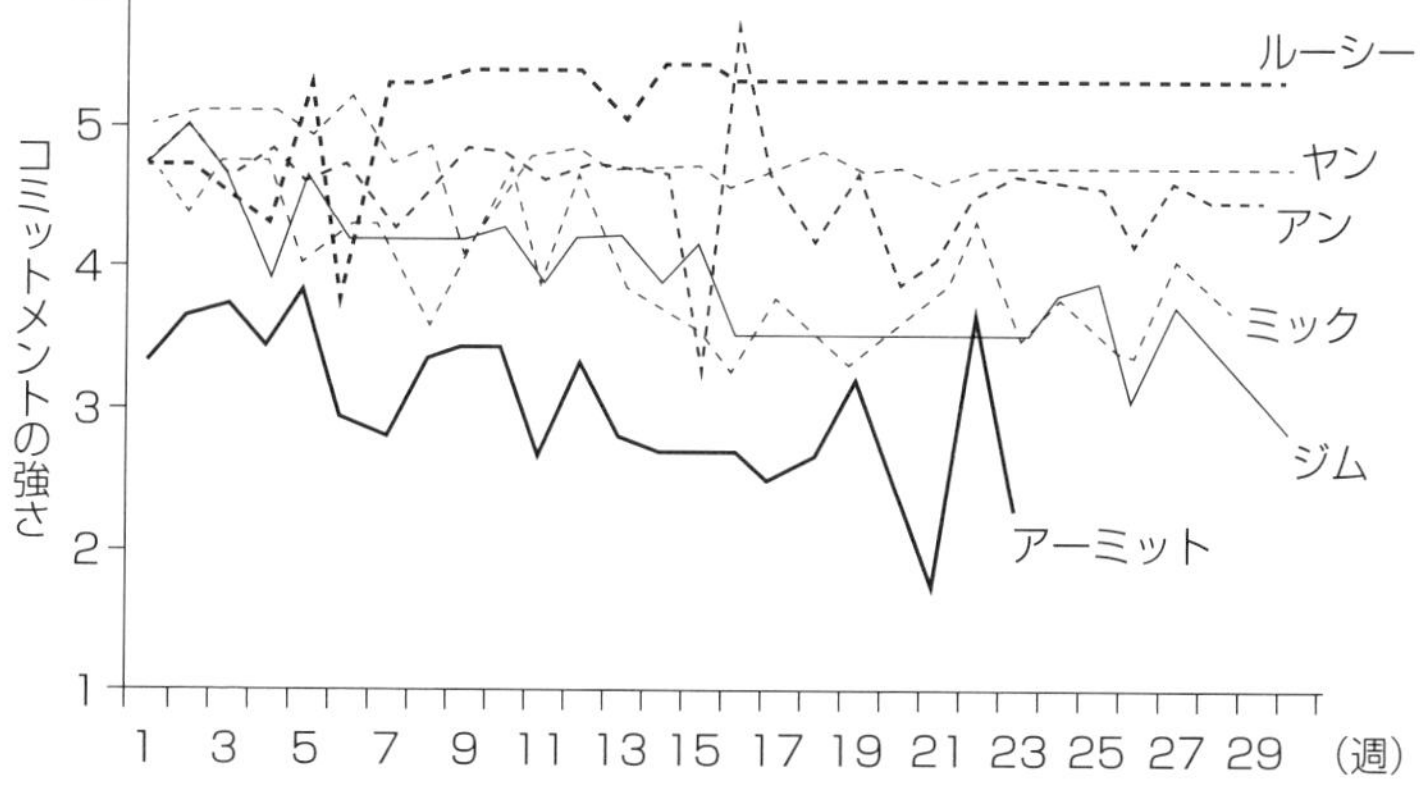

（注）大学の新入生に対して1週間ごとに測定したコミットメントの強さにかんしてランダムに抽出した6人の結果。「自分の選んだ専攻を堅持しているか」の質問項目に対して「非常にあてはまる」（6点）から「まったくあてはまらない」（1点）までの6件法で回答を求めた。

図3-8　30週間のコミットメントの強さの変化[11]

うに分析したらよいのであろうか。

一般的に考えられることは、たとえば、変化の起きているところに着目し、ピークに達して少し下がり始めるところで、どんな出来事が起きていたのかを一人ひとり調べることであろう。そこで、良い成績をとったらコミットメントは強くなり、悪い成績をとったらコミットメントは弱くなるかもしれないと考えてみる。ところが、実際には一人ひとりで見ても成績とコミットメントの変化の関連は弱いものであり、直接の関連は見出せなかった。他にもさまざまな出来事を調べたが、特定の出来事が関係しているようには見えなかった。

実は、発達的な変化の軌跡は環境の変化に対する直接的な反応を示すものではない。したがって、変化と出来事の一対一対応を探しても、そうしたものは見あたらないのである。それは、同じ人に対する同じ環境の変化であっても、その時点でのシステム全体の状態によって、その影響のしかたが刻々と変わるためである。

発達の軌跡には3つの特質がある。**変動性**（variability）、**自己相似性**（self-similarity）、**時間スケール**（time scale）である。変動性は3-4、自己相似性は3-7、時間スケールは3-9で扱う。

■クヌンの参考書

Bosma, H. A. & Kunnen, E. S. (2008) Identity-in-context is not yet identity development-in-context. *Journal of Adolescence, 31*(2), 281-289.
（文脈の中のアイデンティティについてのクヌンの考え方がわかる）

■全般的な参考書

岡林春雄（2015）「アイデンティティは下位階層から自己組織化する」『山梨大学教育人間科学部紀要』*17*(24), 1-8.
（アイデンティティはなぜダイナミックシステム・アプローチで捉えなければならないのかを説明）

鈴木忠・西平直（2014）『生涯発達とライフサイクル』東京大学出版会
（鈴木忠がシステム理論の観点からエリクソンの発達理論を読み解いている）

3-4 変動性

——個人の発達は平均値で見ることはできない

統計というと、グループの平均値を使うことが多い。しかし、平均値は集団の性質を表すものであって必ずしも一人ひとりの実態を表すわけではない。一人ひとりの性質を見るにはどうしたらよいのだろうか。

■平均値はグループの特徴を表す[1]

ダイナミックシステム・アプローチは、グループの変化ではなく、一人ひとりの変化を見る。それはなぜだろうか。

たとえば、図3-9は14名の青年のスキルがどのように発達していくのかを見たものである。太い線は14名の青年を年齢ごとの平均値で見たものである。これはグループとしての変化を示すが、それで見ると、12歳から19歳までスキルは徐々に伸びている。ところが、一人ひとりの軌跡を見ると、全員がある年齢で急に伸びるジャンプがある。しかも、その年齢が一人ひとり違っている。

私たちの経験からしても、スキルの獲得は、どんなに練習してもなかなか伸びない

[1] Kunnen, S. (2012) The search for process characteristics. In S. Kunnen (Ed.), *A dynamic systems approach to adolescent development* (pp. 37-41). Routledge, pp. 38-39.

[2] Kunnen, S. & von Geert, P. (2012) A dynamic systems approach to adolescent development. In S. Kunnen (Ed.), *A dynamic systems approach to adolescent development* (pp. 3-13). Routledge, p. 10.

フラットのときがあり、そして急に伸びる飛躍のときがあるのではないだろうか。しかし、グループとして見ると、スキルを獲得した人が徐々に増えているように見えるだろう。

以上のように、平均値はグループの特徴を示すにすぎず、必ずしも一人ひとりの特徴を示しているわけではない。そこで、ダイナミックシステム・アプローチは、グループの特徴が個人の特徴と同じかどうかを常に問題にする。

■エルゴード性という前提

多くの研究は、グループの示す特徴と一人ひとりが時間とともに変化していく特徴とが同じであると仮定している。つまり、グループ内の個人と個人の違いから変数を見たときの**個人間**（between-individual）の変動性と、一人ひとりの変化を見たときの**個人内**（within-individual）の変動性が同じ統計的性質をもつことを前提としている。この前提を**エルゴード性**（ergodicity）という。[2] **変動性**（variability）とは、ある個人が時間をとおしてさまざまな値を取りうることをいう。もしくは、あるステップと他のステップとのあいだにある変化のことである。

たとえば、ある人と別の人、さらに別の人の**未来志向**（future orientation）の値がそれぞれ1点、2点、3点であり、コミットメントの値もそれぞれ1点、2点、3点だったとしよう。この場合、相関は1になる。高い正の相関があることから、ある人

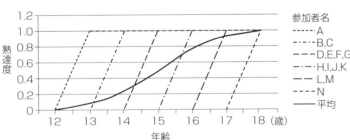

図 3-9　14名の青年のスキルの軌跡とグループの平均値[1]

の未来志向を高めたら、その人のコミットメントも高まると考えてよいだろうか。個人間の変動性の知見が個人内の変動性の知見として使うことができるかどうかがエルゴード性の問いである。エルゴード性が満たされることが断言できないときには、実際に、一人ひとりの未来志向が高まるとコミットメントも高まるかどうかを調べてみなければならない。

■個人間の変動性と個人内の変動性

これまで、エリクソンの理論に基づき、未来志向がコミットメントを先導すると考えられてきた。実際に、未来志向とアイデンティティの関連がエルゴード性を満たすかどうかについて考えてみよう。

表3-1は、未来志向とコミットメントの相関について、20歳から40歳までの48名の21年間のデータを分析したものである。それぞれの年齢ごとの個人間の相関係数を求めると、-.07から.27までの値が得られた。それらの平均をとると.13となり、非常に低い正の相関だった。つまり、平均値で計算すると、個人間の変動性は弱い関連しか示されなかった。

今度は、一人ひとりの縦断データに基づき、個人内の変動性を見た結果を見てみよう。表3-2を見ると、相関は0付近が多いが、.37から-.76までの多様な値が得られた。しかし平均値を計算すると、-.09という非常に低い負の値で代表されることに

表 3-1　年齢ごとの未来志向とコミットメントの相関係数[3]

年齢	相関係数	年齢	相関係数	年齢	相関係数
20	.07	27	.04	34	.18
21	.24	28	.02	35	-.01
22	.07	29	.03	36	.18
23	.12	30	.27	37	.05
24	.26	31	.25	38	.02
25	.09	32	.15	39	.15
26	.27	33	-.07	40	.27

（注）個人間の相関係数の平均値は .13。

なる。

このように、個人間の変動性では低い正の相関が見られたが、個人内の変動性では、個人によって大きな多様性が見られた。個人間の変動性のあり方と個人内の変動性のあり方が同じではないため、エルゴード性の前提は満たされないのである。

■変化の多様性をどう説明するか

なぜある人は正の相関となり、別の人は負の相関となり、多くの人は相関が0付近になったのであろうか。

正の相関は、未来志向とコミットメントが相互に促進しあう**ポジティブフィードバック・ループ**が働いているのかもしれない。未来に目標を立ててそれを実現してコミットメントを高め、それがさらなる目標に向かわせたかもしれない。それに対して、負の相関は、未来志向がコミットメントを高めるものの、コミットメントは未来志向を低めるという**ネガティブフィードバック・ループ**が働いているのかもしれない。たとえば、未来志向によりコミットメントを見つけると、そのコミットメントに専念し、それに没頭するといった現在志向に変わり、その結果、未来志向を低めてしまうと考えられる。相関が0というのは、必ずしも未来志向とコミットメントに関連がないことを示すのではなく、

表 3-2　個人ごとの未来志向とコミットメントの相関係数[3]

-.76 ***	-.32	-.16	-.05	0	.13
-.62 **	-.31	-.13	-.04	.02	.18
-.55 **	-.31	-.11	-.04	.02	.21
-.42	-.31	-.10	-.01	.05	.23
-.42	-.23	-.09	0	.10	.27
-.41	-.21	-.08	0	.10	.31
-.37	-.18	-.08	0	.10	.31
-.36	-.18	-.06	0	.12	.37

** $p < 0.01$, *** $p < 0.001$.

（注）個人内の相関係数の平均値は -.09。

ポジティブフィードバック・ループとネガティブフィードバック・ループが均衡している（同じだけ働いている）[4]ことを示すとも考えられるのである。

今回のデータでは、個人内の変動性は、平均値で見ると、0付近の値であった。それは、正の相関のある人と負の相関のある人の数があまり変わらないからであろう。もし正の相関のある人の数が負の相関のある人よりも多くなれば平均値は正の値になるし、逆であれば負の値になると考えられる。

クヌンは、発達においては原理的にエルゴード性は満たされないと考えている。発達段階の移行は構造の変化であるが、それはそこで働く要素の関係それ自体が変化していることを意味するうえに、人によって違うからである。したがって、人が発達していくメカニズムの解明には、個人間の変動性ではなく、個人内の変動性を見ていくことが不可欠なのである。

■変動性をどう見るか[5]

変動性は**変動**（variation）と同じではない。ここでは変動の代表例として、**分散**（variance：ばらつき）を取り上げて違いを見る。

図3-10の4名の軌跡は、平均値の高さは異なるものの、標準偏差（分散の平方根）は4名とも0.24で同じである。しかし個々の軌跡を見るとアップしたりダウンしたりと変化するかたちが違っているため、変動性は同じとは言えない。上から3つめの

[3] Shirai, T. & Kunnen, E. S. (2020) The relation between commitment and a balanced time orientation in adulthood: Differences between and within individuals. *Identity: 20*(2), 132-142. p.138. 論文中の「バランスのとれた時間的指向性」を本項では未来志向と言い換えている。個人内相関は自己相関（autocorrelation）が交絡している可能性が考えられるため、自己回帰和分移動平均モデル（AutoRegressive Integrated Moving Average（ARIMA）model）により修正してある。

[4] たとえば、21年間の前半の若い頃はポジティブフィードバック・ループが働き、後半で生活が安定するとネガティブフィードバック・ループが働くといったことも含む。

[5] [1] の文献 p. 38.

軌跡が一番大きくゆらいでいる。そのすぐ下の軌跡は、常時はあまりゆらいでいないが、大きなゆらぎが数カ所ある。すぐ上の軌跡はゆらいでいるが、ゆるやかに上昇しており、最初と最後の値のあいだに差がある。一番上の軌跡はほとんどゆらいでおらず、徐々に上昇し、最初と最後の値のあいだの差が非常に大きい。

以上からわかるように、軌跡の変化は、分散といった変動を見るだけではわからない。一人ひとりの軌跡の形状を見て、変動性を調べなければならない。

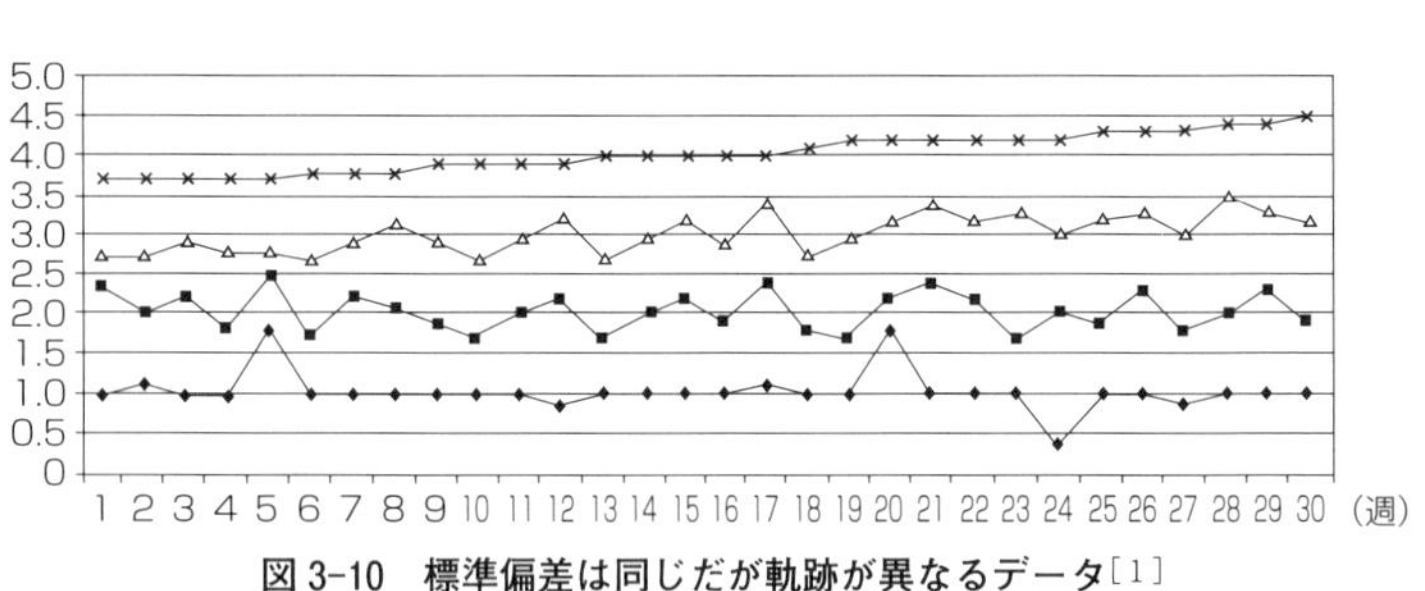

図 3-10　標準偏差は同じだが軌跡が異なるデータ[1]

■クヌンの参考書

Kunnen, S. (2012) The search for process characteristics. In S. Kunnen (Ed.), *A dynamic systems approach to adolescent development* (p. 37-41). Routledge.

(プロセスにおける変動性に注意することの大切さがわかる)

■全般的な参考書

南風原朝和・小松孝至 (1999)「発達研究の観点から見た統計─個の発達と集団統計量との関係を中心に」『児童心理学の進歩』38, 213-233.

(個の統計と集団の統計が同じではないことを説明)

3-5 理論モデルの構成と検証

――研究の進め方

ダイナミックシステム・アプローチの研究は、どのような流れで進むのだろうか。第1のステップとして、まず理論モデルをつくる。それができたら、第2のステップとして、データを取って検証する[1]。そして、第3のステップとして、得られた知見を一般化する。この3つのステップについて説明する。

■第1のステップ――理論モデルの作成[2]

従来の研究のモデルは、たとえば図3-11に示されるように、ネガティブなライフイベントが**コミットメント**を弱め、同時に**コーピング・スタイル**（coping style：対処様式）を介してもコミットメントの強さを左右する、といったものである。こうしたモデルは変数間にある因果関係の一方向を切り取ったものであり、データセットにおける変数間の関連を示し、その分散を説明する。そのため、往々にしてモデルはデータを取った後につくられることが多い。

それに対して、ダイナミックシステム・アプローチは、データを取る前に、まず**理**

[1] Kunnen, E. S. (2019) Identity development from a dynamic systems approach. In E. S. Kunnen et al. (Eds.), *Psychosocial development in adolescence: Insights from the dynamic systems approach* (pp. 146-159). Routledge, p. 148.

[2] ボスマ、H・クンネン、S（2014）２０１４年度日本発達心理学会国際ワークショップ「青年期発達へのダイナミック・システムズ・アプローチ―自己、アイデンティティ、関係性に着目して」大阪大学豊中キャンパス

論モデルをつくる。理論モデルは、変化プロセスに働くメカニズムついての研究者の考えを表すものであり、データセットにおける変数間の関連を示すものではない。図3-12は、コミットメント（commitment）の発達のメカニズムを説明したものである。この図に示されるように、モデルに描かれる矢印は因果関係ではなく、順序を示す。つまり、コンフリクトから出発し、ぐるっとまわってコンフリクトに戻ってくるような**循環**（circle）のかたちになる。

■アイデンティティ発達の理論モデル[5]

ダイナミックシステム・アプローチは、発達の**メカニズム**を捉えるために、何がアイデンティティの発達を駆り立てるか（drive）という問いを立て、個人と文脈の**適合**（fitness）が発達を生み出すと考える。

再び図3-12を例にとると、コミットメントとは、人がエネルギーを投入する対象があることをいう。コミットメントの発達は、個人が文脈とかかわりあう**トランザクション**（transaction）によってもたらされるが、そのようなトランザクションが個人と文脈のあいだに、今ある適合をもたらし、この適合が今あるコミットメントを**確証**する（confirm）。したがって、適合しないと、今あるコミットメントを確証できず、したがってコンフリクトが生じて、それが次の行為の引き金となる。

たとえば、ある大学生は心理学の専攻に進みたいと思っている。心理学の専攻とい

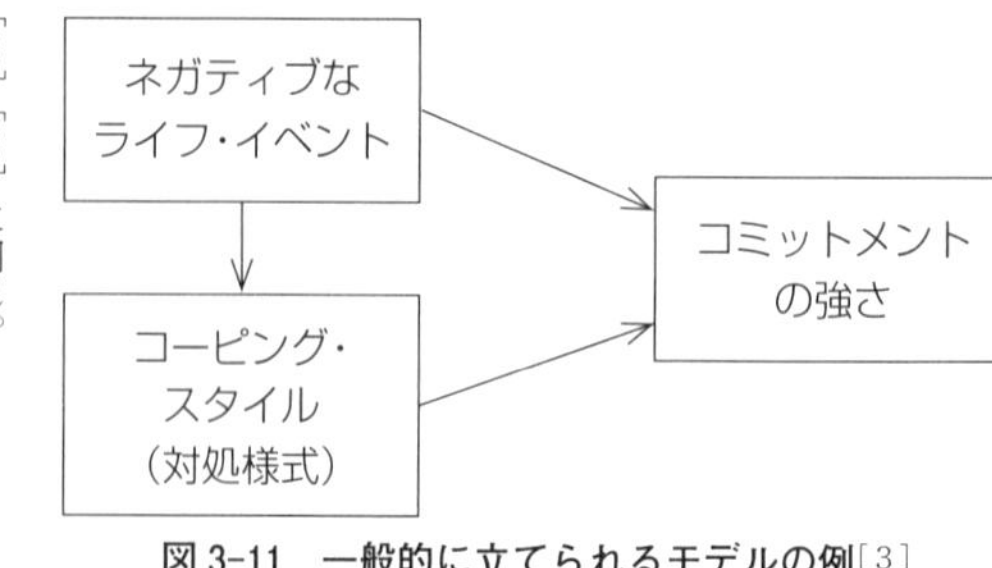

図3-11　一般的に立てられるモデルの例[3]

[3]［2］に同じ。

[4] Bosma, H. A., & Kunnen, E. S.（2001）Determinants and mechanisms in ego identity development: A review and synthesis. *Developmental Review, 21*, 39-66. p. 60.

う分属先が彼のコミットメントの所在を示す。ところが、心理学に進むために必要な単位を落としてしまった。この出来事のため心理学の専攻に進みたいというコミットメントを確証できず、コンフリクトを引き起こす。しかし、まずは**同化**（assimilation）により解決しようとする。同化とは状況に対する自分の知覚や解釈を変えて、今あるアイデンティティに適合させようとすることである。単位を落としたのは新型コロナウィルス感染症の影響で心理学を学ぶモチベーションが下がり、十分に準備できなかったからだなどと考えることである。心理学に対するコミットメントはそのままなら、もう一度、挑戦することになる。しかし、すっかり自信をなくしてしまい、心理学は自分に向いていないのではないかと悩んでしまうなら、心理学以外の専攻にも目を向けるかもしれない。コミットメントを変えて文脈に適合しようとすることは**調節**（accommodation）である。同化も調節も行われなければ、今あるコミット

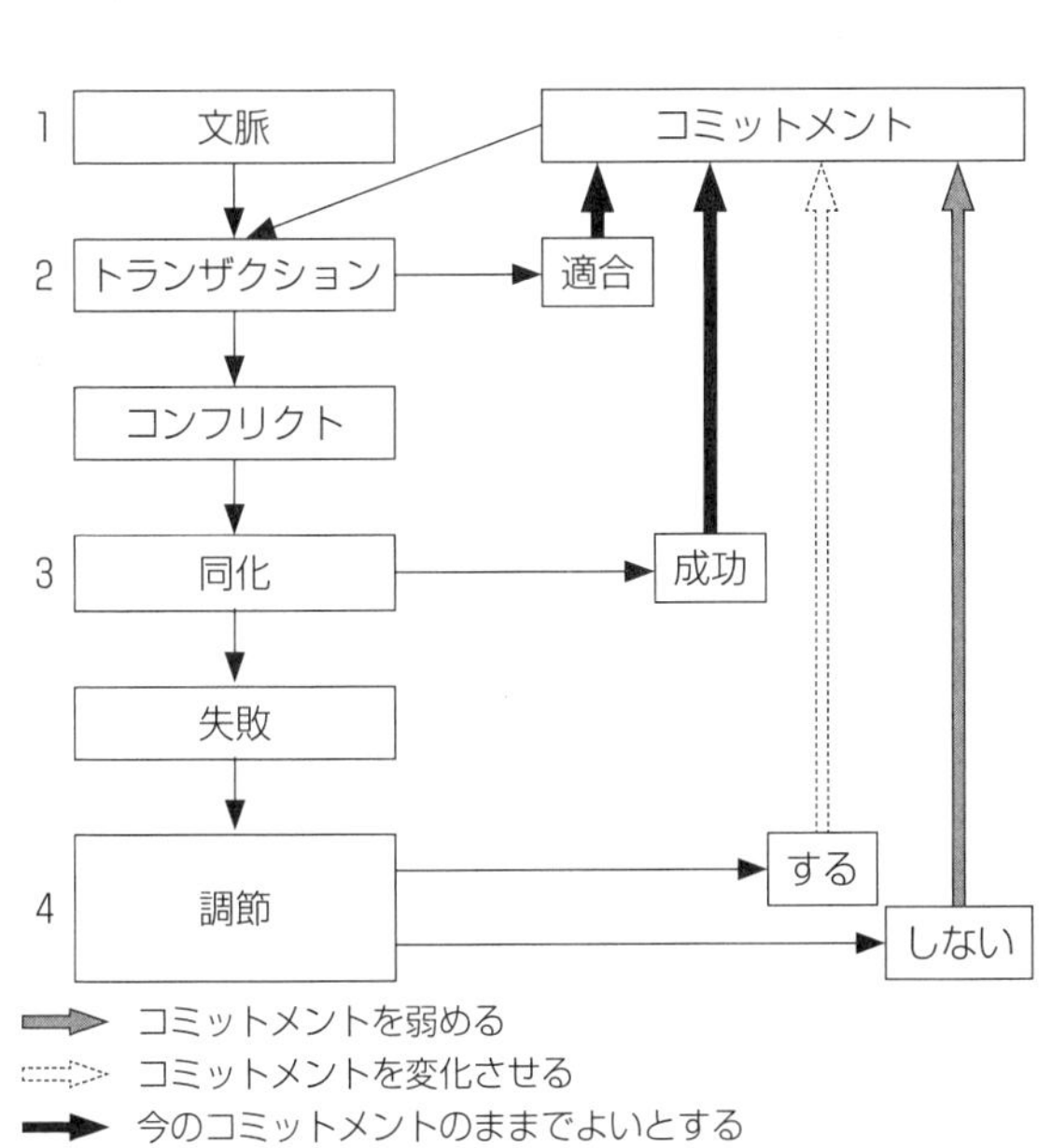

図 3-12　ダイナミックシステム・アプローチによるコミットメント発達のメカニズム[4]

メントが弱くなり、アイデンティティの感覚は得られなくなる。

理論的なモデルができたら、理論が予想する発達の軌跡のかたちを考えておく。図3-13では、予想される発達の軌跡が描かれている。コミットメントが減少すると、探求が増加し、それがコミットメントを回復させ、探求が減少する。このようにコミットメントと探求は逆の動きをするという予想が立てられる。

■第2のステップ——データによる実証的検討[7]

理論モデルができたら、ようやくデータを取る。その場合、時系列データを取る。時系列データとは、同じ人に等間隔で測定を繰り返して取ったデータをいう。変数の測定時点ごとの値を結んだときにできる線を**軌跡**（trajectory）という。

実際の軌跡を分析すると、図3-14に示されるように、探求とコミットメントは逆の方向の変化を示し、図3-13の予想するかたちどおりであった。調査の時点間に起きた出来事について日記を書いてもらって調べると、コンフリクトは最初は探求を増加させ、そして、コミットメントを弱め、その後に新しいコミットメントを発達させていた。出来事をポジティブな経験とネガティブな経験に分けて見ると、多くの学生はポジティブな経験がコミットメントを強めたが、ネガティブな経験がコミットメントを弱めた後にコミットメントを強めた学生もいた。後者のパターンは予想していなかったタイプであるが、たとえば悪い成績をとるといったネガ

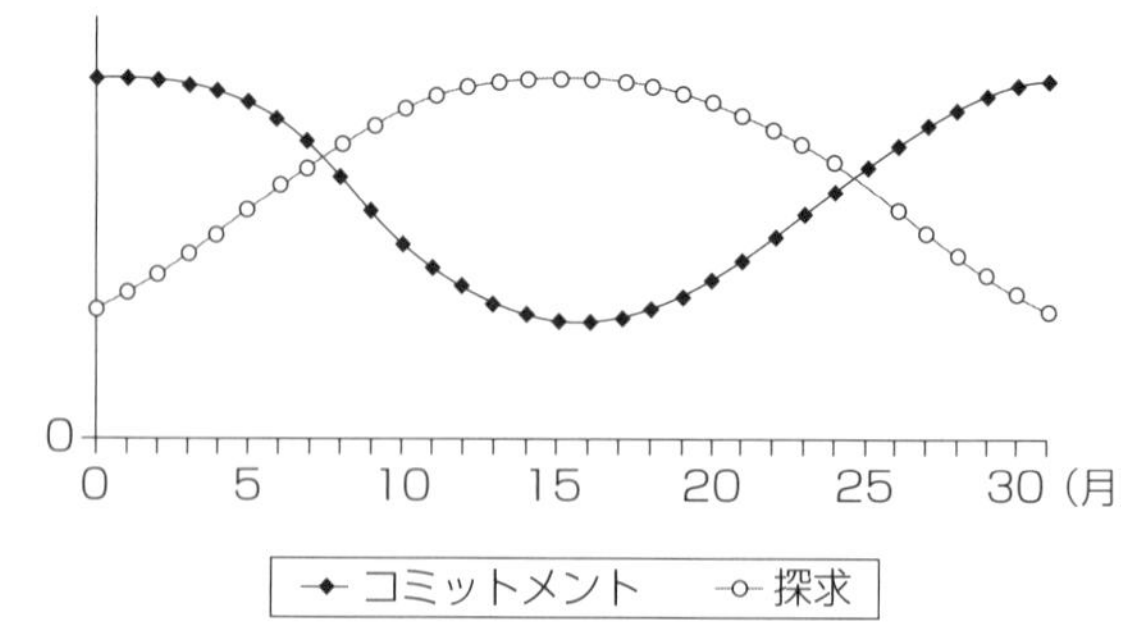

図3-13　予想されるアイデンティティ発達の軌跡[6]

［5］［1］の文献 pp. 148-149.

［6］［1］の文献 pp. 151.

ティブな経験は「もっと努力せよ」というサインだと受けとり、それゆえコミットメントに努力が伴ったためではないかと考えられる。このように、変数がどのようにかかわって変化するのか、そのあいだにどんな出来事が起きて、コミットメントの発達を駆り立てているのかを見ながら、理論モデルを検証し、また発展させるのである。

■個人の時系列データの分析[9]

ダイナミックシステム・アプローチにとって不可欠な手続きは、データを一括りにせず、個人ごとの軌跡を描いて分析することである[10]。

また、個人の軌跡のタイプと、幸福感やパーソナリティ、機能すること（functioning）や発達とがどう関連するかを調べる。そして、そこから得られた知見が異なる**領域**（domain）や文脈ではどうなのかを確かめる。

異なる領域の具体例をクヌンの研究で見ると、

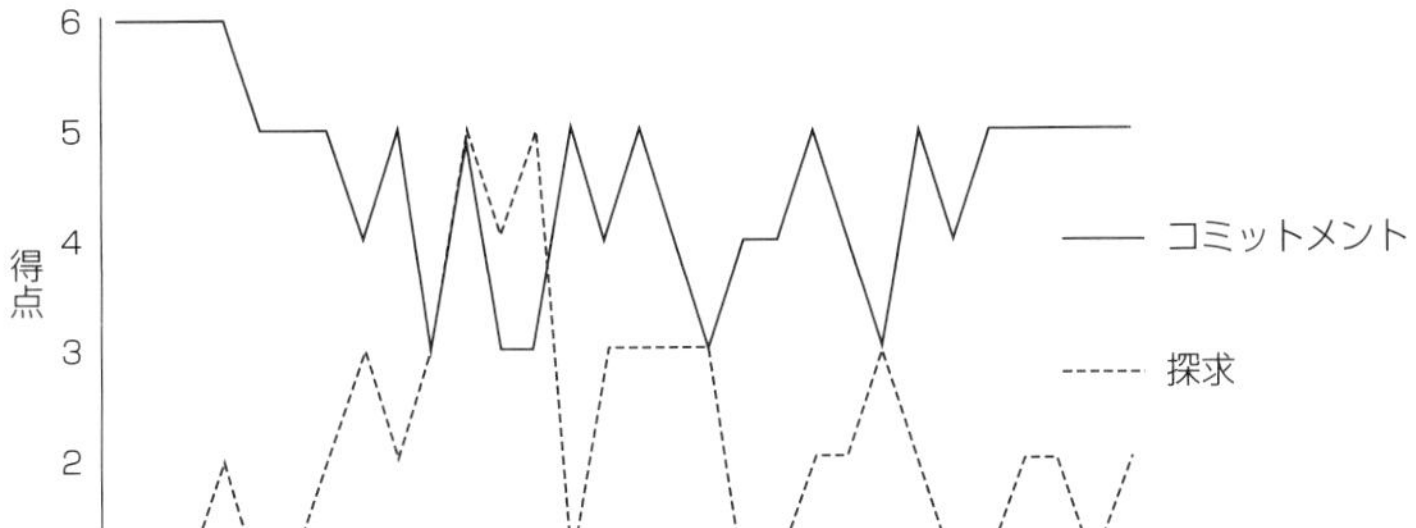

図 3-14　参加者61番のコミットメントと探求の時系列変化[8]

[7]［1］の文献 pp. 149-150.

[8] Van der Gaag, M. A. E. et al. (2016) Micro-level processes of identity development: Intra-individual relations between commitment and exploration. *Journal of Adolescence*, 47, 38-47. p. 42.

[9]［1］の文献 p. 153.

[10] この分析のしかたは「3-8 時間スケール」参照。

クヌンは**フローニンゲン・アイデンティティ発達尺度**[11]における学校・(将来の)仕事・余暇、親子関係、人生観(宗教・政治・価値観)、友人関係、性格(容姿・ジェンダー・個性)、親密な関係(異性関係)、および全般(領域を超えた一般的なものや領域間の関連)という7つの領域で検討している。その人のコミットメントと探求の関連のあり方が領域で違いがあるのか、それとも一貫しているのかを検討する。それによりクヌンは、〝人生観の領域では**早期完了ステイタス**の軌跡はなかった〟といった、人生観の領域固有の特徴を見つけている。

■第3のステップ——一般化可能性[12]

ダイナミックシステム・アプローチは、グループの平均値を見ることでもって一般化するのではなく、個人ごとの変化を具体的に捉え、実際に起きていることをつかもうとする。一人ひとりの変化は各自の文脈に埋め込まれているため、文脈を考慮しなければ一般化できないからである。「特定の人の、特定のときに、特定の道具立て(setting)の条件下で、特定の領域の事象が、特定のプロセスをとおして生起する」ことを**特殊性の原理**(specificity principle)というが[13]、発達もこの原理によって支配されていると考える。

それでは、どのように一般化するのだろうか。特定の事例を理解できるだけでなく、新しい事例も説明できるような知見を見つけることである。そうした**一般化可能性**を

[11] 「3-3 文脈依存性」参照。

[12] Kunnen, E. (2018) An elaboration of non-linear, non-ergodic and self-organizing processes: Understanding the bumps and jumps in adolescent development. In L. B. Hendry, & M. Kloep (Eds.), *Reframing adolescent research* (pp. 38-53). Routledge, pp. 52-53.

[13] Bornstein, M. H. (2017) The specificity principle in acculturation science. *Perspectives on Psychological Science, 12*(1), 3-45. p. 6.

■クヌンの参考書

Kunnen, E. S. (2019) Identity development from a dynamic systems approach. In E. S. Kunnen et al. (Eds.), *Psychosocial development in adolescence: Insights from the dynamic systems approach* (pp. 146-159). Routledge.

(クヌンが研究してきたことの方

もつための問いは、「それがどのように働くか」（How does it work?）である。つまり、今までになかった新しい特質がいつ、どのように誕生し、それがどう安定したものになっていくのかを調べることにより、時系列の「いつ」に介入すれば望ましい結果となって現れるのかを予測する。そうした予測ができるなら、その知見は一般化可能性をもっていると考えられる。

法と到達点がわかる）

白井利明（2016）「ダイナミックシステムズアプローチによる縦断データの分析―Saskia Kunnenによる青年期と成人期へのアプローチ」『大阪教育大学紀要（第Ⅳ部門）』64(2), 47-57.
（クヌンの研究とその方法を紹介）

■全般的な参考書

河合優年（2008）「発達心理学とダイナミカルシステム理論」岡林春雄（編）『心理学におけるダイナミカルシステム理論』金子書房、65-81.
（発達研究におけるダイナミックシステム・アプローチの枠組みを示す）

3-6 シミュレーション研究
――発達段階の移行メカニズム

ダイナミックシステム・アプローチは**数理モデル**に乗りやすい。数理モデルをつくってコンピュータによる**仮想実験**（silico experiment）を行えば、**理論モデル**を精緻化したり、効果的な実証研究につなげたりできる。本項はそうした**シミュレーション**（simulation）研究の意義と手順を示す。

■シミュレーション研究の意義[1]

ダイナミックシステム・アプローチは、データを取る前に理論モデルをつくるが、それを実証的に証明することは容易ではない。理論モデルは一般論を示すにすぎないからである。発達を規定する変数のあいだには複雑な交互作用があるだけでなく、**非線形性**（non-linearity）もある。非線形性とは同じ変数の同じ変化が他の変数の値（value）によってシステム全体のなかでまったく異なる変化となって出てくることがあることをいう。1回の変化であっても、システムのふるまいを正確に思い描いたり、予測したりすることが難しいのに、変化が2回、3回と起こった先を予測するとなる

[1] Kunnen, E. S., & Bosma, H. A. (2000) Development of meaning making: A dynamic systems approach. *New ideas in psychology, 18*(1), 57-82. p. 58.

とほとんど不可能である。

この問題を解決するために、理論モデルを数理モデルに翻訳し、コンピュータを使ったシミュレーション研究を行う。特定の変数が発達に与える影響を**方程式**(equation) で表し、その方程式を使って、さまざま条件の下で計算を繰り返すことにより、理論モデルが正しいかどうかを検証するのである。

もちろん、数理モデルをつくること自体も簡単なことではない。しかし、苦労するだけの価値はある。他のやり方よりも知識を豊かに提供してくれる。何よりもまず、非常にコンパクトにまとめたかたちの方程式で表して検証できるという利点がある。そして、発達プロセスをどのように方程式で表現するのか、どうやってそれが機能しうるのかを具体的に考えなければならないので、研究者の思考も鍛えられる。理論モデルはあらかじめ思考実験を経てから数理モデルに翻訳しなければならないからである。こうして数理モデルをつくって変数のふるまいを確認した上で実際のデータ収集に進めば、実験計画も緻密になるし、介入の実践計画も効果的なものにすることができる。

■数理モデルのつくり方[2]

シミュレーションを使う研究の順序は、①概念的な検討を行って理論モデルをつくる、②理論モデルを数理モデルに翻訳する、③数理モデルの妥当性を検討する、④デ

[2] Kunnen, S. & Bosma, H. (2012) A lositic growth model: Stage-wise development pf meaning making. In S. Kunnen (Ed.), *A dynamic systems approach to adolescent development* (pp. 117-130). Routledge, p. 117, p. 121.

ータセットを取って実証的な検討を行う、という流れである。

概念的な検討から数理モデルをつくるところでは、第1に、研究の対象となるプロセス、および時間スケール[3]を定める。第2に、**生成子**（grower）を選択する。生成子とは、増加や減少という変化を生み出す変数のことである。第3に、生成子どうしのあいだの関係についての理論的仮定を定め、それを方程式で表す。第4に、適切な**パラメータ**（parameter）を抽出する。パラメータとは、個人差を説明する**安定**した要因のことである。第5に、以上のパラメータ・生成子・方程式という1つのセットの全体が発達プロセスを表す。

[3]「3-8 時間スケール」参照。

■意味形成の発達[4]

図3-15は、アメリカの発達心理学者の**ロバート・キーガン**（Robert Kegan）による、**意味形成**の発達のメカニズムについての理論モデルである。ダイナミックシステム・アプローチでは発達のメカニズムが**反復**するサイクルとして表される。反復のモデルは、それまでのステップの結果が新しいサイクルのインプットとなるような循環を描くものをいう。

[4]［2］の文献 pp. 117-120.

まず理論モデルの構築にあたって、意味形成の発達段階の移行メカニズムは**ジャン・ピアジェ**[5]のいう**同化**（assimilation）と**調節**（accommodation）の原理を援用する。同化とは、人が自分のもっているフレームで出来事を解釈することをいう。調節は、

[5] Jean Piaget：1896-1980.

逆に、出来事に合わせて自分のフレームを修正することをいう。出来事とフレームが合わないこと、つまり**不均衡**（disequilibria）、もしくは**コンフリクト**（conflict 衝突や競合）が人に意味づけを強いる中核となると考える。

図3-15に示されるように、社会課程（curriculum）と人の意味形成のあいだにズレがあると、コンフリクトが生じる。社会課程とは、年齢やジェンダーなどさまざまな要因と関連する周囲の期待である。期待とのズレが1つだけならコンフリクトにはならないとしても、いくつも重なると手に負えなくなり、自分の人生の意味を揺るがすので、コンフリクトが重なったり蓄積したりすることが影響を与える。そうしたことはその時々の偶然（chance）も関係し非系統的（non-systematic）に起こるので、予期できない。

クヌンは、人の意味づけの発達とは、経験を体制化するより複雑な原理になっていくことであるとし、図3-15のようなメカニズムによりある発達段階へと進んでいくとした。

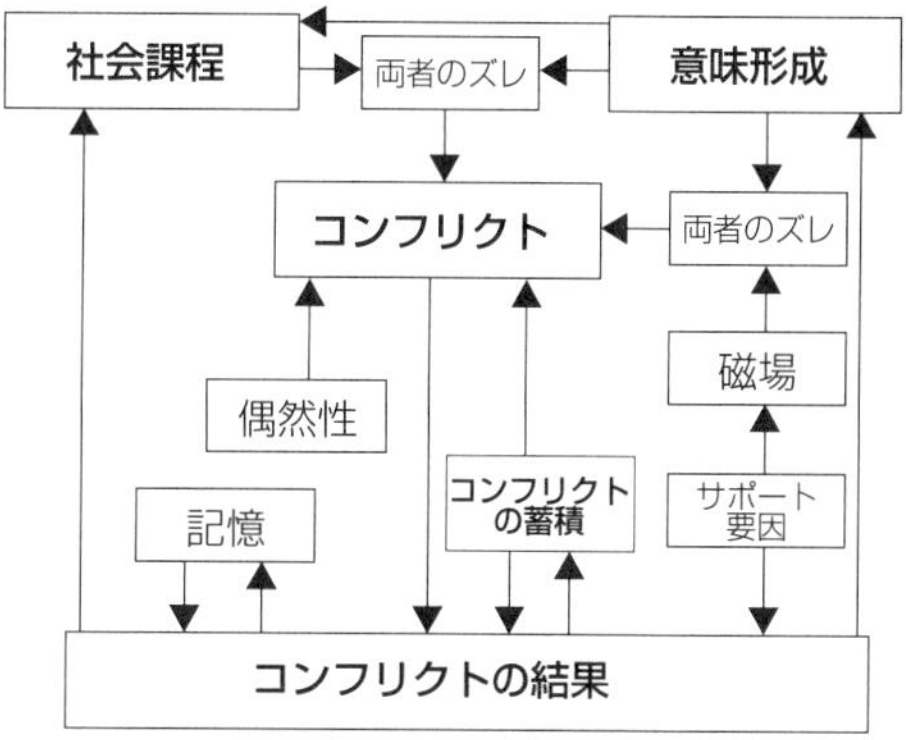

（注）社会課程（curriculum）とは年齢やジェンダーなどと関連する周囲の期待、磁場（magnet）とは「できる・できない、したい・したくない、すべきだ・すべきでない」とさまざまな力が引き合っていること、サポート要因（supportive factor）とはソーシャル・サポートが得られることや同化が調整を上回ることである。

図3-15　意味形成の発達の理論モデル[2]

■個人差の説明[6]

意味形成の発達には大きな**個人差**がある。それは、第1に、人生の出来事やコンフリクトの種類や深刻さの違い、第2に、状況への対処のしかたの違い、つまり同化しやすい傾向があるかどうか、あるいは現在の意味形成のしかたにとどまりやすいかどうか、さらには問題解決に粘り強く取り組むかどうかなどの違いによる。これらの個人差は、①乳幼児期の発達、②安定した個人特徴、②環境のサポートから派生する。これら3つの要因は区別するべきだが、図3-15のモデルでは、単にある具体的な状況での同化と調整に対して肯定か否定かだけで考えている。それがサポート要因(supportive factor)である。

意味形成の生涯発達の軌跡はさまざまにかたちづくられる。ある人は、大人になってもコンフリクトを経験し、より高次の意味形成へと発達する。別の人は適所(niche)を見出し、低次の意味形成でもうまくやっていけるため、発達しないかもしれない。さらに別の人は、コンフリクトに向き合わず、仕事が長続きしなかったり、恋人も友人もつくらず、学校にも行かず、ひきこもったりする(withdrawal)かもしれない。

■コンピュータ・シミュレーションによる検証[7]

図3-15のモデルから方程式を作成し、シミュレーションをした結果、サポート要

[6] [2] の文献 pp. 119-120.

[7] [2] の文献 pp. 124-128.

因というパラメータが低い場合、図3－16のように、コンフリクトの蓄積に続く経路(path)において発達が生じ、青年期後期に第2段階から第3段階に移行するものの、第4段階には移行しないパターンが起こる頻度は48%ともっとも多かった。第4段階へ行く場合もないわけではないが、その頻度は14%と低かった。他方、サポート要因が高い場合では、図3－17のように、第4段階かそれ以上の段階に達するパターンが起こる頻度が50%ともっとも多かった。青年期後期に第3段階へ移行しただけの者もいたが、そのようなパターンが起こる頻度は6%と低かった。ここで取り上げていないパターンもあるが、省略する。

クヌンの調査データ

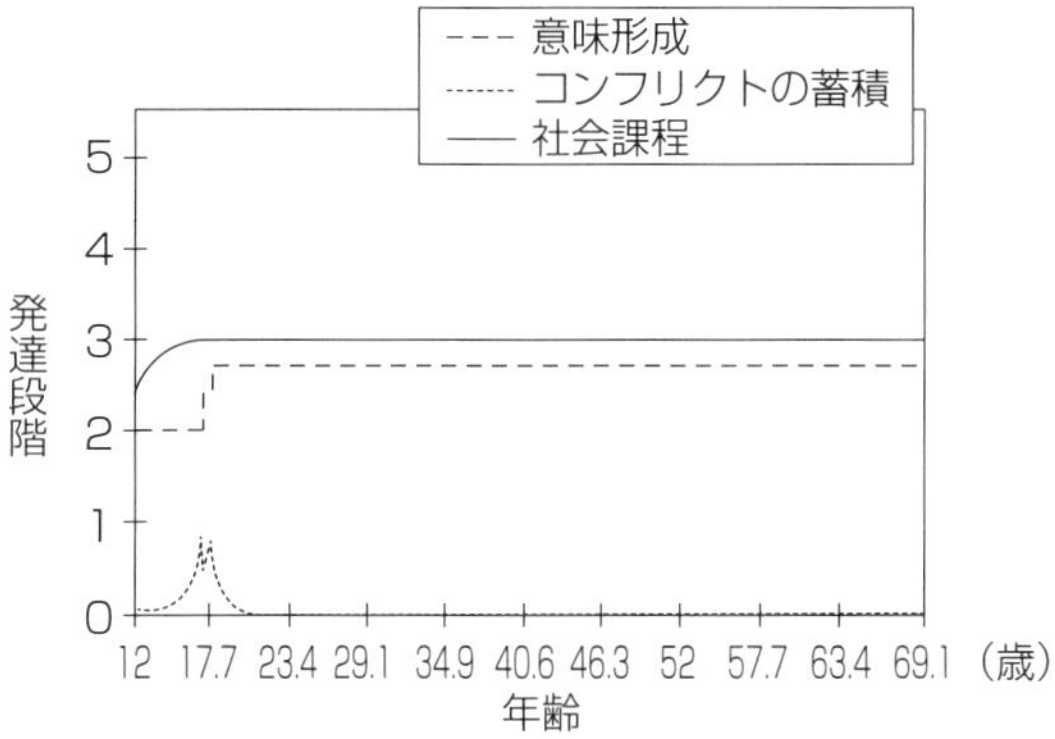

（注）　低いサポート要因を設定した場合の48%を占める。

図3-16　サポート要因が低い場合を設定した方程式からシミュレーションされた軌跡の例[2]

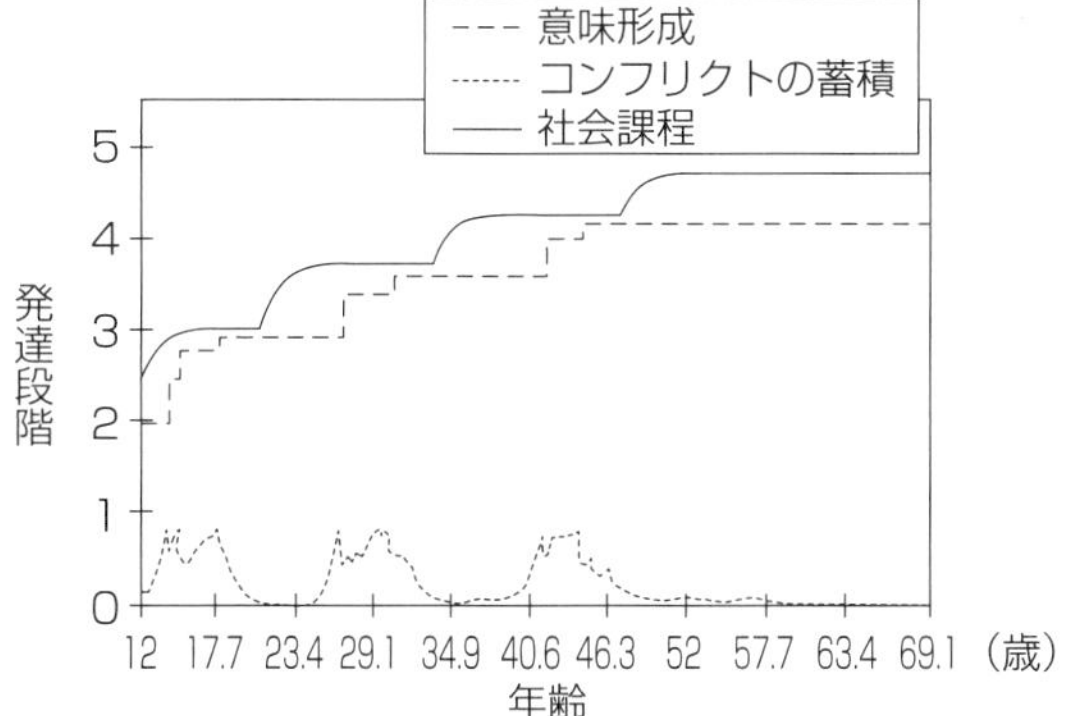

（注）　高いサポート要因を設定した場合の50%を占める。

図3-17　サポート要因が高い場合を設定した方程式からシミュレーションされた軌跡の例[2]

と突き合わせたらどうなるだろうか。図3-18は、段階ごとのそれぞれの割合を示したものである。これを見ると、かなり重なっている。このことから、図3-15のモデルは妥当なものであると言える。

なお、意味づけから発達までには時間のズレがある。クヌンによれば、発達段階の移行はたいてい数年にも及び、ある段階から次の段階への移行は、1、2年から11年間以上になる場合もある。[9]

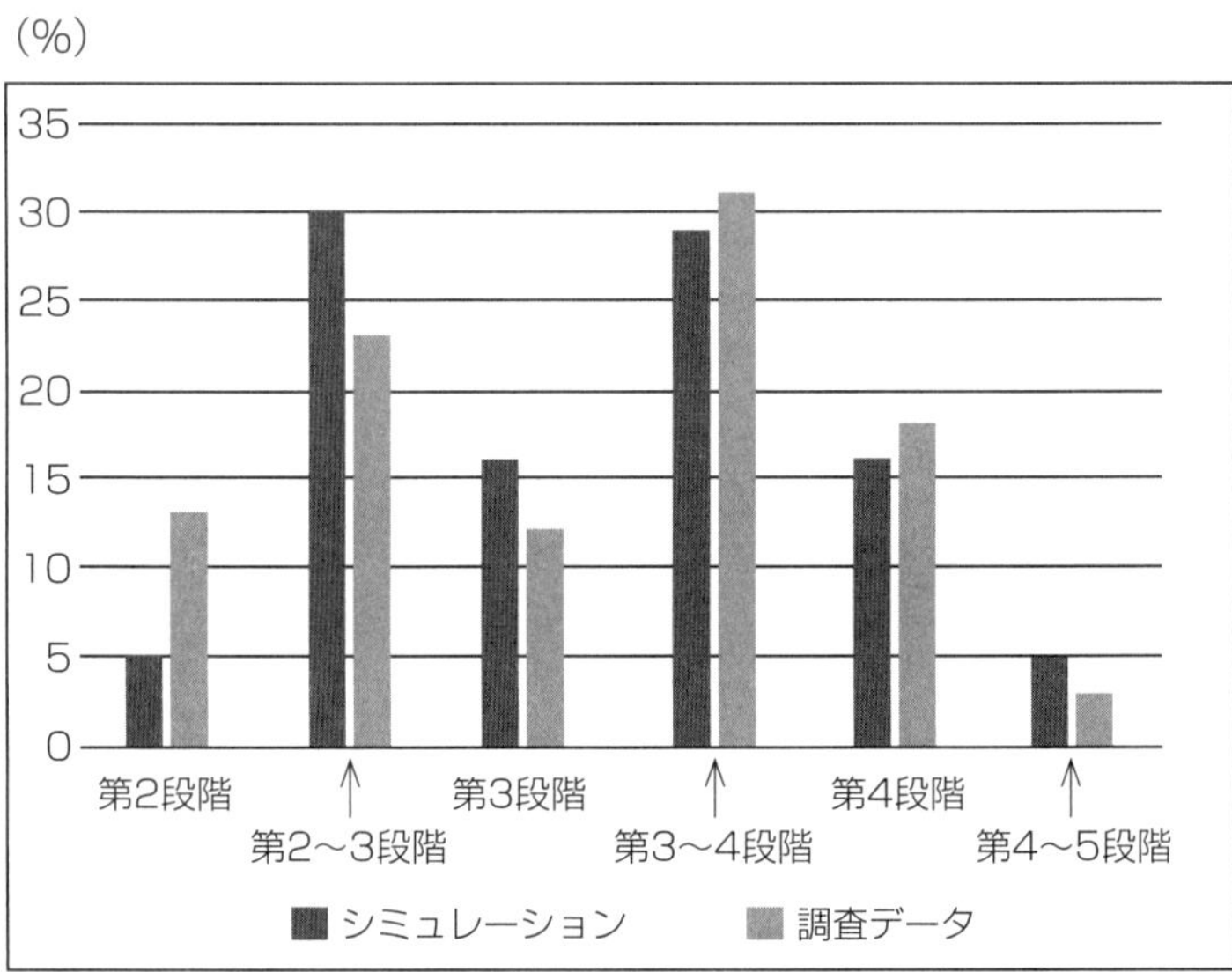

図3-18　理論モデルによるシミュレーションとキーガンの調査データとの照合[8]

[8]［1］の文献 p.64 より作成。
[9]［1］の文献 p.77.

■クヌンの参考書
Kunnen, S.（2017）Why computer models help to understand developmental processes. *Journal of Adolescence*, 57, 134-136.
（コンピュータによる仮想実験が発達研究になぜ有用なのかを解説）

■全般的な参考書
ペイジ、S・E／椿広計（監訳）長尾高弘（訳）（2020）『多モデル思考―データを知恵に変える24の数理モデル』森北出版
（第18章にシステムダイナミクス・モデルのつくり方が説明されている）

3-7 時系列データ分析

――一人ひとりの変動性の分析法

ダイナミックシステム・アプローチでは、データの分析にあたって全員のデータを一緒にしないで、まず一人ひとりのデータをそれぞれに見る。同じ人に等間隔の時点で同じ内容を繰り返し測定したものを**時系列**（time series）データという。時系列データの分析にあたっては、第1に、一人ひとりの**軌跡**（trajectory）の形態と形状、特徴を分析する。第2に、その**プロセス**（process）にどのような変化が起こったかを分析する。第3に、異なる測定時点の値の比較ではなく、以上からわかった個人ごとの発達の軌跡の特徴に基づいて一般化する。これらの分析のしかたを説明する。

■軌跡のパターン[1]

まず軌跡を一人ひとりグラフに描き、その形状における変化のパターンを読み取る。そして、あらかじめ先行研究や理論から立てた予想と観察に基づき、一人ひとりの変化のパターンをカテゴリーに分類する。大学生における**コミットメント**（commitment）と**探求**（exploration）の軌跡でいうと、理論的な基準に基づいて探求とコミットメン

[1] Kunnen, S. (2009) Qualitative and quantitative aspects of commitment development in psychology students. *Journal of Adolescence*, 32, 567-584. p. 579.

トのそれぞれの値の平均値がグループ全体の平均値よりも上か下かで分けたり、標準偏差を見ながら**安定**したものとゆらぐものとに分けたりして分類し、命名する。それが終わったら、全員の軌跡が分類できたかを点検する。分類できなかったものは、それにふさわしい新しいカテゴリーをつくる。

その際、どのような要素によって軌跡のかたちが変わったのかに注目する。たとえば、アイデンティティの探求とコミットメントの2つの軌跡を同時に図示し、その2つの変数の関係のあり方（たとえば、探求が高くなるとコミットメントも高くなり、探求が低くなるとコミットメントも低くなるといったこと）に注目する。同時に、そうした関係のあり方のかたちが異なる場合にも注目する（たとえば、同じ時期、コミットメントはずっと高いままで、探求は低いままといったこと）。このようにして異なるパターンの軌跡を区別する。

具体的にいうと、図3-19の参加者は、コミットメントの値の平均値が図3-22と比べてグループ全体の平均値よりもかなり上であり、かつ探求は下であり、その意味で図3-20の理論モデルから予想される**早期完了ステイタス**[2]と一致している。また、図3-21の参加者は、図3-22の、コミットメントも探求もそれらの値の平均値が図3-19と比べてグループ全体の平均値よりも下になるという理論モデルから予想される**拡散ステイタス**と一致している。ここで例示した検討を全てのモデルで行った結果、28名中26名は予想どおり3つのパターーンの軌跡にあてはまっていた。しかし、図3

[2] ステイタスについては、「2-5 アイデンティティ構造」参照。

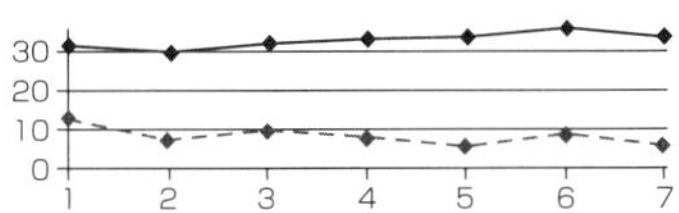

（注）　縦軸はコミットメントの強さ（範囲は0～36）と探求の程度（範囲は０～28）の値。

図 3-19　参加者214番のコミットメントと探求の軌跡[1]

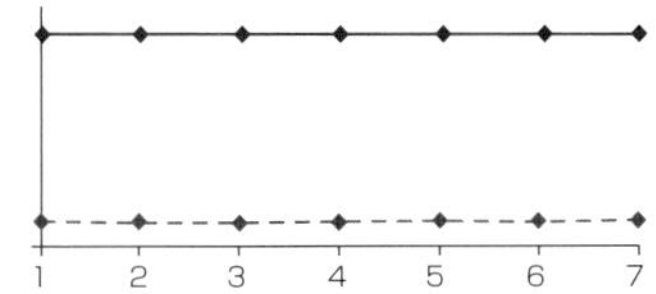

（注）　縦軸はコミットメントの強さと探求の程度の値。

図 3-20　理論モデルから予想される早期完了ステイタスの軌跡[4]

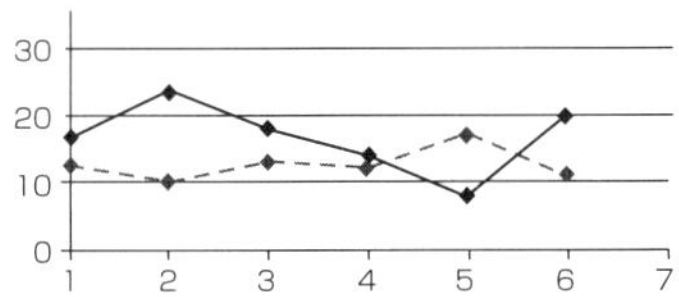

（注）　縦軸はコミットメントの強さ（範囲は０～36）と探求の程度（範囲は０～28）の値。

図 3-21　参加者110番のコミットメントと探求の軌跡[1]

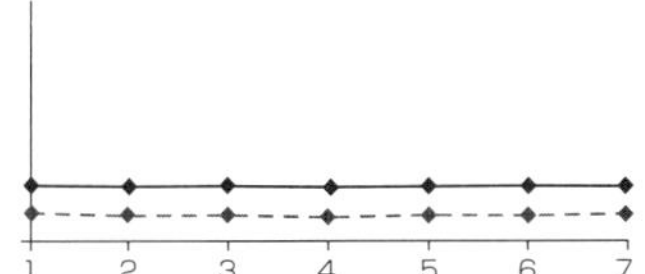

（注）　縦軸はコミットメントの強さと探求の程度の値。

図 3-22　理論モデルから予想される拡散ステイタスの軌跡[4]

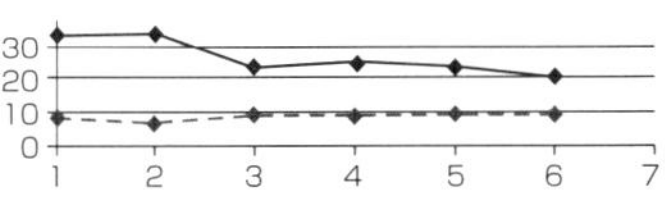

（注）　縦軸はコミットメントの強さ（範囲は０～36）と探求の程度（範囲は０～28）の値。

図 3-23　参加者419番のコミットメントと探求の軌跡[1]

－23の参加者はどの理論モデルにもあてはまらなかった。図3－23は一貫して探求は低いものの、1回目と2回目の時点ではコミットメントが高いため、早期完了ステイタスの軌跡とも言えるが、3回目からコミットメントが低下し、拡散ステイタスの軌跡になっている。[3] そこで、これは退行的軌跡と名づけられた。

以上のように軌跡における変化のかたちを一人ひとり見ていくことで、従来行われているような尺度の平均値を出して個人を分類することではわからなかったことが見えてきた。つまりコミットメントと探求の発達の軌跡は1つではなく、より成熟した安定したタイプと、ゆらぐタイプの2つがあるという新しい知見が得られた。

■分析の着眼点[5]

ダイナミックシステム・アプローチに特徴的な分析は、**変動性**（variability）と**遷移**（transition）に注目することである。変動性とは、一人の個人の中で時間とともに値が変わることをいう。遷移とは、行動やシステムに加速度的に急激な変化が起こることをいう。発達は徐々に変化することもあるが、アップダウンやジャンプ、妨害となるような障壁を乗り越える動き、さらには急激な変化もある。

そこで、分析にあたっては、①変化は急激に起こるのか、それとも徐々に起こるのか、②変化の途中で何が起きているのか、特に日々の生活ではどんなことが起きているのか、③変化または無変化を引き起こす要因は何か、④異なる**時間スケール**（time

[3] 軌跡のパターン名は、翻訳にあたって原著から改変したものもある。

[4] ボスマ、H・クンネン、S（2014）２０１４年度日本発達心理学会国際ワークショップ「青年期発達へのダイナミック・システムズ・アプローチ―自己、アイデンティティ、関係性に着目して」大阪大学豊中キャンパス

[5] ボスマ、H・クンネン、S／杉村和美（訳）（2015）「公開講演会 青年期発達へのダイナミック・システムズ・アプローチ」『発達研究』29, 216-232. p. 227.

scale）における、リアルタイムの瞬間、瞬間の変化を捉えるミクロレベルと、マクロレベルのあいだとの、**ボトムアップ**と**安定した変化を捉えるトップダウン**の関連はどうかに注目する。[6]

■変動性の時間的構造[7]

一人の人のなかで何度も何度も変わる軌跡の変化の形や特徴を眺めていると、調べるべきところがわかってくる。たとえば、類似する変動性が別のときにも繰り返されていることに気づくことがある（これを**自己相似性**（self-similarity）という）。細かい**ノイズ**（noise：ランダムに生じる誤差）と見える変化も、その人が変わっていく軌跡に関連する重要な情報を表しているのだということもわかってくる。

こうした時系列データの示す軌跡を分析し、ランダムな変動なのか、構造のある変動なのかを見分けるツールとして、**トレンド除去ゆらぎ解析**（Detrended Fluctuation Analysis：DFA）がある。それを使って、たとえば自律性の発達の軌跡を分析することで、その変動の性質を特定することができる。そして、何がこうした変化に関連しているかを検討し、今度は遷移がいつ来るのかを予測することができる。

■遷移の分析[8]

ノイズには、図3－24に示されるように、3つのパターンがある。平均値の付近で

[6] これについては「3－9 自己組織化」参照。

[7] Kunnen, S.（2018）An elaboration of non-linear, non-ergodic and self-organizing processes: Understanding the bumps and jumps in adolescent development. In L. B. Hendry, & M. Kloep（Eds.）, *Reframing adolescent research*（pp. 38-53）. Routledge, p. 46.

[8] [7] の文献 pp. 46-47.

[9] De Ruiter, N. M. et al. (2015) The temporal structure of state self-esteem variability during parent-adolescent interactions: More than random fluctuations. *Self and Identity, 14*(3), 314-333. p. 316.

■クヌンの参考書

Kunnen, S. (2018). An elaboration of non-linear, non-ergodic and self-organizing processes:

上下対称に変動し、前後の値が無関係（ランダム）であるカオス的な変動性のパターンを**ホワイトノイズ**（white noise）という。これは周囲の変化に過剰に反応していることを示し、不適応な状態と考えられている。逆に前後の値の関連（本人の傾向）が強すぎる変動性のパターンを**ブラウンノイズ**（brown noise）という。これは周囲の変化に対応しない不健康な状態と考えられている。それら2つのパターンの中間にあって、前後の値の関連も適度にあり、周囲の変化にも柔軟に対応する健康的な状態であると考えられるのが、**ピンクノイズ**（pink noise）である。

ピンクノイズの一種に、**臨界的スローイングダウン**（critical slowing down phonomenon）現象がある。スローイングダウン現象とは、変動性は長いあいだ高いままだったものが、攪乱（かくらん）（disturbance）によってベースラインのほうに下がってしまう現象をいう。図3-25でいうと、成績が落ち込むたびに回復するが、それが何度も続くうちに、ついには回復しなくなってしまうことをいう。このようにはっきりとしたスローイングダウンの軌跡は、望まれる遷移の前兆、もしくは望まれない遷移の前兆である。前者の例としては、セラピーにおいて遷移や変化が生じる前に変動性の増大が見られる。このことから変動性は外的な攪乱をシステムが緩和（absorb）したり調節（adjust）したりしていることの現れであることがわかる。外的な攪乱には、望ましい変化を期待して意図的に行う介入の影響だけでな

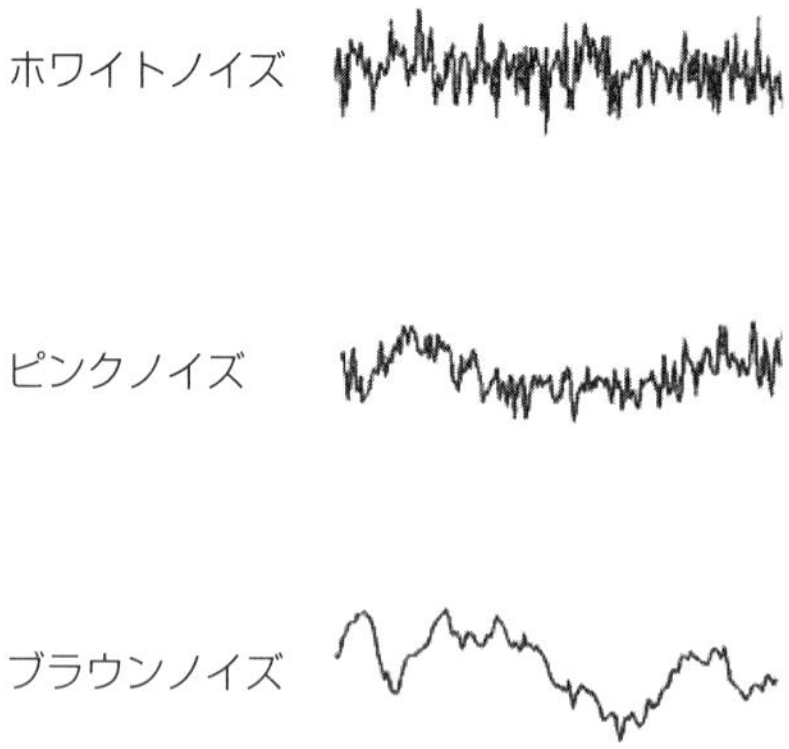

ホワイトノイズ

ピンクノイズ

ブラウンノイズ

図3-24　3つのノイズパターン[9]

Understanding the bumps and jumps in adolescent development. In L. B. Hendry & M. Kloep (Eds.), *Reframing adolescent research* (pp. 38-53). Routledge.
（変動性の構造の分析も含めて研究のしかたを説明）

■全般的な参考書
Van Geert, P., & Van Dijk, M. (2002). Focus on variability: New

く、偶然に起こる望ましくないものも入る。そのため、臨界的スローイングダウン現象からシステムのその後の可能な展開を予測し、たとえば抑うつの前兆を捉えて警告を早めに出すことなどができる。

臨界的スローイングダウン現象は、個人の変化と出来事がなぜ一対一対応しないかを教えてくれる。同じ出来事が起きても変化しないときが続き、それがついに変化するときがやってくるため、出来事がいつも変化と結びつくわけではないのである。

tools to study intra-individual variability in developmental data. *Infant Behavior and Development*, 25(4), 340-374.
（発達心理学研究のツールとしての変動性の分析のしかたについて

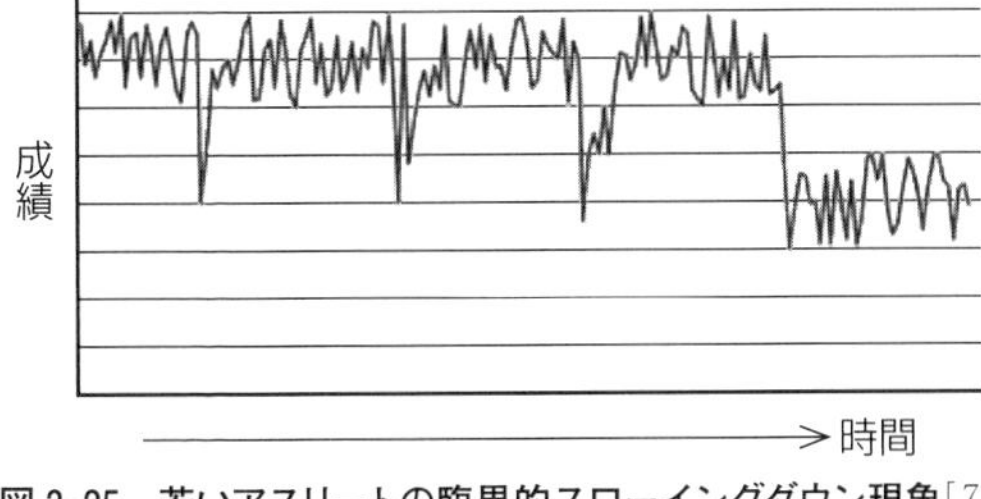

図 3-25　若いアスリートの臨界的スローイングダウン現象[7]

3－8

時間スケール

――時系列データの取りかた

同じ人に等間隔で同じ内容を繰り返し測定したものを**時系列データ**というが、時系列データはどのように取るのだろうか。その際、**時間スケール**（time scale）を考える必要がある。時間スケールとは、捉える時間の細かさのことである。本項では、時間スケールごとの時系列データの取りかたについて考える。

■測定は何回繰り返すか[1]

時系列データを取るには、何時点以上を測定したらよいだろうか。4時点以上の測定をすると情報量が多くなるので望ましい。本章の3－7の図3－19のクヌンの研究を見ると、7回の測定をしている。**変動性**（variability）とはある個人が時間をとおしてさまざまな値に変化させることをいうが、それを捉えるには6回以上の測定が必要であり、15回以上が望ましい。本章の3－3項の図3－8のクヌンの研究を見ると、30回の測定時点をとっている。**遷移**（せんい）（transition）まで見るなら20回以上の測定が必要であり、40回以上が望ましい。遷移とはシステムの状態が突然変化し、その状態が永

[1] ボスマ、H・クンネン、S（2014）2014年度日本発達心理学会国際ワークショップ「青年期発達へのダイナミック・システムズ・アプローチ―自己、アイデンティティ、関係性に着目して」大阪大学豊中キャンパス

続的になることをいうが、それがわかると変化を予測できるようになる。

測定の間隔をどのくらいにするかは、時間スケールによっても違う。時間スケールには、マクロ（macro：年・半年）、メゾ（mezo：月・週・日）、そしてミクロ（micro：時・分・秒）のレベルがある。括弧内に目安となる時間を入れたが、実際には研究によって違う。クヌンの研究では週の単位をミクロレベルとしているものがあるが[2]、アイデンティティのリアルタイムの個人と文脈の適合を見ているからである。時間のレベルは研究対象の抽象度の違いなので、捉えるものが抽象度の高いものの場合はマクロレベルとなるし、リアルタイムの抽象度の低いものの場合はミクロレベルとなる。

[2] Van der Gaag, M. et al. (2017) Micro-level mechanisms of identity development: The role of emotional experiences in commitment development. *Developmental Psychology, 53*(11), 2205–2217.

■マクロレベルの研究のしかた

マクロレベルは1年間から数カ月にわたって、まとまって一貫性をもった抽象度の高いアイデンティティの発達を捉える。これはアイデンティティの相対的に**安定**した特性であるが、その具体例は、たとえば**アイデンティティ・ステイタス**[3]である。マクロレベルでは、詳しい質問紙調査や面接調査で調査協力者自身が**内省**した高次の特質を測定する。サスキア・クヌンとハーク・ボスマは面接調査でデータを取るのに1回に2時間ほどかけるという。他にも心理検査や介入型の面接調査を行ったり、次に述べるメゾレベルと関連づけるようなデータを取ったりする。このレベルは一般的にされている研究のしかたが参考になる。

[3]「2-1　アイデンティティの測定」参照。

■メゾレベルの研究のしかた

毎週や毎日のように頻繁にデータを取るなら、**非侵襲**（non-intrusive）的な方法をとる。[4]非侵襲的とは、個人の生活に立ち入らないことである。発達のプロセスそのものに介入しすぎず、阻害しないものにする。メモや日記を書いてもらったり、日々の行動をただ観察したりする。質問紙調査をするなら短くする。通常の質問紙のように1つのことを調べるのに多数の項目を使うのではなく、1項目にする。簡単な面接調査をすることもある。

毎日の測定の研究例としては、ダイナミックシステム・アプローチによるものではないが、5日間にわたってオンラインで580人の青年前期の人のアイデンティティを測定し、日々のネガティブな情動がコミットメントを弱めていることを明らかにした研究がある。[5]ただし、そこで分析に使われた**交差遅延モデル**（Cross-Lagged Model）は個人内の変動性だけでなく個人間の変動性が混じっている。[6]

クヌンらの研究では、週に1回、大学の新入生103人に対して5ヵ月にわたってオンラインで調査し、一人あたり22回から30回の測定を行った。[7]毎週、1週間を振り返って重要な経験をあげてもらい、それがどのくらいポジティブな情動（たとえば好奇心やプライド）またはネガティブな情動（たとえば怒りや悲しみ）が伴ったかを聞いた。分析のしかたとしては、一人ひとりの時系列データを動的線形モデリング（Dynamic Linear Modeling）を使って回帰係数（regression weight）を計算する。こ

[4] ボスマ、H・クンネン、S／杉村和美（訳）（2015）「公開講演会 青年期発達へのダイナミック・システムズ・アプローチ」『発達研究』29, 216-232. p. 227.

[5] Klimstra, T. A. et al. (2010) Short-term fluctuations in identity: Introducing a micro-level approach to identity formation. *Journal of Personality and Social Psychology*, *99*(1), 191-202. p. 194.

[6] 荘島宏二郎・宇佐美慧・吉武尚美・高橋雄介（2017）縦断データ分析のはじめの一歩と二歩『教育心理学年報』56, 291-298. p. 294.

[7] [2] の文献p. 2205.

れにより、ポジティブまたはネガティブな情動がどのくらいコミットメントの強さを変化させているかを一人ひとりについて見ることができる。その結果、大学入学後にいろいろな経験をするその瞬間、瞬間において生じる感情により、自分の所属している専攻が自分に合っているのか合っていないかを確かめながら、専攻へのコミットメントを強めたり弱めたり、別の専攻の可能性を探し始めたりしていることが明らかになった。瞬間、瞬間の情動が個人と文脈の適合もしくは不適合の信号となり、それにより私たちはアイデンティティを変化させているのである。

■ミクロレベルの研究のしかた[8]

ミクロレベルは、抽象度の低い具体的な行動を捉える。そこでは飛んでいくように過ぎてしまったり変わったりするものを**表出**（expression）によって捉える。青年期の**アイデンティティ形成**でいうと、親子のやりとりのなかでの**自律性**（autonomy）と**個別性**（individuality）の表出が、アイデンティティの表出にあたる。この表出は、個人の発話や表情、行動を観察することによって測定される。

ミクロレベルの研究の実際について、自尊感情を例にとって具体的に見てみよう。オランダの13組の親子（子どもは12歳から15歳）の会話を録画して、親子の相互作用をとおして自律性が発達し**自尊感情**（self-esteem）が変動するプロセスを捉えた研究である[9]。

[8] De Ruiter, N. M. P. (2019) The nature of adolescents' real time self-esteem from a dynamic systems approach: The socially embedded self-esteem modle. In E. S. Kunnen et al. (Eds.), *Psychosocial development in adolescence: Insights from the dynamic systems approach* (pp. 83–99). Routledge, pp. 86–95.

[9] De Ruiter, N. M. P., Hollenstein, T., Geert, van, P. L. C., & Kunnen, E. S. (2018) Self-esteem as a complex dynamic system: intrinsic and extrinsic microlevel dynamics. *Complexity*, 1–19.

親子の会話は、まずコンフリクトとは関係のない課題解決場面で行ってもらい、次にコンフリクトを伴う課題解決場面で行い、そして、再びコンフリクトとは関係のない課題解決場面で行ってもらった。このように場面を構造化することで、親子の行動と自律性のダイナミズムがはっきりと現れるようにしたのである。

分析にあたっては、録画から顔の表情・身振り・声のイントネーション・発話の内容を読み取り、青年の自尊感情と親の行動をコード化した。ここでの自尊感情とは、自分への肯定的または否定的な反応のことであり、それはさまざまなかたちをとり、[10]一般に質問紙で測定されるような**特性**（trait）としての自尊感情とは区別される。**リアルタイムの自尊感情**は、つかのまの（fleeting）自己の経験なのである。リアルタイムの自尊感情の測定には、-3（悲しい）から3（誇らしい）までの値をとる自己感情（self-affect）尺度を用いた。

親の行動は2次元で捉えられた。1つは子どもに対する親の**結合性**（connectedness）であり、子どもに対する近さや暖かさである。これは-3（きつい言葉かけ）から3（母親が娘を抱く）までの値をとる。もう1つは親の**自律性支援**（parental autonomy support）である。これは子どもの独立した思考や行動を支援するのかそれとも侵害する（challenge）のかのどちらに行動が向いているかを捉える。値は-2（青年を批判する）から3（青年の行為や考えをほめる）までをとる。[11]

その結果を1組の母娘について見ると、図3-26に示されるように、青年の自尊感

［10］Gregg, A. P. (2003) Optimally conceptualizing implicit self-esteem. *Psychological Inquiry, 14*(1), 35-38. p. 35.

［11］母娘の発話と行動はジ・オブザーバーXT（The Observer XT 10.5）というプログラムを使ってコード化された。時系列の分析は、自己組織化マップ（self-organizing maps：ＳＯＭ）法を使ったが、具体的にはTanagra 1.4.41プログラム（Rakotomalala, 2003）という無料のデータマイニングソフトウェアが用いられた。

［12］［4］の文献 p. 230.

［13］Kunnen, E. S. (2018) An elaboration of non-linear, non-ergodic and self-organizing processes: Understanding the bumps and jumps in adolescent development. In L. B. Hendry, & M. Kloep (Eds.), *Reframing adolescent research* (pp. 38-53). Routledge. p. 51.

情の3つのピーク（約0–100秒、300–400秒、650–850秒）については、親の結合性や自律性支援のどちらかまたは両方も高まっていた。このように青年の自尊感情と親のかかわりが関連して変動していることが示された。これは青年の自尊感情が親の相互作用に根ざしていることを示している。

以上のように、青年のつかのまの自尊感情と親のかかわりの2つのプロセスのリアルタイムの軌跡を分析することで、その2つがともにシステムの構成要素であることが示された。つまり、リアルタイムの自尊感情の**変動性**（variability）が**文脈に埋め込まれている**（contextual embeddedness）ことがわかったのである。

■異なる時間スケールの組み合わせ

どの時間スケールにするかは研究の目的によって決めていくが、調査をしてみて時系列データにおける変数のふるまいを見ることで変えることもある。実際には、異なる時間スケールを組み合わせて使うことも少なくない。1つの研究において、1年に3回の面接調査を行い、そのあいだに短い面接調査を行い、1週間ごとに日記を書いてもらうといったものである。[12] ミクロレベルの測定

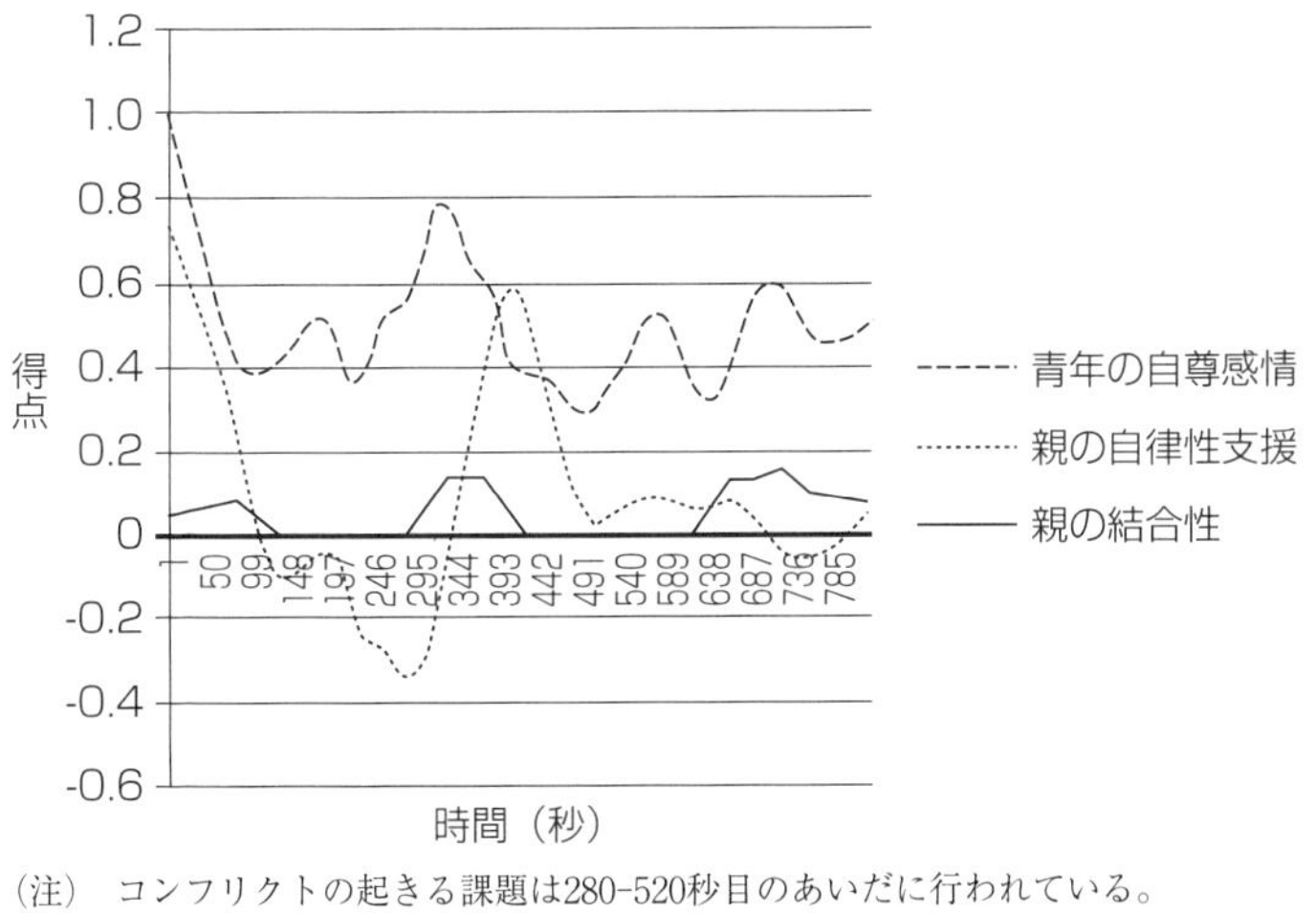

（注） コンフリクトの起きる課題は280–520秒目のあいだに行われている。

図3-26　1組の時系列で示された娘の自尊感情と母親の自律性支援と結合性の変動[8]

は変化が起こる時期に集中的に行い、そこから変動性とその変化・遷移・フラクタルな特徴といったダイナミックな特質を分析し、その前後にアイデンティティ・ステイタスといった高次の特質を測定して、両者の関連を探るのである[13]。

■クヌンの参考書

Lichtwarck-Aschoff, A. et al. (2008) Time and identity: A framework for research and theory formation. *Developmental Review*, *28*(3), 370-400.
（時間スケールごとの研究法の特質がわかる。ただし、ここでは時間スケールはマクロレベルとミクロレベルの二分法になっている）

■全般的な参考書

Lewis, M. D., & Liu, Z. (2011). Three time scales of neural self-organization underlying basic and nonbasic emotions. *Emotion Review*, *3*, 416-423.
（クヌンが参考にした時間スケールの考え方の説明がある）

3－9
自己組織化
――ボトムアップとトップダウンの相互作用

リアルタイムの**個人と文脈の相互作用**から生まれたものが、どのようにしてアイデンティティの発達といった安定したものになるのであろうか。また、その逆の方向として、マクロレベルの発達はどのようにして**ミクロレベル**の出来事に影響を与えるのだろうか。本項では、ミクロレベルの**ボトムアップ**とマクロレベルの**トップダウン**の相互作用について考える。

■トランザクションとは何か[1]

発達のプロセスの典型的な特徴は**反復**である。[2] 反復とは、おのおののステップの**帰結**（outcome）が次のステップの出発点となるものをいうが、単なる繰り返しではなく、ステップごとに見えていなかったものが姿を現す（unfold）。たとえば、親と青年とのあいだで起こるリアルタイムの変化は反復プロセスである。図３－27に示されるように、母親と娘の応答の繰り返しとして現れるからである。12歳の娘が、自律を求めて母親と戦い、初めて母親と一緒ではなく、友人と一緒に

[1] Kunnen, S. & von Geert, P. (2012) General characteristics of a dynamic systems approach. In S. Kunnen (Ed.), *A dynamic systems approach to adolescent development* (pp. 15-34) Routledge, pp. 16-17.

[2]「３－３ 文脈依存性」参照。

出かけて新しい服を買ったとしよう。買い物をしているとき，彼女は友人がいちいち母親の許しを得ることなく，自分の服を買っていることを聞く。次のステップで，彼女は自分も同じようにしたいと思い，それを母親に話す。彼女は自分で買い物をすることを許され，母親は娘が嬉しそうに買い物から帰ってきたこと，それなりのふさわしい服を買ってきたことから，今後も娘が自分で買い物をすることを許す気になる。

このように，最初のステップでは，娘が自分で買い物をしてきたという意味で〝個人が変わった〟と言えるし，母親は娘がちゃんと買ってきたことから「ああ，この子はここまでちゃんとできるようになったのね」と思うという意味で（娘にとっての母親という）〝環境が変わった〟と言える。それを踏まえて，次のステップでは，娘はこれからも自分で買い物をしたいと思うし，母親も娘の買い物を許すようになる。個人にとっての環境を**文脈**（context）というが，[3]このように個人と文脈が相互作用しどちらもが連鎖的に変わるプロセスを，トランス・アクション（trans-action），つまり**トランザクション**（transaction）と呼ぶ。

■ダイナミックシステムとは何か

トランザクションではステップを1回ずつ進んでいくごとに，図3-27に示されるように**相互作用**（interaction）が生まれ，それが個人と環境の両方に影響を与え，それがさらに相互作用に影響を与えている。こうして個人と環境と相互作用が三つ巴(みつどもえ)の

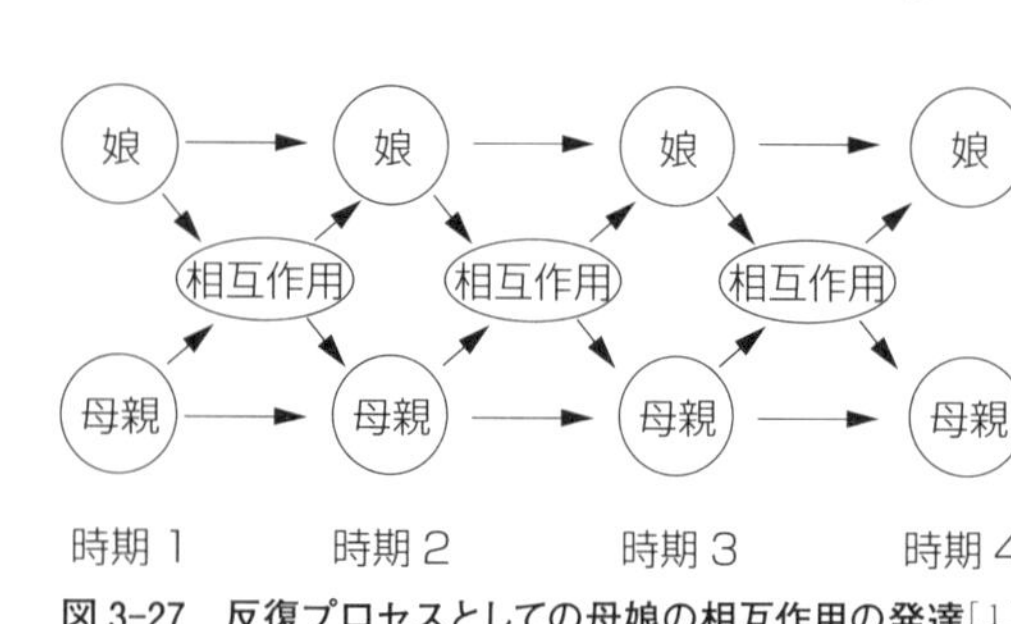

図 3-27　反復プロセスとしての母娘の相互作用の発達[1]

[3] たとえば，「老人が海で小舟に乗って魚を釣っている」とき，個人としての老人にとって小舟や海，魚が環境である。

ように変化する。

そうなると、個人と環境は別々のものではない。青年の行動も親の行動も相互作用によって影響を受けるので、自分の意思だけで行動できるわけではない。このように全体（whole）がその構成要素の総和（sum）以上の性質をもつものを**システム**（system）というが、[4]青年と親のトランザクションは青年と親を構成要素とするシステムをつくるのである。そして、システムの構成要素が時間の経過のなかで相互に関連しあうそのしかたがシステムの特徴を生み出す。そのため、システムの特徴はそれぞれの構成要素からも、すべての構成要素の総和からも引き出すことはできない。〝システムの構成要素が変わることでシステムが変わり、システムが変わることで構成要素に影響を与える〟のである。こうした特徴のあるシステムを**ダイナミックシステム**（dynamic system）という。[5]

■自己組織化の仕組み[6]

トランザクションというリアルタイムの反復をとおして、親子はある種の行動傾向をかたちづくるようになる。そうなると、もはや新奇な行動状態にはならず、少ないエネルギーで済むような行動状態をとるようになる。この状態を**アトラクター**（attractor）という。[7]先ほどの例でいうと、母親が娘の自律性を明確に承認すると、娘の自律性の発揮が安定したものになっていくが、このように安定した状態がアトラ

[4] Kunnen, E. (2018) An elaboration of non-linear, non-ergodic and self-organizing processes: Understanding the bumps and jumps in adolescent development. In L. B. Hendry, & M. Kloep (Eds.), *Reframing adolescent research* (pp. 38-53). Routledge. pp. 49-51.

[5]「3-1 ダイナミックシステム・アプローチ」参照。

[6] [4] の文献と同じ。

[7]「3-10 ランドスケープ」参照。

クターである。

この安定した状態は、青年の内側に構造として存在するかのように見えるかもしれない。しかし、**安定**（stability）とは活動がないこと（no activity）をいうのではない。それは多くのプロセスによって支えられて生まれているからである。

人の経験は、思考や知覚や情動の数え切れないほど多くの組み合わせ（combination）から構成されている。もしこれがランダムなかたちで現れるなら、まったく予測不可能なものとなる。しかし、人はある決まったやり方で世界を知覚するし、特定の情動は、特定の思考や知覚や行為と結びついている。要素の特定の結合が、再び同じパターンが現れる確率を高めるからである。この相互促進的な要素間の循環を**ポジティブフィードバック・ループ**という。それは時間の経過のなかで、経験によって関連づけられるようになる。それが**スクリプト**（script：筋書き）や**スキーマ**（schema：枠組み）と呼ばれるものである。たとえば、「ものごとはこういうものだ」といった決まった観念をもつと、特定のパターンが安定的に現れるようになる。ここでは他の要素は活性化しないように抑制されているためである。この抑制的な要素間の循環を**ネガティブフィードバック・ループ**という。こうして再現可能な（recurring：繰り返す）ネットワークがつくられ、同じパターンが繰り返される。こうした情緒や思考や知覚や行為の安定したパターンは**アイデンティティ・スタイル**（identity style）や**コーピング・スタイル**（coping style：対処様式）と呼ばれる。たとえば、ある少年は〝攻撃的になると親が赦す〃といった行動パターンを繰り返すなかで、そのパターンが安定したものになり、それが彼なりの親に対する不満を解決するコーピング・スタイルとなってしまった。

こうして、トランランザクションというリアルタイムの相互作用のなかで生じる抽象度の低い部分（たとえば情緒（feelings）・思考・知覚・行為といった構成要素）から、アイデンティティや自律性といった抽象度の高い秩序が生まれてくる。後者の秩序を**高次の特徴**（higher-order characteristic）と呼ぶ。

■時間スケールのあいだの相互作用[8]

ミクロレベルとマクロレベルのあいだの相互作用は、図3－28に示されるように、ボトムアップとトップダウンの相互作用として現れる。

まず日々の生活のなかのミクロレベルでのトランザクションは、**創発**（emergence：新しい特質が生み出されること）や**自己組織化**（self-organization：システムの要素の自律的なふるまいで秩序が形成される）というかたちで、マクロレベルにおける発達に影響する。たとえば、青年が何度も自律したいという要求を突きつけるうちに親からかわいがられなくなって愛情が遠のいていくことがある。そうなれば、青年の自立の欲求が低下してしまうことがある。独立したい、親から離れたいと言えば罰せられることになるので、自立しようとしなくなってしまう。こうして、日々のリアルタイム

[8] De Ruiter, N. M. P. et al. (2018) Self-esteem as a complex dynamic system: intrinsic and extrinsic microlevel dynamics. *Complexity*, 1-19. pp. 1-4.

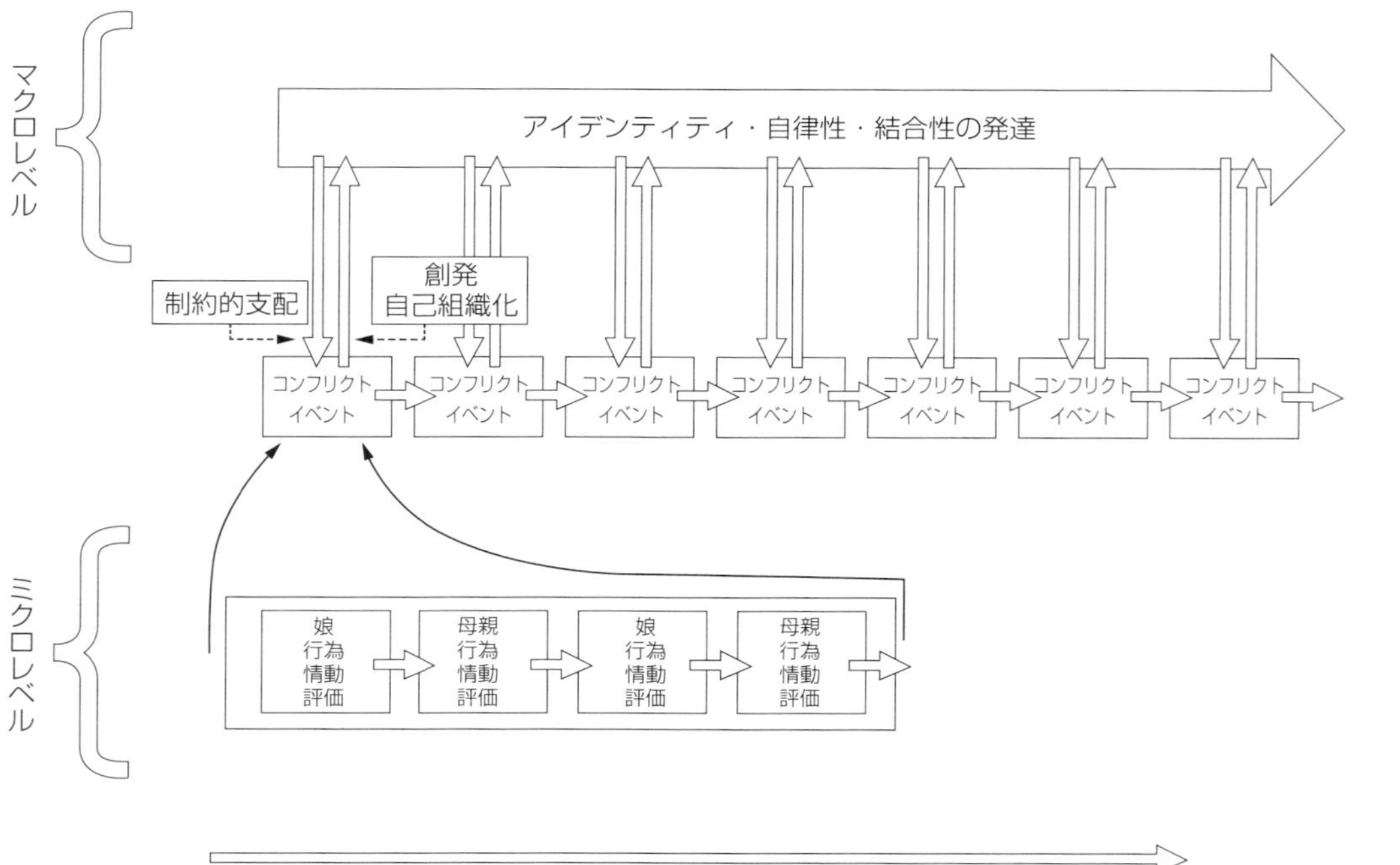

図 3-28　ミクロレベルの母娘の相互作用から生まれるマクロレベルにおける秩序パラメータとしてのアイデンティティ[9]

の経験がその人の長期的な心理をかたちづくり、それが心に刻み込まれていくのである。ただし、ミクロレベルのトランザクションはマクロレベルの自律性を創発するだけでなく、安定してアトラクターとなった自律性をかき乱す働きをすることもある。

逆に、マクロレベルのアイデンティティ・自律性・**結合性**の発達がミクロレベルの母娘の相互作用に影響する方向もある。図3-28に示されるように、マクロレベルの特質が社会的文脈の影響に対するミクロレベルの応答を制約したり支配したりする。たとえば、自律性の高い青年は、それが受け入れられないと大きな怒りを引き起こすだけかもしれない。そうなると、親の自律性支援や結合性の影響を受けない。アイデンティティもまた、ミクロレベルの自由度を減少させて制約する**秩序パラメータ**(order parameter) である。[10] 秩序パラメータとは、生活のなかの行動や思考を取り仕切っている、その人なりのやり方のことであり、それが変わると、生活全体が今までとは違ってしまうものである。

このように個人による文脈への応答は受動的なものではなく、単なる刺激への反応といったものでもなく、個人の内発的なダイナミズムと深く結びついたものなのである。

[9] Lichtwarck-Aschoff, A. et al. (2008) Time and identity: A framework for research and theory formation. *Developmental Review, 28*(3), 370–400. p. 388. 図の上下を逆にしてある。

[10] [9] の文献

■クヌンの参考書

De Ruiter, N. M. et al. (2017) Explaining the "how" of self-esteem development The self-organizing self-esteem model. *Review of General Psychology, 21*(1), 49–68.
(自尊感情を例に自己組織化のメカニズムを説明)

■全般的な参考書

チェス、S・トマス、A/林雅次(監訳)(1981)『子供の気質と心理的発達』星和書店
(適合の良さで人の個性の発達を研究した古典)

3-10

ランドスケープ

──量的研究と質的研究の統合

ダイナミックシステム・アプローチは量的な分析を行うが、アイデンティティ発達の質的な特質はどのように分析するのだろうか。本項では**ランドスケープ**（landscape：風景図）が量的な特質と質的な特質を統合するツールであることを示す。

■アトラクターとは何か[1]

ある時点のシステムの状態は、ある次元における特定の位置で表すことができる。それを時系列でつないでみたものが軌跡であり、発達的なプロセスを表す。軌跡は一般に見るような1次元だけでなく、図3-29のように2次元で描くこともできる。

図3-29は、成人形成期（emerging adulthood：18歳から29歳）にいる人のある特定の領域のアイデンティティの状態を、**探求**と**コミットメント**の2つの次元における位置が動いた軌跡として描いたものである。ある課題を突きつけられると、最初は動揺しても次には解決を模索し、いつもと同じような考え方・感情・行動で**安定**する。状態変化の落ち着く先を**アトラクター**（attractor）と呼ぶ。

[1] Kunnen, S. & von Geert, P. (2012) General characteristics of a dynamic systems approach. In S. Kunnen (Ed.), *A dynamic systems approach to adolescent development* (pp. 15–34). Routledge. pp. 15–16.

対処すべきことに対して、その人なりにいろいろな行動をするとしても、それでうまくいかないと、結局はいつもどおりの行動に戻ってしまう。最後に至ったいつもの状態がアトラクターである。しまいには、その人は最初からその行動を起こすようになる。そうなると、まるでアトラクターがその人の中にある安定した構造のように見えてしまうが、ダイナミックシステム・アプローチでは、システムの動きがそれをつくり出していると考える。

■アトラクターのふるまい[2]

心理学で一般に**特性**（trait）と呼ばれるものは、ダイナミックシステム・アプローチでいうところのアトラクターのことである。

図３‐30は、ランドスケープの断面図であるが、谷はアトラクターを示しており、谷にはまると安定する。深い谷にはまっているほど抜け出せないので安定している。たとえば**拡散ステイタス**から抜け出せず、いつまでたっても**達成ステイタス**に行けないとき、ダイナミックシステム・アプローチではそこにアトラクターが働いていると考え、深い谷にはまって抜け出せないランドスケープとして表す。

たとえば、青年期が始まった娘とその母の関係でいうと、図３‐30のように、最初は衝突してばかりで相互敵意ともいえる関係であった。右の谷の相互敵意

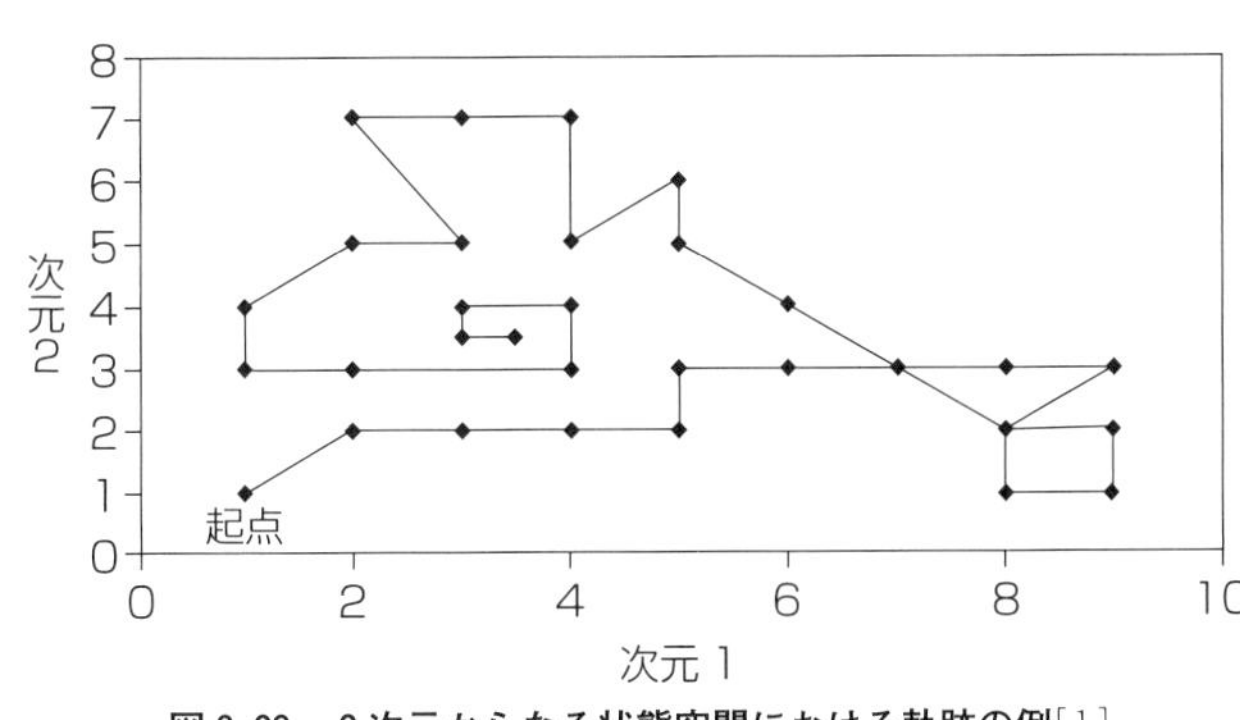

図 3-29　2次元からなる状態空間における軌跡の例[1]

[2]［1］の文献 pp. 25–26.

のほうが深い、つまり左の谷より大きな影響力をもっているので、互いに衝突してしまうと、右の深い谷に入って安定しようとする。しかし、娘が母親の支援を得て**自律性**（autonomy）を獲得するようになると、左の谷の相互信頼が深くなり、右の谷の相互敵意は浅くなる。言い換えればアトラクターの動きが変わる。6ヵ月後には、親と衝突しても相互信頼のほうにもっていく行動しかとらなくなったなら、図3‐30の6ヵ月後のように、右の谷はすっかり消えて、左の谷のアトラクターしかない状態になる。

■アイデンティティのランドスケープ[3]

図3‐31は、アイデンティティのランドスケープを示したものである。谷の口の広さは、開いている口の狭い谷のAとB、広い谷のCとDがある。谷の口の広さは、コミットメントがかかわる経験の数の多さを現している。広いほど、さまざまな経験がアトラクターに落ちていく可能性があるが、これは関心が幅広いことを示す。たとえば、「私の生き方は聖書に基づいている」というコミットメントは「私はテニス選手だ」というものより谷が広い。前者は意味が広いので、さまざまな経験を関係づけることができるからである。

谷の深さで見ると、これもさまざまである。浅い谷にAとC、深い谷にBとDがある。この谷の深さは、アトラクターから抜けていくことの困難

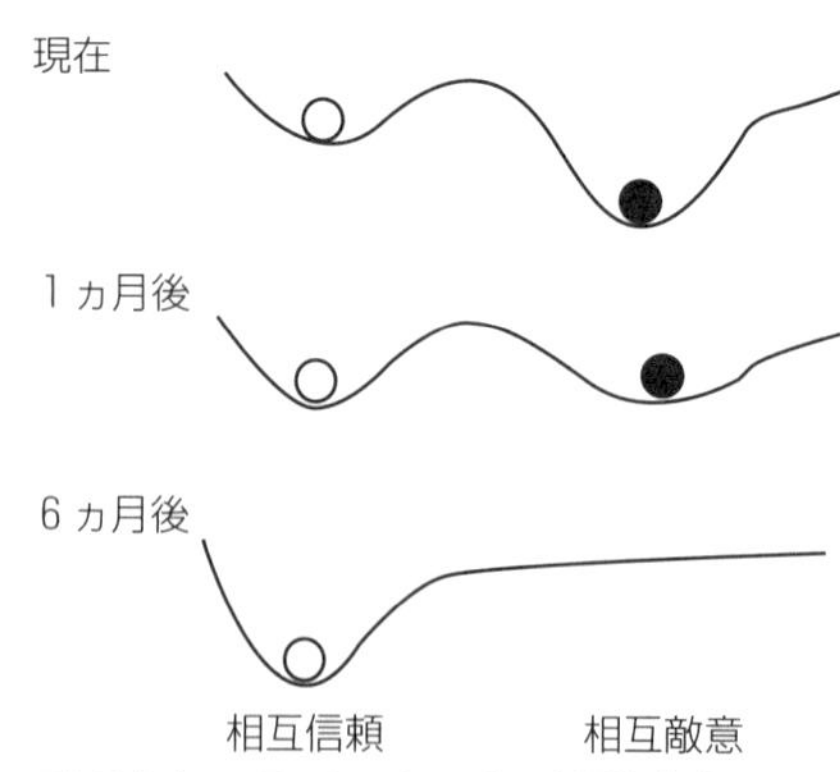

図3-30　アトラクター・ランドスケープの時間的変化としての遷移[2]

さ、もしくはそこに落ち着こうとすることを表すが、これがコミットメントの強さである。コミットメントが強いほど、別のコミットメントに変わることは難しい。単に「自分の仕事が好きだ」というだけでは容易に変化する可能性を否定できないため、浅い谷で表せるが、「仕事が自分の人生に多くの意味を与え、自分が何者なのかを教えてくれる」と考えているとしたら、コミットメントが強く、深い谷で表せる。

　コミットメントは複数のものが関係することがある。たとえば、「仕事に一生懸命取り組んでいるが、他方で家庭との両立もしたい」と思っているとしたら、ここでは仕事のアトラクターと家庭のアトラクターが関係づけられている。図3‐32の大人の場合に見るように、1つの谷の中の2つの谷として表される。

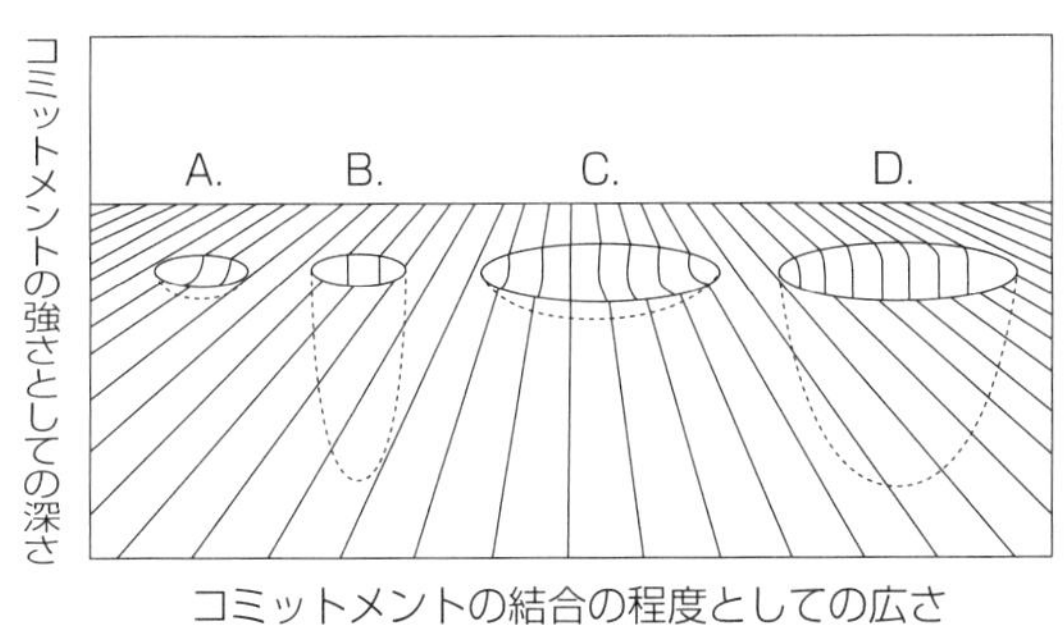

図 3-31　アイデンティティ・ランドスケープのモデル[3]

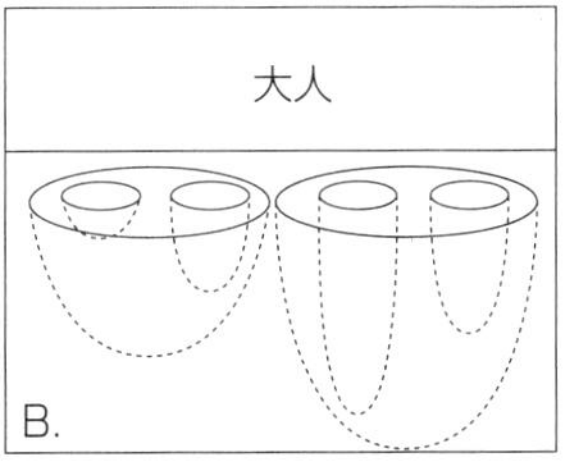

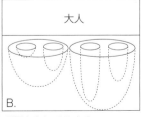

図 3-32　子どもと大人のアイデンティティ・ランドスケープ[4]

■アイデンティティの質的発達[5]

ランドスケープを使う利点は、アイデンティティの成熟（maturity）という発達の質的な特質を表現できることである。

質的な特質から見ると、アイデンティティの発達は、コミットメントの**分化**（differentiation）と**統合**（integration）のプロセスである。分化とは、コミットメントのシステムの構成要素が細かくなったり、特殊になったり、数が増えたりすることである。統合とは、構成要素のあいだの結合の数が多くなることである。分化と統合が進むと階層的な構造となる。その結果、コミットメントが以前より良いものになったり（refinement）、複雑さを増したり、柔軟になったり、適応的になったりする。これは自分の役割に気づいたり、さまざまな経験を幅広く包み込んだりすることによってなされる。このようにして多くの構成要素のすべてが結合される状態に近づくほど抽象化の程度が上がり、そのアイデンティティは質的に発達したことになる。

以上のように、ランドスケープを使う研究から、次の2つの仮説を示すことができる。第1に、探求のなかで新しい要素が今ある要素から生まれる（分化する）と、それまでのコミットメントの強さが低下する。第2に、発達とはより適応的で柔軟になることなので、アトラクターが新しい要素を含み込むことのできる（つまり矛盾しあうようなコミットメントでも統合する）広い（つまり一貫性のある）ものになるなら、コミットメントの強さが上昇し、アイデンティティの発達がもたらされる。この2つ

[3] Van der Gaag, M. A. E. et al. (2020) The landscape of identity: integrating commitment strength and quality within a developmental framework. In M. Mascolo & T. Bidell (Eds.), *Handbook of integrative psychological development* (pp. 358-374). Routledge, pp. 362-367.

[4] [3] の文献 p. 369.

[5] [3] の文献 pp. 358-374.

の仮説を、次のジェーンの事例で確認してみよう。

■ジェーンの事例[6]

ジェーンは、病気の人を助けるために医師になりたかったが、このコミットメントは狭くて深いアトラクターである。彼女はひたすら医師になることのみを目標にし、それを強く望んだからである。しかし、彼女は医学部に進学できなかった。そこで彼女は心理学部に入学し、再度医学部を挑戦したが、やはり進学できなかった。何年かの後に、彼女は悩み始めた。医師になりたいという自分の夢をあきらめることはできずにいたが、「医学部には進学できないのではないか」、しかし「心理師ならなれる」と考え、ゆらいでもいた。医師という深いアトラクターよりも心理師という浅いアトラクターのほうに目が向くようになっていたのである。これをまとめると、ジェーンは医師になりたいという希望をもちながらも医学部に入学できないというコンフリクトに直面した（質的特質）。そのため、医師になることへのコミットメントが低下し（量的特質）、他の目標への探求が増加した（量的特質）のである。

ジェーンは心理学部に在籍することで心理学にも興味をもった。これは新しい要素が分化したこと（質的特質）を示す。ジェーンは進路を探求するなかで、「病気の人を助ける」という狭いコミットメントから出て、「人びとを幸せにしたい」という広いコミットメントに転換し、アトラクターの谷を広くした。そして、ジェーンは大学

［6］Van der Gaag, M. A. et al. (2020) The landscape of identity model: An integration of qualitative and quantitative aspects of identity development. *Identity*, *20*(4), 272–289. pp. 274–281.

■クヌンの参考書

Van der Gaag, M. A. et al. (2020) The landscape of identity model: An integration of qualitative and quantitative aspects of identity development. *Identity*, *20*(4), 272–289.

（アイデンティティ・ランドスケープについて説明）

■全般的な参考書

Van Geert, P. (2003). Dynamic systems approaches and modeling of developmental processes. In J. Valsiner & K. J. Conolly (Eds.), *Handbook of developmental psychology* (pp. 640–672). London, UK: Sage.

（ランドスケープについてはpp. 648–650で説明がある）

卒業後、心理師になった。彼女は多くの人を助けることが嬉しくて仕事に忙しかった。スポーツをする時間はなくなり、友人に会いに行くこともなくなった。忙しくしているうちに、医師になるという古いアトラクターは浅くなっていた。しかし、彼女は心理師の仕事に熱心なあまり燃え尽きてしまい、働くこともできなくなった。彼女はセラピーに通い、自分が助けてもらう側の人間になったことに気づいた。そして同時に、自分が仕事中心ではなく、仕事と余暇のバランスを取り戻すなら、心理師である自分はもっと人を助けられることにも気がついた。こうして彼女にとって余暇というアトラクターが、人の世話をするという広いコミットメントの一部となった。このことから、ジェーンは新しい要素を含むことのできる、より広い要素の集まりとなって、コミットメントを統合した（質的特質）といえる。心理師へのコミットメントの強さ（量的特質）が上昇し、今までよりも適応的で柔軟（質的特質）になったのである。

以上のように、アイデンティティの探求とコミットメントの強さの状態の変化は、アトラクターの谷が浅くなったり、深くなったり、あるいはまた広くなったり、狭くなったりすることとして表すことができるばかりか、ランドスケープを使うことにより量的変化と質的変化の両方が絡み合っていることを捉えることができる。つまり、質的変化を捉えるランドスケープにおいて、アトラクターのふるまいについての量的研究の知見を活用することで、外から観察可能な変化の背後にあるアイデンティティの質的な発達のプロセスを深く理解できるのである。

第4章　自己連続性の構築

4-1

自己連続性

——自我は存在しなくてよい

自分がどんなに変わっても自分であることは変わらないと思えることが**自己連続性**（self-continuity）であるが、それはエリクソンにとって頑健なアイデンティティの性質であった。[1] 哲学は、私たちは朝起きた自分はなぜ昨日寝た自分と同じ自分であるか（なぜ他人でないといえるか）と問うが、私たちに尋ねられても「同じ自分だから」としか答えられないだろう。心理学事典によれば、「自己連続性は身体感覚や身体イメージ、自分に関する記憶・目標・価値・期待・信念から引き出される」という。[2] どのようにして連続性がつくられるのだろうか。

■個人アイデンティティの問い

自己連続性について画期的な考え方を示したのは、イギリスの哲学者、**デレク・パーフィット**であろう。[3] パーフィットは、人はなぜ自分は他人ではなく自分だと思えるのかという**個人アイデンティティ**（personal identity）の問題を解くにあたって、2つの考え方があるという。

[1] Erikson, E. H.（1964）*Insight and responsibility: Lectures on the ethical implications of psychoanalytic insight.* Norto, pp. 95-96.（鑪幹八郎（訳）（2016）『洞察と責任—精神分析の臨床と倫理』［改訳版］誠信書房 p. 90.）

[2] VandenBos, G. R.（Editor in chief）（2015）*APA dictionary of psychology*（2nd ed.）. American Psychological Association, p. 519.（繁桝算男・四本裕子（監訳）（2013）『APA心理学大辞典』培風館 p. 3.）

[3] Parfit, D.（1984）*Reasons and persons.* Oxford University Press.（森村進（訳）（1998）『理由と人格—非人格性の倫理へ』勁草書房）

まず従来の考え方であるが、それを**自我理論**（ego theory）と名づける。そこでは、〝さまざまな経験を1つにまとめあげる働きをもつ経験の主体、つまり自我というものが自分の身体の内部に実在するから〟と考える。

もう1つは**束ね理論**（bundle theory）である[4]。〝さまざまな経験は紐（ひも）のようなもので束ねられているだけである〟とし、〝経験を統合する自我のような実体（entity）はあってもなくてもどちらでもよい〟とする。それゆえ、「自分が同じ自分であることを保証する実体は何か」あるいは「そうしたもの（自我）はあるのか、ないのか」といった問いは無効になる。

たとえば、今、私はパソコンのキーボードで文章を書いているが、外から風の音も聞こえている。だからといって、それを書いている自分と聞いている自分を1つにまとめる主体がいる必要はない。単に「今、文章を書いていて、風の音も聞こえる」と言えば済むからである。2つの出来事が同時に起こっていると感じられるという事実だけで十分なのである。それでは、60歳の自分と10歳の自分との結びつきはどうだろうか。体格はもちろん違うが、性格も考え方も違っているかもしれない。それどころか、50年前の10歳のときの記憶も怪しくなっている。しかし、そうであっても、10歳のときの自分と今の自分が違う自分だと疑って悩むようなことはない。なぜだろうか。パーフィットは、今日の自分と昨日の自分の結びつきがあり、昨日の自分と一昨日の自分との結びつきがあるというように、そうした直前直後の結びつきが連綿とつなが

[4] Parfit, D. A.（1987）Divided minds and the nature of persons. In C. Blakemore & S. A. Greenfield（Eds.）, *Mindwaves*. Blackwell. PhilArchive copy v1: https://philarchive.org/archive/PARDMAv1（2021年3月10日閲覧）pp. 2-3.
奥野満里子（1995）「パーフィットの人格および人格同一性の議論について」『実践哲学研究』18, 21-39. pp. 23-24.

っていると思えることで、遠い昔の自分と今の自分は結びついていると感じられると説明する。[5]

■自我からの解放[6]

束ね理論の歴史はイギリスの哲学者、**デイヴィッド・ヒューム**[7]にまで遡る。ヒュームは、人間の心は、さまざまに異なる知覚の束かコレクションのようなものであり、思いもよらないほどの速さで入れ替わり続けており、知覚が絶え間ない変化や運動をしていると言う。それゆえ、経験といったものでさえ、あるかどうか疑わしいといっている。

パーフィットによれば、ヒュームは自我が事実ではなくフィクションであることに気づいて、このうえもなく深い闇に包まれ、想像できるかぎりのもっとも嘆かわしい状態に陥ったという。それに対して、パーフィットは死の恐怖から救われたと述べる。死は自分がなくなることであり、気が滅入ることではある。しかし、自我が実体でないなら、死は現在と結びつく未来の経験がなくなることにすぎないことになり、死を問うことが空虚なものに感じられるようになったという。また、自我が実体でないことがわかって、自分と他人のあいだにあるガラスのトンネルの壁が消失し、開かれた空気のなかに生きているように感じられたともいう。自分と他人の生のあいだの相違はあるが、自分と他人は近くなった。自分の生の残りを気にかけることよりも、他人

[5]［3］の文献 pp. 204-209/pp. 286-291.

[6]［3］の文献 pp. 281-282/pp. 387-388.

[7] David Hume: 1711-1776.

の生を気にかけることが多くなったという。束ね理論は自我があるかないかという問いを無効にすることにより、人と自我の囚われから私たちを解放する。そして、自己連続性を考えることは自分はなぜ他人ではないのかという個人アイデンティティの問題の解決につながるのである。

■語りによる自己の構築

自分の経験はどのように結びついて自己連続性ができていくのであろうか。現代のもっともラディカルな束ね理論家といわれるアメリカの哲学者の**ダニエル・デネット**[8]も、自己という、さまざまな出来事をまとめあげるような1つの実体はないという。脳の中を覗(のぞ)いたとしよう。ドイツの哲学者のゴットフリート・ライプニッツが言うように、何が水車を動かしているのかを知ろうとして水車小屋の内部を観察しても、互いに押し合ったり動かしあったりしている部品以外には何もない。何者かが水車小屋のなかに居て水車を動かしているのではないのである。

デネットによれば、自己とは自分の身体の生きた履歴を自分自身や他者に語るうちに意図せずにできあがった心像（mental image）である。私たちが自己に言及するのは、自己という言葉以上に自分自身を外的環境から分化させ、自分の内的状態や傾向、意思についての知識を高揚させるものは他にないからであり、そうしたものを自前でもっていて、わざわざつくらなくてもよいこと以上に重要なことはないからである。

[8] Dennett, D. C. (1991) *Consciousness explained*. Penguin Books. pp. 426-427.（山口泰司（訳）(1998)『解明される意識』青土社 p. 505.）

■自伝的推論

心理学の研究は、自伝的推論が恒常性（constancy：同じ状態を保つこと）をつくることを明らかにしている[9]。自伝的推論とは人生の出来事を自己に結びつけることを言う。具体的に言うと、ある出来事の原因を自己に帰属する。たとえば、「彼らは私がホッケーの得意なことを知っているので、観戦旅行に誘ってくれる」と語り、私を旅行に誘ってくれた出来事の原因を「ホッケーが得意」という自分の特性に帰属する。特性は自分に内在し比較的安定している性質なので、そうした特性をもつと解釈することで、自分の中にある変わらないものをつくるのである。

帰属は、逆に、自分に都合の悪い恒常性をつくらないようにするときにも使う。「店のレジから現金を取ったが、盗んでもよいと思っていないし、誰かを破産させたわけでもない。これまで一度もしたこともなく、今回の1回だけだ」と語り、ネガティブな出来事は自分に帰属させないことで、むしろ、そうでないのが自分だという恒常性をつくっている。

帰属によって恒常性をつくれない場合は、どうするか。変化に帰属させるのである。「キャンプに参加してから社交的になった」と語って、出来事が原因で自分が変化したと解釈して、出来事前の自分と出来事後の自分をつなげる。

このように、自分にとって都合のよいことは同じで変わらない恒常性に帰属し、自分にとって都合の悪いことは状況の違いや変化に帰属することで自分というものをつ

[9] Dunlop, W. L., & Walker, L. J. (2013) The life story: Its development and relation to narration and personal identity. *International Journal of Behavioral Development*, 37, 235-247. pp. 237-238.

くりあげているのである。

■〝同じ〟と〝違う〟のパラドクス

ここまでの説明では、「同じであること」と「違うこと」が別々のこととして扱われている。しかし、問題は、むしろ「違うものがなぜ同じでありうるのか」、もしくは「同じものがなぜ違うものでありうるのか」ということである。その問いに、以上の説明は十分に答えていない。

私たちは「変化」という言葉を簡単に使っているが、実は、変化とは、同じであること（同一性）と違いがあること（差異性）という相容(あいい)れないものが同時に存在する[10]という、パラドキシカル（逆説的）に見えるものを一言で解決する言葉なのである。それでは、「変化」という語りの背後にはどのような心理的なメカニズムがあるのだろうか。

カナダの発達心理学者の**マイケル・チャンドラー**[11]が、この問題を同じであること（sameness）と変化すること（change）のパラドクスとして扱っている。従来の心理学は、自分が同じという恒常性をつくることに注目してきたが、チャンドラーは、むしろ変化（change）をつくる語りに注目しなければ、このパラドクスは解けないという。

[10] 野矢茂樹（2002）『同一性・変化・時間』哲学書房 p. 2 および p. 275. 野矢茂樹は、個人アイデンティティの問い（同一性と差異性という相容れないものが同時に成り立つのはなぜか）の答えを過去と未来の非対称性に求めている。

[11] Lalonde, C., & Chandler, M. J. (2004) Culture, selves, and time: Theories of personal persistence in Native and non-Native youth. In C. Lightfoot et al. (Eds.), *Changing conceptions of psychological life*: Vol. 30. Jean Piaget symposium series (pp. 207–229). Lawrence Erlbaum. p. 211.

■本質主義と語り主義[12]

チャンドラーによれば、語りには次の2つのタイプがある。

1つのタイプは、変化はみかけ上のものであり、変わらないものが本質であるとする**本質主義者**（Essentialist）の語りである。変化しても自分が同じなのは「DNAが同じだから」「行動は違っても、ものの見方は同じだから」「私は人生の荒波のなかを漕ぐ船なんだ」などと語られる。この語りによると、目に見えないが、自己の中心に本質的なもの、つまり存在の中核となるものがあり、それは時間を超えたものであるため、いつでも同じであることになり、自己連続性が担保される。これはパーフィットのいう自我理論の考え方と共通する。

もう1つのタイプは、**語り主義者**（Narrativist）の語りもしくは関係的な（relational）語りである。たとえば、「私は5年前に7年生になったので引っ越ししたが、その後戻ってきた」といった語りである。ここでは出来事が起こった順に並べられており、人は時間とともに生きている。さまざまな出来事は時間によって結びつけられ、それらが群島のように連なっている。そのため、本質主義者の語りのように自己は時間から離れて存在すると考える必要はないし、変化と関係づけられても全体が損なわれることはない。こちらはパーフィットのいう束ね理論と共通する。

このようにチャンドラーは無変化を作る語りだけでなく、変化を認める語りが自己連続性を構築することを明らかにしたのである。

[12] Chandler, M. J. et al. (2003) Personal persistence, identity development, and suicide: A study of native and non-native North American adolescents. *Monographs of the Society for Research in Child Development* (Serial no. 273). *68* (2), 1-75. pp. 22-23.

■ローカルで土着の語り[13]

語り主義の語りとは、たとえば、「私はもともと、おとなしい、とか、だったんだけど……、少し変わってしまって……、今、わかったんだけど、そう、どう説明したらいいのかわからないけど、他の人たちにはショックじゃないかと思う。私にはそれほどではないんだけど、自分の人生がわかっているから……、もし興味があって知りたいなら、私に尋ねてくると思う……、私は答えられると思う」といったものである。ここでは、〝今まで自分はこうだと思っていたが、ある出来事によって別の見方に変わった〟という自己発見のプロセスが述べられている。自分の言葉を使って自分をわかろうとする努力も表現されている。自己発見は終わりのない営みなのである。また、その努力を他者にもわかってほしいと願っており、他者との結びつきのなかに自己があることも表現されている。今、ここにいる他者とつながるという意味で、ローカル（局所的）で土着の（生活実感に根ざした）文脈がつくられる。

語り主義者の語りは、さまざまな出来事が時間と結びつくことでつながり、それにより一人ひとりの存在が身近な人たちのなかに織り込まれ、そうして**自己の持続**（persistence：ある状態を一定時間、維持していること）が支えられている。

私たちは、同じであることと変化することとのパラドクスを「発達」や「老化」といった一言で解決してしまうが、実は、以上のようなローカルな語りに支えられた自己

［13］［12］の文献p. 25.

■参考書

Sani, F. (2008) Introduction and overview. In F. Sani (Ed.), *Self-continuity: Individual and collective perspectives* (pp. 1–10). Psychology Press.
（世界の自己連続性の研究の流れがわかる）

発見の過程によって支えられている。

4-2

ナラティヴ

――語りの構造

人生では、突然の出来事によって困惑させられたり、自分の望まない状態を強いられたりすることがある。そうしたことが人生にとって危機となりうるが、そうしたことに対して私たちはどのようにして折り合いをつけていくのであろうか。本項では、臨床心理学者の野村晴夫が聴き取った語りの研究をもとに考える。

■ナラティヴとは何か[1]

物語る行為と語られた内容のことを**ナラティヴ**（narrative）という。ナラティヴの考え方からすると、人生があるから語られるのではなく、語られることで人生が構築されるという。それはいったいどういうことであろうか。

人生の語りというと、「何（what）が語られるか」という、語りの内容のほうが思い浮かぶかもしれない。しかし、ナラティヴの視点ではむしろ、「いかに（how）語られるか」という語り方のほうに注目する。語られた内容が肯定的なものか否定的なものかといったことよりも、それらの内容が、まさに今、どのような構造をもって語

[1] 野村晴夫（2007）「老年期と質的研究―高齢者は人生をどのように語るのか」秋田喜代美・能智正博（監修）遠藤利彦・坂上裕子（編）『はじめての質的研究法［生涯発達編］』東京図書 pp. 74-101 および p. 79.

られているのかという語り方のほうに注目するのである。

たとえば、**一貫性**（coherence：首尾一貫したまとまり）をつくる語り方に注目する。一貫性とは、語りに矛盾や亀裂がなく、自他が了解できる程度にまとまりがあることをいう。そうした構造をもつ語りをすることで、日常生活における例外的な出来事を受け入れられるものに直して、元の生活に戻ることができたり、前後の出来事のあいだの裂け目や自己と他者の亀裂をつないで納得したりすることができる。

■思い通りの人生ではなかった[2]

83歳の女性（Aさん）は、思い通りの人生ではなかったと語っているが、自分のしたことは間違いでなかったとも語っている。Aさんはどのような語り方をすることで、思い通りでなかった人生と折り合いをつけているのであろうか。

次の語りは、Aさんが夫との死別について思い出したときの語りである。

あたくしがね、前の日から熱出してたんです。で、38度くらいあったんです、熱がね。それでねえ、汗びっしょりかいちゃったんですよ。夜中にお薬で。それでねえ、主人が、洗濯機があるとはいえ、結婚して初めて、お洗濯してくれたんですよ。その日に。寝巻きをね。それで、あたくしが寝てて、お前は寝てていいよってね、初めてお粥作ってくれたんですよ。その、死ぬ日なんですけれどね。それで、あた

[2] 野村晴夫（2005）「構造的一貫性に着目したナラティヴ分析―高齢者の人生転機の語りに基づく方法論的検討」『発達心理学研究』*16*, 109-121. p. 112 および p. 117

くしの枕元に持ってきて、そして、あのう、梅干やなんかでね。カツブシと梅干だったと思います。男ですから、何もできませんからね。それで食べて、そして、10時になると、いつもね、あのう、弱いから寝るんですよ。彼は。それで、じゃあ、玄関の戸、閉めてくるなって言って、玄関に行ったと思ったら、ばたーん！ 音がして。何事かと思ってとんでったら、もうそこで倒れてたっていうんです。ちょうど（自宅の）前の奥さんがね、あたくしと同じぐらいの年の方で、その方にね、来てもらったら、もう息ないよなんて言われて。あのときはびっくりしましたねえ。怖いですよ。

この語りから、Aさんにとって夫との死別は予期しない突然の出来事であったことが伝わってくる。Aさんの語り方に注目すると、それは一連の出来事の経過が時系列に従って詳細に、しかし淡々と述べられるという仕方によって表現されている。そして、夫の死別に先行して、夫が初めて家事をしたという非日常的なエピソードが語られる。それを先に語ることで、生前の夫の言動を思い起こせば、夫との死別は理由なくして起きたものではない、そこには因果関係がある、とAさんが考えていることが示される。こうして、Aさんは時系列と因果関係を使った語り方をすることで、夫との死別は自ら選び取ったものではないが、必然性を帯びたものであることを主張しているように思われる。

自ら選び取った人生[3]

実はAさんは、自分の人生は思い通りではなかったとしながら、自分のしたことは間違いでなかったとも考えている。その理由は「今の幸せ」にある。

今の幸せは、あたくしね、ここに入ったことだと思う。（中略）健康でいられるし、それから、好きなことを自由に、時間が十分にあって、毎日が充実しているっていうことですね。

この語りは、過去から現在に回帰することで、過去と現在を橋渡しする語り方である。ただし、このことから、単純に今が幸せだから過去は正しかったとしているわけではないことには注意する必要がある。Aさんは、次にようにも述べて、養護老人ホームへの入居が自ら選び取ったものであると主張している。

ずいぶん見学して歩きました。あっちもこっちも。もうねえ、おんなじ福祉事務所の関係でもね、うんと待遇が違うんですよ。もう、とにかくあのう、老人ホームに入りたい、人の世話になりたくないっていうのが、あたくしのね、信念でしたから。ですからね、あっちもこっちもね、見学して歩きましてね。

[3]［2］の文献p.112およびp.118

これを含む語りのくだりでは、今の老人ホームを見つけた経過が順序よく丁寧に語られている。「老人ホームに入りたい」という意図の実現に向かって直線的に筋立てた語り方がされている。それにより、自分の人生を自ら選び取ったと主張し、その正当性に説得力をもたせている。つまり、今が幸せだから良い人生だったというのではなく、自ら選び取った人生で幸せになった、と述べているのである。

■神様が見ててくださる

以上のような自己決定だけでなく、自分の幸福の原因を超越的な存在である他者に見守られていることにも帰属している。その語りを見てみよう。

ここへ入った、老後をね、ここへ入ったってことが、あたしの、やっぱり神様がね、見ててくださったんだな。その、神仏のこと言うと、おかしいんですけどね、やっぱり守られているんだなと思います。っていうのはね、子どもにも守られ、死んだ子どもにも守られ、夫にも守られ、両親にも守られ、あたし守られてる人。守ってくれてる人、いっぱいいると思ってます。[4]

この語りは、単純に宗教的であったり神秘的であったりするような心情としてだけ理解されるものではない。実は、Aさんの場合、老人ホームへの入居という希望がか

［4］［2］の文献 p.113

なったのは、誰も身寄りがないという事情も大きかったからである。かといって、もちろん、そうした実利的な理由で感謝しているのではない。おそらく夫と突然死別したことも含めて、死はどんなに推測しても説明できないことである。Aさんは結婚に抱いていた期待に反して病弱な夫を看病しなければならなかったし、生計は自分が担わなければならなかった。こうした軋みから日常生活を取り戻すためには、自分の力を超えた存在が自分の生きる基盤となっていると言うしかないのかもしれない。死別した夫や子ども、死んだ子ども、両親を超越的存在として語ることで、失いかけた自己と世界のつながりをつくるっているのかもしれない。

■聴き手があっての語り

以上のような語り方をすることで、Aさんは自分の人生を構築しているのであるが、それはAさんが安心して聞いてもらえる聴き手を得て行われていることを見逃してはならない。たとえば、次の語りでは、聴き手を意識した語りであることが示されている。

まあ、なんてかしら、不幸な結婚といおうか、誰だってきっと、いろいろな不幸はあるんでしょうけれど、それを不幸を不幸にしないっていうようなことは、あたしあった、自分で思いますけど。[5]

[5]［2］の文献 p. 115

語りのなかの「誰だって」と述べるくだりは、語り手のみならず、世間一般で認められることであることが主張されている。ここには聴き手が意識されていることが示されている。自分の体験は他者と共通すると主張し、自他が理解する共通の基盤をつくっているのである。こうして私たちは聴き手を得ることで人生を共有し、語り直すことによって人生を体験し直しているのである。

遭遇した出来事を羅列するだけでは、それを人生と呼ぶことはできない。なぜなら、それだけでは事実があるだけで、意味をもたないからである。意味は、時間の流れのなかで、2つ以上の出来事を結びあわせて語る行為から生まれる[6]。たとえ事実の羅列にすぎない人生であったとしても、私たちは語ることでそれらが相互に関連づけられて意味を得て、自分にとっての人生として体験できるのである。

■語りは未来に向かう

最初に、ナラティヴの考え方として「人生があるから語られるのではなく、語ることで人生が構築される」と述べた。Aさんの語りからわかることは、人生は語られることで、その語り方から人生の一貫性がつくり出されるということである。

最後に引用したAさんの語りにあるように、Aさんは語るなかで「不幸を不幸にしない」と述べ、自分の人生としっかりと向き合っていることが示される。実は「人生

[6] やまだようこ (2000)「人生を物語ることの意味―ライフストーリーの心理学」やまだようこ(編)『人生を物語る―生成のライフストーリー』ミネルヴァ書房 pp. 1-38. p. 11.

は語る行為によってつくられる」とは、人生を語ることで自分の人生を対象化し、それと向き合う主体が立ち現れることを示すのではないだろうか。自分の生きてきた人生をどんなに語っても、それを語り尽くすことはできず、課題が未来に残ってしまう。だからこそ、私たちは未来を思い浮かべ、その未来に向かって生き続けるのではないだろうか。もしやり残したことがないなら、生きることに未練がなくなってしまう。したがって、人生を語るとは、過去を振り返って人生を正当化することではなく、むしろ、未来に向かい続けることで過去から引き継いだ課題をやりきろうとすることではないだろうか。

■参考書

野村晴夫（2007）「老年期と質的研究―高齢者は人生をどのように語るのか」秋田喜代美・能智正博（監修）遠藤利彦・坂上裕子（編）『はじめての質的研究法［生涯発達編］』東京図書
（ナラティヴの研究のしかたがわかる）

やまだようこ（2000）「人生を物語ることの意味―ライフストーリーの心理学」やまだようこ（編）『人生を物語る―生成のライフストーリー』ミネルヴァ書房
（ナラティヴで展開されるダイナミズムがわかる）

矢守克也（2000）「記憶と記念の社会心理学　Ⅰ身近な死についての語り」『奈良大学紀要』28, 159-168.
（どのようなメカニズムで意味づけがなされるかがわかる）

4－3

時間的展望

――メンタルタイムトラベル

ある時点における過去と未来についてのその人の見方や過去・現在・未来をつなげることを[1]、**時間的展望**（time perspective）という[2]。時間的展望という視点から、自己連続性の構築の仕組みを考える。

■時間と自己

時間とは、国語辞典によれば「時の流れの2地点間（の長さ）」のことであるが、心理学では出来事を過去・現在・未来という秩序で捉えて持続を定める概念である[3]。言い換えると、ある出来事は別の出来事よりも前であったのか後だったのかを決め、その状態がどのくらいの長さで続いたのかを表すための概念である。

精神医学者の木村敏は、「時間が時間として流れているという感じと、自分が自分として存在しているという感じとは、実は同じ1つのことなのだ[4]」と述べている。方丈記の「ゆく河の流れは絶えずして、しかも、もとの水にあらず」は、季節やものごとの移り変わりのなかに、私たちが生きていることの証を表現している。

［1］Lewin, K.（1951）*Field theory in social science: Selected theoretical papers*. D. Cartwright (Ed.), Harper & Brothers, p. 75.（猪股佐登留（訳）（1979）『社会科学における場の理論（増補版）』誠信書房 p. 86.）

［2］Lens, W. et al. (2012) Future time perspective as a motivational variable: Content and extension of future goals affect the quantity and quality of motivation. *Japanese Psychological Research, 54*, 321-333. p. 322.

［3］VandenBos, G. R. (Editor in chief) (2015) *APA dictionary of psychology* (2nd edition) American Psychological Association, p. 1089.（繁桝算男・四本裕子（監訳）(2013)『APA心理学大辞典』培風館 pp. 336-337.）

［4］木村敏（1982）『時間と自己』中央公論社 p. 186.

■過去・現在・未来

4世紀の神学者アウレリウス・アウグスティヌスは、ただただ流れるだけの物理的な時間に対して、主観的な時間には過去・現在・未来というまとまりがあるとした。そして、過去が原因で現在が結果となる因果関係ではなく、未来が目的で現在が手段といった目的手段関係で捉えた。そして、不幸に見舞われても、それは過去の行いが悪かったという過去の帰結ではなく、「それは神から与えられ、天国に行くための試練だ」と未来に向けて意味づけることで、与えられた受難を引き受ける生き方を説いた。

人間は心の中で、自分自身の過去を追体験したり未来を前もって経験したりすることができると考えられている

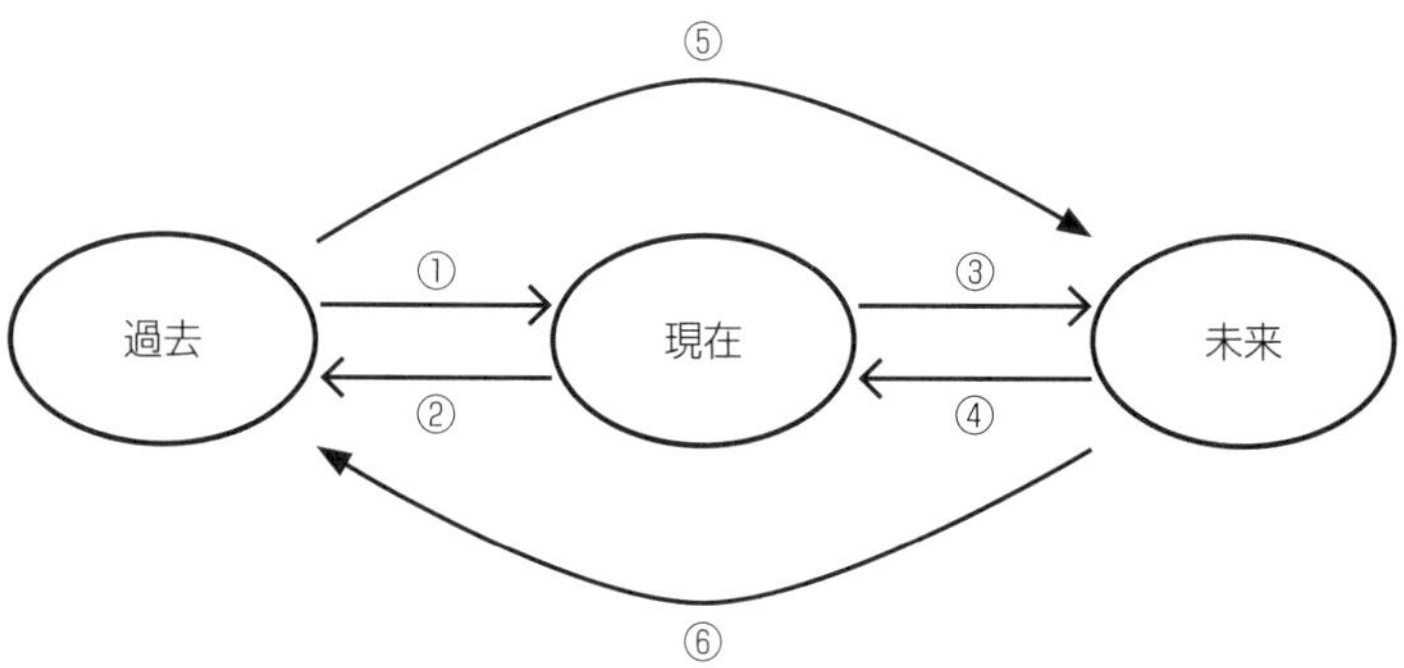

①過去から現在を展望して意味づける
　例：「不登校があったから、人に優しくなれた」
②現在から過去を振り返って意味づける
　例：「今なら不登校だったことは必然だったと思える」
③現在から未来を展望して意味づける
　例：「私には教師になるという目標がある」
④未来から現在を振り返って意味づける
　例：「10年後には、今、教師になろうと決めてよかったと思えるだろう」
⑤過去から未来を展望して意味づける
　例：「不登校の経験があるから、不登校の子の気持ちのわかる教師になろう」
⑥未来から過去を振り返って意味づける
　例：「不登校の子の気持ちのわかる教師になろうと思ったら、不登校をした経験が大切に思えてきた」
（注）過去と未来を現在から切断する意味づけもある。たとえば、「今は大変だから、今のことだけ考えよう」といったあり方である。なお、①と②、③と④、⑤と⑥は対となっているため、まったく別のものではない。

図4-1　時間のダイナミズム[6]

が、それを**メンタルタイムトラベル**（mental time travel）と呼ぶ。[5] 図4－1に示されるように、過去・現在・未来のどこかから別の時間を眺めることで、違った過去・現在・未来が立ち上がってくる。このように、私たちは過去を回想したり、未来を予期したりすることが影響しあって、過去や未来のこれまでの意味づけが崩れたり、新たな意味づけができたりする。このプロセスとメカニズムを、**時間的展望のダイナミズム**と呼ぶ。

■不登校経験の意味づけ[7]

教育臨床心理学者の伊藤美奈子は、全国に40校を有する広域通信制高校の週5日コースに通う生徒のうち、中学時代に不登校を経験した生徒1671人に、高校生になった今、不登校をどう評価するかについて、「プラスだった」「どちらかというとプラスだった」「どちらかというとマイナスだった」「マイナスだった」の4つの選択肢から1つを選ぶよう求めた。最初の2つのどちらかを選んだ人を「プラス群」、後の2つのどちらかを選んだ人を「マイナス群」と分類した。そして、不登校経験の意味について質問して、「自分自身を見つめ直すことができた」「ものごとに対していろいろな見方ができるようになった」「人の気持ちや痛みを理解できるようになった」「休んだ期間があるからこそ今の自分があると思えた」「家族の大切さやありがたさがわかった」などと捉える程度をポジティブ得点とした。他方、「友だちが少なくなった」

[5] 吉田真理子（2011）「幼児期のメンタルタイムトラベルに関する研究の展望－時間と自己」『心理科学』32(2). 63-81. p. 63.

[6] 白井利明（2011）「自己と時間」日本発達心理学会（編）子安増生・白井利明（編）『発達科学ハンドブック 第3巻 時間と人間』(pp. 196-208) 新曜社 p. 199. 具体例の一部は改変されている。

[7] 伊藤美奈子（2015）「不登校経験者による不登校の意味付け－不登校に関する不登校意味付け尺度項目の収集」『奈良女子大学心理臨床研究』2, 5-13. pp. 9-11.

「中学生での思い出がつくれなかった」「希望どおりの高校に進めなかった」「学力・勉強面で遅れてしまったと思う」などと捉える程度をネガティブ得点とした。その結果、図4－2に示されるように、ポジティブ得点は、プラス群がマイナス群よりも高かった。この結果は、プラス群が不登校経験を肯定的に捉えている以上、当然であろう。ところが、ネガティブ得点でもプラス群がマイナス群よりも高かった。すなわち、不登校経験をポジティブに捉えるプラス群は、同時に不登校経験のネガティブ面についても高く認知していたのである。この結果は、望ましくない過去であったとしても、自分の過去を美化して塗り替えてしまうのではなく、むしろ過去をありのままに受け入れ、そこにプラスの意味を読み取っていることを示している。

伊藤は、さらに、不登校への回帰の不安について、高校生になって不登校をどう思っているかと質問し、「不登校には戻らないだろう」「いつ戻るかわからない」「考えないようにしている」の3つから選ぶように求めたところ、「不登校には戻らないだろう」を選んだ高校生はポジティブ得点が一番高く、「いつ戻るかわからない」を選んだ高校生はネガティブ得点が一番

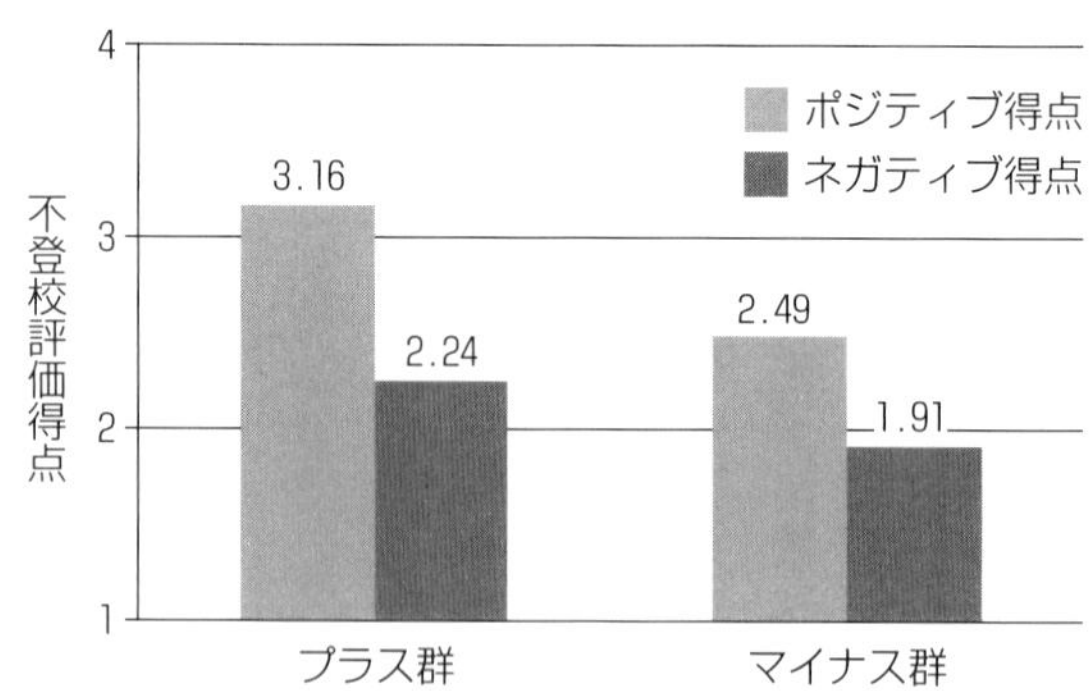

（注）　不登校をどう評価するかについて、「プラスだった」「どちらかというとプラスだった」「どちらかというとマイナスだった」「マイナスだった」の4つの選択肢から1つを選ぶよう求め、最初の2つのどちらかを選んだ人を「プラス群」、後の2つのどちらかを選んだ人を「マイナス群」と分類した。不登校評価得点の評価内容例は、本文を参照。

図4-2　不登校経験の意味づけ群ごとの不登校評価の程度[8]

高かった。このことから、不登校体験を肯定的に意味づけることは、過去にはもう戻れないことを悟り、前に向かって進むことであることを示している。自己連続性は、単に過去を現在と未来につなぐことではなく、過去を過去化する（過ぎ去ったものとする）ことで現在と未来に生きようとすることなのである。

[8]［7］の文献 p.10の表7から作成した。

■連続性をつくる文化

時間的展望のダイナミズムは、自分自身の過去・現在・未来においてだけ起こるのではない。アメリカの文化心理学者、**マイケル・コール**[9]は、自分の子どもが生まれた時点から、親としての時間軸が過去にも未来にも延びるという。

図4－3の乳児と母親をつつむ楕円形は、乳児が誕生した出来事を示す。母親は、乳児が生まれると、乳児に向かって話しかける。コールがあげている例であるが、乳児の女の子に「彼女が18歳になったら、死ぬほど心配するだろうね」とか、「ラグビーはできないね」とか言うかもしれない。大人がそう思うのは、まず、自分の個体発生の次元で振り返り、自分が育ってきた過去の文化的な経験を参照するからである。当時、ラグビーは男性だけのスポーツであった。そして、今度は、それを乳児の個体発生の次元で乳児の未来を予想し、その未来から振り返るかたちで、現在の乳児の扱いに投影される。ここではやっぱりラグビーはできないという結論になっている。このように、親は、自分と子どものそれぞれの時間軸のうえでタイムトラベルしながら、

[9] Cole, M.（1998）*Cultural psychology: A once and future discipline.* Harvard University Press. p.185.（天野清（訳）（2002）『文化心理学─発達・認知・活動への文化─歴史的アプローチ』新曜社 p.257.）

子どもと出会っているのである。

実は、コールが強調したいことは、そうした解釈を可能にする文化的な枠組みの存在である。たとえば、すでに女性のラグビーチームができたと聞くなら、先の会話は昔話となってしまう。それでは、その会話はもはや意味がないかというと、必ずしもそうではないだろう。昔話になったと述べることで変化がつくり出され、そこには社会の中の文化の連続性が担保されているからである。だが、そうした文化的な枠組みそのものが破壊されてしまうなら、連続性もつくることができなくなってしまう。そうなると、そもそも女の子のラグビーについて語ること自体が無効となってしまう。「昔が良かっ

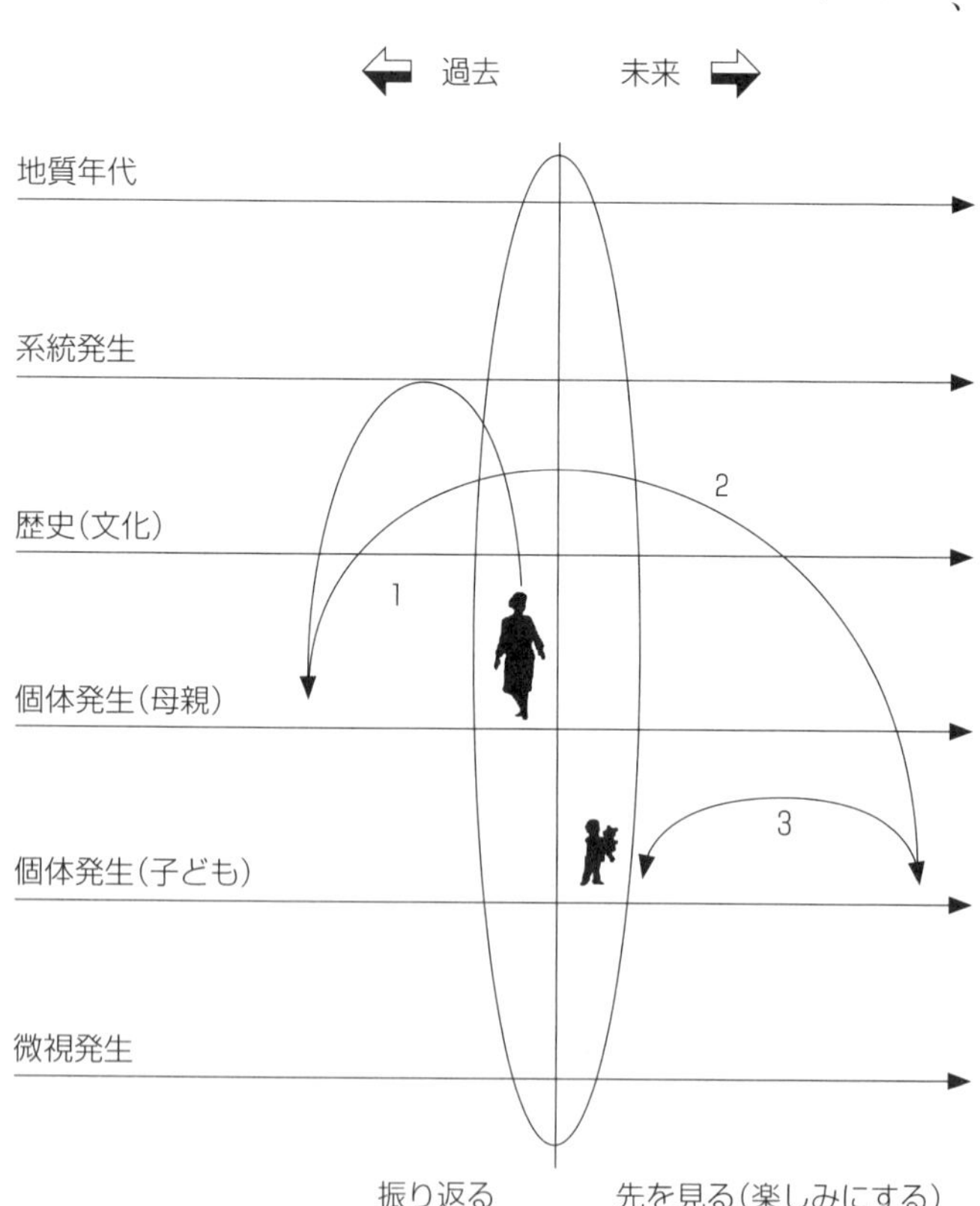

図 4-3　母親による子どもの時間的展望の立ち上げ[7]

た」という年長者の嘆きは、単に社会や文化が変化したことを述べているのではなく、むしろ社会や文化における過去と現在の断絶であり、それゆえ連続性が破壊されていることを訴えているのである。

チャンドラー[10]は、**文化的連続性**（cultural continuity）が破壊された例として、カナダのネイティブであるアボリジニの青年の自殺の増加を取り上げ、彼らの拠って立つ文化があまりにも急激に変化した結果であると述べている。文化的連続性の破壊は、年長者だけでなく、これから未来をつくろうとしている青年からも、その土台を奪い取ってしまうのである。

[10] Chandler, M. J. & Proulx, T.（2008）Personal persistence and persistent peoples: Continuities in the lives of individual and whole cultural communities. In F. Sani（Ed.）, *Self-continuity: Individual and collective perspectives*（pp. 213-226）Psychology Press. pp. 223-224.

■参考書

白井利明（2011）「自己と時間」日本発達心理学会（編）子安増生・白井利明（編）『発達科学ハンドブック 第3巻 時間と人間』（pp. 196-208）新曜社
（時間的展望の視点から自己連続性の構築の仕組みを説明する）

大久保孝治（2011）「転機」齋藤耕二・本田時雄（編）（2001）『ライフコースの心理学』金子書房 pp. 122-131.
（有名人の人生の転機の回想が分析される）

4-4 回想展望法

――キャリアという連続性

一般に職業の履歴を**キャリア**(career)というが、キャリアには職業だけでなく、主婦として家事に携わったり、地域で社会的な活動をしたりするといった社会的な役割のつながりも含まれる。このつながりがキャリアなのであるが、それゆえキャリアは自己連続性の一側面なのである。

■未来に対する関心を高める

アメリカのキャリア心理学者でキャリア・カウンセラーのマーク・サヴィカス[1]は、自己はさまざまな特性の集まりによって構成されるモノ(substance)ではなく、1つのストーリーだという。クライエントのキャリアの相談にのることをキャリア・カウンセリングというが、それをとおしてクライエントが自分の経験や秘密を語り、1つのまとまりのあるライフ・ストーリーをつくるなら、クライエントは自分の人生の目的を立て、目標の実現のために行動できるようになるという[2]。サヴィカスは、クライエントが自分についての語りにおいて矛盾なく首尾一貫していることを**一貫性**

[1] Savickas, M. L. (2011) *Career counseling.* American Psychological Association, p. 12.(日本キャリア開発研究センター(監訳)乙須敏紀(訳)(2015)『サビカス キャリア・カウンセリング理論―「自己構成」によるライフデザインアプローチ』福村出版 p. 23.)

[2] [1] の文献 p. 26/pp. 40-41.

(coherence) または**連続性**（continuity）という。一貫性は、自己のまとまりをつくることで、意味の強固な維持をもたらす。他方、連続性は、意味の長期にわたる維持をつくることで、安定性をもたらす。[3] さまざまな職業を経ても自分に繰り返し現れ、1本の線のように織り込まれているキャリアのパターンを**キャリア・テーマ**（career theme）という。それは自分では直接捉えがたいとしても、キャリアにまつわる出来事を理解するのを助け、困難や破滅に直面したときでも自分のまとまりを保つ働きをしており、それがあれば、打開のための行動を起こすことができる。[4]

職業に就くための課題をやり遂げる力があることを**キャリア・アダプタビリティ**（career adaptability）というが、サヴィカスは、子どもや青年が将来仕事をもつことに関心をもち、それを自分の問題として受け止め、さらに好奇心を発揮して探求し、そして自分の希望を追求する自信があるなら、キャリア・アダプタビリティが高まるとしている。[5] そのためサヴィカスは未来について考えさせることを重視している。

■回想展望法のやり方

キャリア教育というと、わが国でも外国でも、未来について考えさせ、そのうえで未来と現在とつないでいくワークが主流であり、過去に注目するものは多くはない。しかし、単に自分の未来を考えるだけでなく、図4－4に示されるように、過去を振り返ってそこをくぐるなら、未来をより確かなものにすることができる。[6] 発達的に見

[3]［1］の文献 pp. 40-41/pp. 58-59.

[4]［2］に同じ。

[5] Savickas, M. L.（2005）The theory and practice of career construction. In S. D. Brown & R. W. Lent（Eds.）, *Career development and counseling: Putting theory and research to work*（pp. 42-70）. Wiley, pp. 51-52.

[6] 石川茜恵（2019）『青年期の時間的展望―現在を起点とした過去のとらえ方から見た未来への展望』ナカニシヤ出版 p. 156.

ても、アイデンティティ形成の始まりの時期では関心が過去に向かい、中間の時期では現在と未来に意識するようになり、自己の連続性を見出すようになる[7]。

そこで、著者は自分のキャリアテーマを見つけるワークとして**回想展望法**を開発した。これは、将来、大きくなったら何になりたかったかを回想し、そのリストから志望職業の変化と一貫性を自分で読み取って発表し、ワークの参加者のコメントを得るというものである[8]。

参加者はまず、それぞれのなりたいものについての動機（魅力の内容）の一貫性を読み取る。これは本人の主観的な意味づけを表す。ファシリテーター（ワークを司り、発表者と参加者をつなぐ専門家）はできるだけ本人の使った言葉を使いながら、本人の思っていることを的確に表現して伝える。本人の思っていることを改めて意識化するのである。もう一つ、自分のなりたいこと自体の一貫性も読み取るよう求める。ファシリテーターは本人が言っていないが、こんなことも考えられるといったことを伝える。客観的な意義を参加者が意識化するためのものであり、それにより本人の気づきを広げるきっかけをつくる。

■高齢者にとっての回想の意義

表4-1は、70歳の男性が回想したリストである。男性のリストには70歳に至るまでのキャリアが書かれているが、ここでは就職までの一貫性について考える。

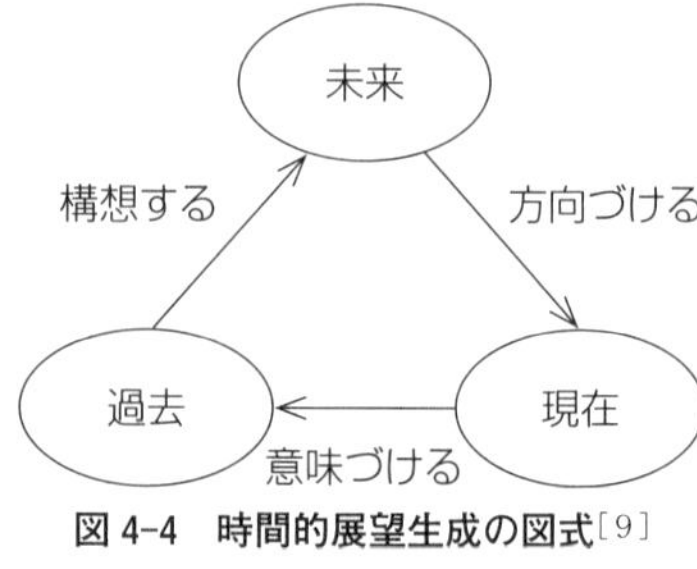

図 4-4　時間的展望生成の図式[9]

[7] 石井僚（2016）「時間的展望とアイデンティティ形成との関連－形成プロセスとプロダクトの両側面からの検討」『発達心理学研究』27(3), 189-200. p. 197.

[8] 白井利明（2016）「子ども・青年の職業目標の発達と進路指導の課題－回想展望法による高校生における職業一貫性の読み取りの効果」『大阪教育大学紀要』（第Ⅳ部門）65(1), 61-74. p. 62.

表 4-1　回想展望法による回想リストの例（70歳、男性）

時期	なりたいもの	きっかけ	動機（魅力の内容）	その後、何をしたか
小学 3－6	探検家	『ファーブル昆虫記』に夢中。	夢のような世界、物語がおもしろい。コツコツと調査し大きな発見をする姿。	探検家の伝記を読む。
小学6	野球選手	リリーフで活躍。	体力がなく、打てないけど、守備が好き。地味だけど役に立つ。	月刊誌『背番号 0』を購読。南海ホークスファンになる。
中学 1－2	気象予報官	第 2 室戸台風（1961年 9 月）で停電。恐怖から自然の力を知る。	データから明日を予報できるすごさ。	気温・湿度・風向・雨量の測定を行い、天気図を切り抜き、日記に貼り付けた。
中2	指揮者	テレビで第九を見る。	80歳の老人ミュンシュが指揮するカッコよさ、夢中になる姿。思うがままに楽員を動かし聴衆に伝えたい。	音楽部に入る。
高校 1－3	放送技術者、ディレクター	放送部で演出を担当し、最初から最後までかかわる。	裏方の仕事（技術職）に充実感。でも仕事にするとこんなには楽しめないだろうと思う。	クラシック番組を制作、放送、劇の効果音や音楽を担当、演出もする。
大学 1－4	（音楽）評論家	オーディオ研究会に入る。音楽喫茶店に通う。	文章を書くのが好き。先輩からバッハとワーグナー、哲学を学ぶ。クラシック音楽について疑問を持つ。作曲家よりも演奏家のほうに興味を持つ。	批判的に聴く。音楽を聴きながら、本を読み、文章を書く。
大学3	研究者	大学の授業（分子生物学）。	目に見えない自然が人間を動かしている。	別の大学に 1 ヶ月実習、実験が楽しい。
大学4	デザイン系技術者	2 ヶ月間の母の看病。3 月、母の死。	研究者では生活できない。自分の甘さから脱皮するためにあえて厳しい会社員をめざす。音楽より美術系が就職先は多い。技術系のコツコツと取り組む地味な職種が自分には向いているかもと考え始める。	病院でスケッチをはじめる。ボナール展に感動（影に紫を使う）、山のスケッチ（独学の楽しさ）。
22歳	織物設計者	織物会社と出会う。	すべての工程に関われる。ものづくりを支えるのは美的センスと技術力。	就職した。
48歳	（大学に入学）	「社会貢献」ということばに出会う。	教育学、心理学、社会学がおもしろい。今まで自分のためだけではなかったのか？という疑問を持つ。	若者の教育問題への関心が芽生える。中高年者への支援が重要であると思うようになる。
51歳	（退職）	仕事がマンネリ。	新たなアイデアに挑戦する意欲が出ない。	退職した。
52歳	生涯教育職員	生涯教育インストラクター。	生涯教育への疑問（中高年者への支援だけではないはず）。	若者に貢献できないか。
53歳	大学院生	修士論文を書く。	若者へのインタビューで若者と楽しく対等に話すことができた。	若者に関わり続けたいと思うようになる。
58歳	図書館司書	通信制高校（バイト）。	本が人生を左右する、広い視野をもつことの大切さ。悩み相談。	若者の成長に関わる感動。
58歳	（大学生）	クラブ活動。	意欲的な人との出会いが楽しい。	生涯学習を続ける。

（注）　22歳以降は実際にしたこと。

ファシリテーターは、自分のなりたいものの魅力の一貫性は、「全体を裏で支える」「地道な努力」「思うがままに全体を動かす」「目に見えないものが人間を動かしていることへの想像」「発見がある、美的センスと技術力を発揮できる」と述べ、自分のなりたいもの自体の一貫性は「専門職（自分が仕事の初めから完成までかかわる）」「設計（デザイン）」「分析と総合（布置）の力が必要」「自然やものを対象とする」とした。

この人はワークを終えて、「（将来の夢の）変わり方を見て、自分がつながっていることがわかった。今までの自分の生きてきた道は間違っていなかったと思った」と述べた。過去を振り返ることは、今を大切にしながら、これから先にも進んでいこうという思いを強めたり、楽しいことを思い出すことで過去をなつかしんだり、困難に直面したり頑張ったことを思い出して、自分の人生を受け入れることにつながるのではないだろうか[10]。

高齢者の回想は、かつては「老人の繰り言」などと現実逃避の一種と見られたこともあったが、アメリカの精神科医のロバート・バトラー[11]は1960年代に回想の建設的な側面に注目し、見方を転換させた。老人施設への入所時に自分の過去を思い出してみんなに話すことが施設内の人間関係の改善にも役立つことは、現場では知られていたことだった。

[9] 白井利明（2001）『〈希望〉の心理学―時間的展望をどうもつか』講談社 p. 140.

[10] 野村信威・橋本宰（2001）「老年期における回想の質と適応との関連」『発達心理学研究』*12*, 75-86. p. 83.

[11] Butler, R. N. (1963). The life review: An interpretation of reminiscence in the aged. *Psychiatry, 26*(1), 65-76.

■高校生の効果[12]

回想展望法は、もともとは青年のキャリア教育のために開発されたものである。そこで、高校生に回想してリストをつくり、あがった希望職業の一貫性を読み取るよう求めたところ、「とてもおもしろかった。大学に行きたい気持ちがより一層増した」などの感想が寄せられた。自分の夢の一貫性を見つけられた！」「自分の過去の夢を見つめ直せた感じがした。また、一貫するものを見つけることができた人ほど、「職業を選ぶ自分なりの基準を知ることができた」「自分の選んできた職業に関して新たな気づきがあった」「自分の未来の職業に関してはっきりした目標を認識できた」という思いを強めていた。以上の結果は、過去をくぐって未来を構想する回想展望法が自己の理解や将来のキャリア形成に効果があることを示したと言える。

しかし、自分のしたいことばかりに注目させることには批判もある。学校ではむしろ自分のしたいこと以外の職業に関心をもたせて、高校生の選択肢を増やそうと努めているからである。しかし、回想展望法はキャリアの連続性の構築をめざすものである。自分のキャリアのつながりをつくる力を身につけることにより、たとえ志望どおりの職業でなかったとしても、そうした現実との折り合いをつけることもできると期待できる。最初に述べたように、キャリアとは自分の人生のつながりをつくっていくことであるなら、そうした力をつけることは間違いなく、キャリア教育の重要な目標の一つとなろう。

[12] 白井利明（2015）「高校生のキャリア・デザイン形成における回想展望法の効果」『キャリア教育研究』34(1), 11-16. pp. 13-15.

■参考書

白井利明（2016）「子ども・青年の職業目標の発達と進路指導の課題―回想展望法による高校生における職業一貫性の読み取りの効果」『大阪教育大学紀要（第Ⅳ部門）』65(1), 61-74.

（回想展望法のやり方がわかる）

石川茜恵（2019）『青年期の時間的展望―現在を起点とした過去のとらえ方から見た未来への展望』ナカニシヤ出版

（時間展望のつくり方を教える）

サビカス，M・L／日本キャリア開発研究センター（監訳）乙須敏紀（訳）（2015）『サビカス キャリア・カウンセリング理論―「自己構成」によるライフデザインアプローチ』福村出版

（サヴィカスのキャリア・カウンセリングの考え方がわかる）

4-5

前方視的再構成法

——物語の逆行性

ある青年（24歳）は、高校生のときに大怪我をして首から下がまったく動かなくなってしまった[1]。一瞬にして健常者から障害者になってしまったのである。ところが、青年に当時の入院やリハビリについて聞くと、「新しいことができた喜びの毎日だった。受障でふさぎこんでいる人もいない」と言う。障害をもって自殺する人もいると聞いていたので驚いた。語りは帰結を知っている現在から振り返って行われるが、これを物語の逆行性という。人はそのように語ることで、自分の過去を正当化するのだろうか。

■時間の分節化が意味をつくる

私たちはただただ流れている時間の中を生きているだけである。私たちは時間の流れに区切りを入れることで、ようやく出来事そのものを経験できる。このことを私たちは日頃から物語ることで行う。**物語**（narrative）とは、始めと中間と終わりがあるものをいう。フランスの哲学者**ポール・リクール**[2]は、「時間は物語の様式で分節化さ

[1] 本項は以下の文献を参照。白井利明（2019）「中途障害のある青年はどう自己連続性を構築するか―語りの前方視的再構成法による分析」『発達心理学研究』30, 34-43.

[2] Ricoeur, P. (1984) *Time and narrative* (Vol. 1). (K. McLaughlin & D. Pellauer, Trans.) Chicago: University of Chicago Press, p. 52.（久米博（訳）（2004）『歴史と物語 I―物語と時間性の循環』（新装版）新曜社 p. 99.）(Ricoeur, P. (1983) *Temps et récit I*. Seuil.)

れて人間的なものとなり、そして物語は時間的な実在となるとき十分な意味に到達する」と述べている。時間の分節化とは、時間の持続の始まりと終わりを決めることである。

■前方視的再構成法のしかた

私たちが物語る人生は、今から振り返って見たものである。この見方を**後方視**（retrospective：回顧）という。今は当時に知り得なかった結果がわかっているので、今の時点から過去の経験が再構成されている。他方、図4-5に示されるように、出来事の起こる以前に視点を置いて、そこから出来事を見ることを**前方視**（prospective）という。これが実際に私たちが経験したものである。

今の時点で体験はどのように構成されているのかを知る方法のひとつに、前方視再構成法がある。それは、語りを一通り聞いた後で、1つひとつの出来事について、「当時はどう思っていましたか」「それはいつのことですか」などと尋ねる技法である。その技法を使って分析することにより、人が経験する時間の分節化のしかたがわかる。

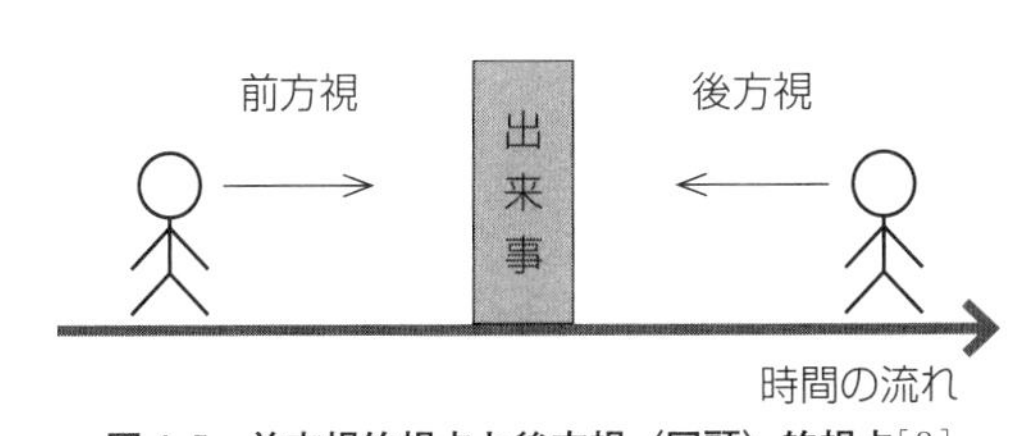

図4-5　前方視的視点と後方視（回顧）的視点[3]

■自己感覚が時間を止める

次の手記は、先の青年の自分の体験についての自己語りである。

[3] 樋口万里子（2001）「日本語の時制表現と事態認知視点」『九州工業大学情報工学部紀要（人間科学篇）』*14*, 53-81. p. 59.

中途障害のある青年の手記[4]

高校のラグビーの試合によって受傷し、救急車で某病院へ搬送されて2度の手術が行われ、流動食が終える頃には数週間たっていたと思われます。この病院滞在中は首と手の先がほんの少し動く程度でした。しかし、①ほんの少しではあるけれど、機能回復していくことが、胸から下はこれ以上回復しないという事実を認める感覚を鈍らせていたように思います。さらには②見舞いに来ていただくたびに「大丈夫」、「よくなるから」と言っていただけることも鈍らせていたように思います。ただ、③不思議なもので外傷がないのにまったく手足が動かないことに違和感があり、うすうす「もう歩けない」ということを知らされずにいるのではという思いが心の中を大きく占め、その頃から、「世の中には悪い人はたくさんいるのに、なんで俺やねん」というような④**よく陥りそうな思考**になってきました。しかし、⑤完全にどちらかの思いになっていたのではなく、看護されるときには状態は深刻であるという思いと、知られないように会話したり嘘をついてくれている見舞いに来てくれている方々からのそんなに深刻でない状態であるという思いの境であったように思います。さらには、⑥**当時、高校の校長先生がなんとかビデオ学習でも単位にして卒業させてあげたいという思いから高校の先生が頻繁に授業をしてくださり、そのおかげで悩む時間は少なくてよかったように思います**。

その境の思いのなか、受傷後に大切であるという3ヵ月以内のリハビリを行うためにリハビリ専門の病院へ転院する。⑦**そこでは、早速何時間もリハビリに時間を割かれ、悩むほどの時間もありませんでした**。⑧ほとんどの方が車椅子で、うすうす感じていたものが確かなものに変わっていくようでした。リハビリに少し慣れてきたというところで担当医の方から

[4]「[1]」の文献 p. 36.

青年の手記において、傍線が実線の部分は「当時から思っていた」と回答したものであり、破線の部分は「後に思った」と回答したものであり、点線（太明朝体）の部分は「説明のために書いた」と回答したものである。

障害の説明を受けました。しかし、⑨自分でも驚くほどの冷静で受け止められました。⑩**もともと、ほとんど悩まない性格ですが、入院当初からの忙しさ、転院後から徐々に障害への認知が進んだことが上手く障害を受け止められることができたのかもしれません**。さらに言うと、制度が変わり今は定かではないですが、⑪リハビリ病院というものは順番待ちが当たり前で、担当医の障害説明後、強制退院させられる期間中に技術を学ばなければということを思えば、落ち込んでもいられませんでした。特にその後は悩むこともありません。

まず、当時から思っていた部分を挙げるように求めたところ、青年は「①ほんの少しではあるけれど、機能回復していくことが、胸から下はこれ以上回復しないという事実を認める感覚を鈍らせていたように思います」と答えた。「怪我してからずっと感覚のない領域（胸から下）がまったく変わらない」「3ヵ月をもってしてこれではダメだろう」と感じていたという。このことから、不治告知がなくても早い段階から不治を自覚したことがわかる。

　ここで注目したいことは、不治の自覚が身体感覚に基づいていたことである。発達心理学者の浜谷直人によれば、自分の中に生じた**自己感覚**に自分が向かい合って、それを意識化すると、行為や経験における時間の分節化が始まるという[5]。たとえば「お腹がすいたな」「疲れたな」と、自分の状態について自覚的になると、生理的な感覚

[5] 浜谷直人（2010）「どのように子どもの心の時間は分節化されるのか―自閉症児者の時間の区切りの難しさ」『心理科学』*31*(1), 23-30. p. 29.

での「区切り」が生じる。同時に、お腹がすくまでの出来事、疲れるまでの出来事、それまでの自分について意識化するとき、「区切り」までのあいだを持続として経験できるのである。

■境界性を生きる

この青年に、後で振り返って見えてきたものを尋ねると、「②見舞いに来ていただくたびに『大丈夫』、『よくなるから』と言っていただけることも鈍らせていたように思います」と答えた。本人は「当時は笑顔で接するのに精一杯で、何も思っていなかったが、のちにリハビリ病院に入院し、医師の障害説明後にできた車椅子仲間と見舞いについて話しているときに、同じ経験と感想を聞いて見えてきた」という。このように、後から経験したことに基づいて、それ以前の経験が意味づけ直されて語られていくこともある。これをリクールは物語の逆行性という。

実は、青年は当時から見えていたものとして、「⑤完全にどちらかの思いになっていたのではなく、看護されるときには状態は深刻であるという思いと、知られないように会話したり嘘をついてくれている見舞いに来てくれている方々からのそんなに深刻でない状態であるという思いの境であったように思います」とも述べている。

身体障害は、病気でもなく、しかし健康でもない、どっちつかずで宙ぶらりんな状態（betwixt and between）に置かれるという。このようなリミナリティ（liminality：

境界性）は、まだ正式な社会システムに入ることのできない人が社会に入っていこうとするときに経験する通過儀礼のひとつである。しかし、障害者は多くの場合、一生回復の見込みもなくこの状態を生きなければならない[6]。この青年もまた、そのような状態に襲われたのである。

■過去化することで、自分を裏切らない

語られる出来事は実際に起こった順序どおりとは限らない。そこで、出来事の起きた時期を1つひとつ尋ねて確かめる。すると、救急病院時代の最後にあった「⑥当時、高校の校長先生がなんとかビデオ学習でも単位にして卒業させてあげたいという思いから、高校の先生が頻繁に授業をしてくださり、そのおかげで悩む時間は少なくてよかったように思います」という出来事は、実際には救急病院時代の早くから体験されていたにもかかわらず、手記では救急病院時代の最後に置かれていた。そして、そこで段落が分けられていた。しかも、その出来事も含む救急病院時代は過去形で書かれていたのに、次の段落から始まるリハビリテーション病院の出来事は現在形で始まっている。過去形のなかの現在形は行為主体（agency）や意図を示す[7]。そこで、これは救急病院を後にし、これからリハビリテーション病院の生活が始まることを前向きに捉える、といった視点の切り替えを示すのではないかと思われる。つまり、この語りにより、救急病院時代の苦しんだ出来事は終わったものとされたのである。こうした

[6] Murphy, R. F.（1987）*The body silent: The different experience of the disabled*. Norton, p. 131.（辻信一（訳）（1992）『ボディ・サイレント―病いと障害の人類学』新宿書房 pp. 174-175.）
　リミナリティは人類学者のヴィクター・ターナーの用語である。Turner, V. W.（1967）*The forest of symbols : Aspects of Ndembu ritual*. Cornell University Press 第4章、または Turner, V. W.（1969）*The ritual process: Structure and anti-structure*. Routledge, 第3章（冨倉光雄（訳）（2020）『儀礼の過程』筑摩書房）を参照。

[7] Daiute, C.（2014）. *Narrative inquiry: A dynamic approach*. Sage, p. 216. 語りの分析は、価値分析・プロット分析・筋書き分析・重要度分析・キャラクター分析・時間標識分析の順に行われるが、時間の分節化は時間標識分析で行われるものの1つである。

語り方を過去化の語りという。

普通、私たちが過去の体験を受け入れるには、それに対する何らかの意味づけが必要である。たとえば、ネガティブな出来事であったとしても、「それがあるから今がある」といったような語り方である。他方、過去化は何ら意味づけることなく、「過去は終わった」とする語り方である。これは一見、過去の切り捨てや否認のようにも見える。しかしながら、苦しんだ自分もまた自分であるとして、そうした自分を裏切ったり見限ったりすることなく[8]、そのままに保存することができる。そうしておいて、いつかまた過去を問い直すときが来るのを待つ。やがてさまざまな出来事を経験するなかで、その人なりに新たな意味づけがなされて、人生の糧となっていくのである。たとえば、子どもができてかかわったり他の障害者の支援をするなどで、受障したからこそ可能になった人生上の意義を見出していくといったことである[9]。

■希望とは何か

中途障害者にとって自己連続性の問題とは、必ずしも変わらない自分と変わった自分をどうつなげるかといったことではない。ある受障者は「私には心が2つあるんです。1つの心はもうこの状態は固定して治らないと認めているんですが、もう1つの心がどうしても回復の希望を捨てきれないんです[10]」と医師に話したという。医師は「やや低いレベルでではあるが、彼なりの障害の受容に達した」と判断した。障害の

[8] 内海健（2011）「トラウマの時間論」木村敏・野家啓一（監修）『空間と時間の病理—臨床哲学の諸相』(pp. 238-270) 河合文化教育研究所 p. 245.

[9] 田垣正晋（2014）「脊髄損傷者のライフストーリーから見る中途肢体障害者の障害の意味の長期的変化—両価的視点からの検討」『発達心理学研究』25, 172-182. p. 172.

[10] 上田敏（1980）「障害の受容—その本質と諸段階について」『総合リハビリテーション』8(7), 515-521. p. 520.

[11] Lohne, V. (2009) Back to life again—patients' experiences of hope three to four years after a spinal cord injury: A longitudinal study. *Canadian Journal of Neuroscience Nursing*, 31, 20-25. p. 20.

ただし、ここで扱っていることは「なぜこうなったのか」という

受容とは、どっちつかずの境界性を生きることなのである。不治の絶望と回復の希望のなかで意味が生まれる。そして、やがては回復の希望の中身も変わってくる。その希望とは、もはや良くなるだろうということではなく、結果がどうであれ納得のできるものになるといった確信である[11]。言い換えると、たとえ未来が思い通りにならなくてもそれでよいと思えることである。私たちが人生を語るのは、過去を正当化するためではなく、語ることで希望をもち、自分に強いられた境界性を生きるためであろう。そのことは青年自身だけでなく、それを見守る身近な他者にとっても同じである[12]。

自責の念に対し、「自分が生き残って嬉しい。奇跡が起きた」と考えることを指す。

[12] 母親の経験は次の文献を参照。

白井利明（2020）「中途障害を得た青年と家族の人生構築と支援」本郷一夫（監修）白井利明（編）『生涯発達の理論と支援』(pp. 67-76) 金子書房 pp. 70-72.

■参考書

白井利明（2019）「中途障害のある青年はどう自己連続性を構築するか―語りの前方視的再構成法による分析」『発達心理学研究』30, 34-43.
（語りの前方視的再構成法の実際がわかる）

浜田寿美男（2009）『私と他者と語りの世界―精神の生態学へ向けて』ミネルヴァ書房
（物語の逆行性と出来事の順行性の違いについて警察での自白を例にわからせてくれる）

4-6

自己定義記憶

——他者を見て自己をつくる

街や家が変わらずにあると心が落ち着くと感じる人も多いだろう。街や家が変わったとしても、昔からある喫茶店に行くと、ほっとして心が安定することもある。[1] 昔の面影が手がかりとなって、過去の記憶が現在によみがえり、そのことによって過去と現在が結びつくからである。私たちは絶え間なく変化する世界を生き抜くために、世界を安定したものとして捉えようとしているが、そうした安定した世界を参照することで、自己の安定を得ようとしているのである。私たちが自己連続性を構築するうえで、記憶は重要な役割を果たしているのである。

■不随意的記憶の働き[2]

自分がこれまでの生活で経験した出来事に関する記憶のことを**自伝的記憶**（autobiographical memory）というが、私たちは生活のなかで何かをきっかけに、ふと思い出し、自己を確認することがある。意図をもって想起する記憶を**随意的記憶**と呼ぶのに対して、思い出そうとする意図なく自然に思い出され意識化される記憶を**不**

[1] Bluck, S. & Alea, N. (2008) Remembering being me: The self-continuity function of autobiographical memory in younger and older adults. In F. Sani (Ed.), *Self-continuity: Individual and collective perspectives* (pp. 55–70). Psychology Press. p. 57.

[2] 神谷俊次（2007）「不随意記憶の自己確認機能に関する研究」『心理学研究』78, 260-268. pp. 263-264.

随意的記憶と呼ぶ。

この偶発的に想起される不随意的な自伝的記憶は、自己を定義することが主な機能であると考えられている。たとえば、「図書館に行ったら休館日だったとき、小学生の頃に調べものをしようと図書館に行ったら休館日だったことを思い出し、おっちょこちょいなところは昔から変わっていないと思った」、「高校生の頃よく聴いたCDアルバムを見つけて、当時のことや気分のようなものを思い出し、当時はこのCDの気分だったが今は違うと思った。音楽の好みが変わったと思った」といったことである。こうした記憶は、必ずしも問題解決のためのものではない。問題解決のためとは、洗濯のタグがついたままブレザーを着ようとしているとき、「仕付け糸をつけたままのブレザーを着ていることを学生に指摘された」という過去のエピソードを想起し、「恥ずかしい思いをしないように、クリーニングした後の服を着るときは十分にチェックしようと思った」という行動調整をもたらすようなものをいう。偶発的に想起される記憶は、そのように後続する行動調整がないことから、単に自分を確認しているだけだと考えられる。私たちは不随意的な自伝的記憶の想起により日々の生活のなかで意図せず自分を確認しているのである。

■語り合いによる洞察

アメリカの人格心理学者、モニシャ・パスパティ[3]は、新しい体験や新奇な出来事や

[3] Pasupathi, M. et al. (2007) Developing a life story: Constructing relations between self and experience in autobiographical narratives. *Human Development, 50*, 85-110. p. 87.

テーマを重ねることでアイデンティティが変化し、さらにそれが回想され、語られることで、アイデンティティが更新されていくという。そして、次の例が紹介されている。

休日に親戚とやっていたボードゲーム（チェスなど盤面でするゲーム）で負けそうになった、負けず嫌いで怒りっぽいことを自分でもわかっている女性は、夫が自分を助けようとしたことに腹を立て、「あんたみたいなマヌケに助けてもらう筋合いはない」と言って、歯をむき出しにして、どなった。その場にいた親戚も夫も、そして自分もショックのあまり座り込んだ。夫は冗談っぽく、からかうように応えて、手際よく事を収めた。後日、その出来事を夫婦だけで話し合うが、後に彼女はその話し合いをとおして夫との絆が強まったと感じた。

このように私たちの日常では対立が生じるが、それを語り合うことで思わぬ展開となり、他者との関係が修復されたり、さらに発展したりすることがある。こうして、彼女の語りは、自己連続性を構築している。関係が深まったという結果をもとに、対立した出来事は自分自身の危機（crisis）ではなく、夫との結びつきを強める**転機**（turning point）として意味づけられたからである。

■「第二反抗期」の体験

重要な他者との関係の危機は、自己と他者の連続性の危機であり、そうした危機の克服は自己と他者の連続性の回復である。ある青年（男性、24歳）に「第二反抗期」を思い出してもらった[4]。

彼は小学校高学年の頃、白いご飯が嫌いで食べないため叱られたが、父も白いご飯が嫌いで食べない。父に「自分はなんで食べないのか」と聞くと、「ビールを飲んでいるから、いいんだ」と答えた。大人とは思えないような幼稚な言動や理不尽な要求だと感じ、毎日のように口げんかをしたが、小学生の私と同レベルで、諭すにもまったく説得力のない、そんな父が嫌になったという。中学校に入る頃には、「もうこの人には何を言っても通じない」「張り合うだけ無駄だ」と思ったという。これまで大好きだった父親が嫌いになってしまうという、思ってもみなかった自分になってしまったのである。

そうした自分の変化は、親子関係だけでなく、自分に対しても思わぬ影響を与えた。予期せぬ出来事を尋ねると、「世界で一番嫌いな人間は父親と自分が思ったことは自分が悪い人間みたいで嫌だった。血のつながった人なのに。そう思ってしまうことにびっくりした。本来、父と息子は仲のいい関係だということが普通だと思っていたから」と答えた。つまり、これまで大好きだった父親が嫌いになることは、自己存在の危機も招き、自己の連続性を揺るがす事態となって跳ね返ってきたのである。

[4] 白井利明（2015）「青年期のコンフリクトを親子はどのように体験するか－前方視的再構成法を使って」『青年心理学研究』27(1), 5-22. pp. 8-13.

■青年と親とのコンフリクトの共同構成[5]

親子のコンフリクトは、どのように解決されたのであろうか。この青年の場合は「父親のような人にはならないでおこう」という目標を立てることで、自己の連続性を構築した。それは「後に中学1、2年のとき、友だちの家に遊びに行って、その子が父親と仲良くしゃべるのを見たとき」だった。自分の父親とは違うタイプの父親像を参照することで、「父親のようにはならない」と思ったという。

それでは、父親の連続性はどのようにつくったのだろうか。第二反抗期の終わりを尋ねると、「大学に入った頃、父がちょっと倒れて、久しぶりに顔を見て、顔のしわから父が年をとったことに気づき、反抗することが申し訳ない、かわいそうだ、と思った。ビールのことは今でもおかしいと思うが、とがめようとは思わない。大学2年から小遣いがなくなり、アルバイトを始めたが、父は大変な目をして働いていることがわかり、父はすごかったかもしれない、多少のことはしょうがない、と思うようになった」と答えた。父親に対する自分の見方を変化させて、父親が変わらないことを受け入れた。青年も大人になったということなのだろう。

父親の側には青年の参照枠となるようなどっしりとした構えがあった。父親は「男だし、親父を嫌うことも普通だ」と考え、「非行をしている様子もないし、勉強も、部活も頑張っているから問題ない」と考えて見守っていたという。このことが青年の自立を可能にしたのではないだろうか。青年期の自己形成は青年と親との共同構成な

[5]［4］に同じ。

のである。[6]

■他者の連続性の構築[7]

親の連続性の構築の場合はどうだろうか。ある母親（47歳）に、次男の第二反抗期を語ってもらった。

次男は「気楽な平和主義者」であり、母親とも波風立てず仲良くしていた。それが中学2年の9月、叱っても諭しても、朝、起きなくなり、学校に遅刻するようになった。終わり方も突然だった。12月、母親が「君、何か変わった?」と尋ねると、「あ、僕、反抗期、終わったから」と答えたのだった。母親が次男に尋ねると、反抗期は「成長の一過程」であり、「なんか、イライラしてた」と答えた。次男が高校2年の初め頃「あのときボク、反抗期やってんから、ほっといてもそのうち収まんのに、お母さん怒りすぎやったわ」と母親に言ったことを思い出した。

母親も「反抗期について、今その頃を振り返ると、『思春期』の言葉どおりの、春の芽吹きのエネルギーを持て余して、親の望む方向に使っていいのかどうか、朝の布団の中からも、自分で試行錯誤していたのかな、と思う。そして、結局は親の望む方向、大人には当たり前と思える方向に進むのだけど（朝、決まった時間に起きて、遅刻しないとか）、親に言われるからじゃなく、自分で考え、選んでそうした、と自信をもち、大人の自覚をもつための大人としての部品を作っていたのかなと思う」と話

［6］Youniss, J.（1983）Social construction of adolescence by adolescents and parents. In H. D. Grotevant & C. R. Cooper (Eds.), *Adolescent development in the family: New directions for child development*. No. 22（pp. 93–109）. Jossey Bass, p. 105.

［7］［4］の文献 pp. 13–17.

した。子どものなかに成長を見て、変化のなかの次男の連続性を構築したのである。
母親にとって問題だったことは、「気楽な平和主義者」だった息子が突然、変わったことだった。次男に「お母さんはキミのこと、『もともとが平和主義』だと思ってるんだけど、キミはどう思う」と聞くと、「そうや、ボクは平和主義者やで。意見が違ったとき相手が退いてくれるのがいいなと思ってる」と答えた。次男は「反抗期」以前の行動に戻っているのみならず、次男が自分の見方に同意したことから、次男も同じように思ってほしいという母親の願いは満たされ、次男の連続性は確保できた。母親も自分を「平和主義者」と捉えているので、母親にとって重要な特性である「平和主義者」が次男と共通する。このように「我々」意識のある関係における共通性が、母親の自己連続性を再構築した。

「自分が自分である」ことの保証は自分による自己の記憶のなかだけでは完結せず、他者による記憶に根拠があるのである。[8]

■家族のストーリーの共有[9]

個人にとって重要な自伝的記憶は**自己定義記憶**（self-defining memory）と呼ばれ、ライフストーリー（life story：語られた人生）の最小単位となる。自己定義記憶のもととなるような自分の体験を想起し、それを自分の所属する集団で繰り返し語るなかで、集団の他者から教訓や洞察が与えられて解釈するうち、やがて、その集団のマス

［8］小嶋秀夫（2009）「文化と人間発達を歴史的視点から考察する」日本児童研究所（編）『児童心理学の進歩－２００９年版』（pp. 267–294）金子書房 p. 219.

［9］McLean, K. C. (2016) *The co-authored self: Family stories and the construction of personal identity*. Oxford University Press. p. 49.

ターナラティブ（master narrative：集団で合意されている語り）と出会う。たとえば、自分の語りが家族のあいだで共有されると、もはや個人のストーリーではなくなり、家族のストーリーとなる。しかも、個人の一貫性（coherence）は、自分のさまざまな語りのあいだの齟齬をやりくりして1つのものにまとめることで創り出すようなものではない。家族や集団が互いに認めあう、そのことでできあがるのである。こうして集団の他者とのつながりのなかで体験が再構成されてアイデンティティとなり、さらにそれが記憶として残っていく。私たちはこうした記憶にアクセスすることで、自分にとって重要な他者とのつながりを確認し、そのことで自分の存在を確かめていくのである。

■参考書

白井利明（2015）「青年期のコンフリクトを親子はどのように体験するか－前方視的再構成法を使って」『青年心理学研究』27(1), 5-22.
（他者の自己連続性を構築することで自分の自己連続性を構築することがわかる）

大橋靖史（2004）『行為としての時間－生成の心理学へ』新曜社
（記憶の共同想起について、裁判での証言を例に論ずる）

4-7

ディスコース

――主体は反応として現れる

「生命は」という吉野弘の詩に倣(なら)っていうなら、花の生殖はおしべとめしべが揃(そろ)っているだけでは成り立たない。そこに虫や風が仲立ちしないことには、生殖のサイクルは完結しない。私たちの生命は欠如を抱えており、互いに他者に満たしてもらわなければならないようにできている。自己連続性も、自分の内部の閉じたシステムのなかでつくられるものではない。自己が環境に開かれ、環境との相互作用の一部になることでつくられる。このことをはっきりと示すのは**ディスコース**（discourse：談話）の研究であろう。ディスコースという英語の意味は特定の話題について真剣に話したり書いたりすることであるが、ここでは、現実があるからそれを話したり書いたりすると考えるのではなく、互いに話したり書いたりすることで現実が制作されるという見方をいう。

■アイデンティティ・ジレンマ

アメリカの心理学者のマイケル・バンバーグ[1]は、ディスコースをとおして「同じ」

［1］Bamberg, M. et al.（2011）Discourse and identity construction. In S. J. Schwartz, K. Luyckx, V. L. Vignoles（Eds.）, *Handbook of identity theory and research*（pp. 177-199）. Springer.

（same）と「違う」（difference）のあいだを切り抜けることで個人アイデンティティがつくられるという。切り抜けを要請するジレンマを**アイデンティティ・ジレンマ**（identity dilemma）という。

次の会話は、15歳の9年生男子5人と大人男性一人が、17歳の11年生のゲイの男子について話しているものである。

彼らがゲイだとオレはどうしてわかったか[2]

1　エド：キャシディーにゲイがいるぞ。
2　モド：あいつらに、あいつらにお前らの学校にいさせていいのか。あいつらは語り草になっているらしいぞ。
3　エド：表向きはゲイの子は学校にいない。
4　ジェームス：あー、いるなあ。彼らを知らないけど、見たことはある。
5　エド：どうしてゲイってわかるの？
6　アレクス：そうそう。実際にはゲイはわからないよ。
7　ジェームス：違う。ゲイはわかるもんだよ。〈声を荒げる〉
8　エド：そうだよねー。
9　ジェームス：まあいいや。あいつは11年生。オレの知っている子だけど、名前は言わない。
10　エド：了解。どんなやつなの？〈両手を挙げる〉

[2]［1］の文献 p. 191.
発話の調子の情報は省略。

11　ジェームス：そうだな、11年生がほとんどだったクラスにオレがいるとき
12　ジョシュ：で、名前は？〈声を荒げる〉
13　ジェームス：あー、あー、うーん、女子がね、絶対嘘は言わない、かわいい子なんだけど、ロッカーがあいつの隣なんだ。女子が言うには、あいつがゲイだといっぱい言っていた。女子がそこにいたとき、オレはいなかったんだけど。うーん、そんなわけで知っているわけ。あいつは、うーん、女子といっぱいつきあっているんだ、大勢ではないけど。いっぱいの。少しのゲイの子がキャシディーにいるんだ。

発話4で、ゲイの男子を「知らない」というみんなに対して、ジェームスだけが「知っている」という立場に自分を押し出している。この押し出しのことを**ポジショニング**（positioning：位置取り）と呼ぶ。ポジショニングとは相手との関係で自分や他者の立ち位置を言葉やストーリーによって誰かに明確にする行為のことである。ところが、彼の「知っている」という立場へのポジショニングにより、ジェームスはゲイの男子と親しい、つまりジェームスはゲイの仲間かもしれない、という疑いが言外にかけられることになる。つまり、ゲイの男子を「知らない」というみんなと、「知っている」という自分は「違う」のだが、それにより、みんなも自分もゲイではないという「同じ」が崩れようとしているのである。こうしてジェームスはみんなと「同じ」と「違う」のあいだにバランスをとらなければならなくなる。ここでは切り抜け

が要請されるため、アイデンティティ・ジレンマに直面しているのである。

■集団アイデンティティの構築[3]

ジェームスはすぐにゲイの男子を「知らない」と言い直し、「見たことはある」と修正する。この発話で、ジェームスはゲイの男子とは距離があるから自分はゲイではないと押し出している。しかし、みんなは簡単には許してくれない（発話5と6、10と12）。そこで、ジェームスは、自分が知った経緯をストーリーとして語り始める（発話11）。まず女子から聞いた話だと述べる。間接的な情報であることから、ジェームスはゲイの男子とは直接の関係がないことが示される。しかも、ジェームスはゲイについて話せるまでに女子と親しいことが示され、ジェームスもみんなから異性愛者として認められることになる。

こうしてジェームスはアイデンティティ・ジレンマを切り抜けることで、個人アイデンティティを構築した。そして同時に、ジェームスも含め、集団の全員が異性愛者だということになった。そのように17歳のゲイの男子と自分たちとのあいだで線引きが行わ直されることで、異性愛者としての**集団アイデンティティ**（group identity）が構築された。この事件が起こらなければ、ジェームス自身が異性愛者であるという自己定義も、また彼らが異性愛者の集団であるという定義もされていなかったのである。このように、ジェームスの個人アイデンティティも集団アイデンティティも、本

[3]［1］の文献 pp. 192-194.

人のポジショニングの産物であり、それゆえ、その場の参加者による合作なのである。

■役割交代が時間を変える

私たちは会話におけるやりとりの交代のなかで、過去と現在、または現在と未来を行き来し、自己連続性を構築することがある。

幼稚園から高校まで同じ学校だった大学生が、久しぶりに中学時代の思い出を語ったときのことである。Mは、小学生のときのある出来事がずっと気になっていた。

久しぶりに会った友人との会話[4]

1M：なんかちょっと嫌な思い出やけどさ、（うん）あのYちゃん《女子》って、
2W：はいはい。
3M：同じクラスやったやん。〈笑〉〈W：笑〉
4M：ご飯一緒に食べてたけど、なんか
5W：あ、弁当？
6M：そうそう。なんか、中学生……まあ中学生やったなあって感じで、（ああ）なんか、なんかたぶん一緒に食べるのが嫌やったんかなー、なんか一緒に食べるのやめようって言っててん。〈W：笑〉
7M：〈笑〉ほんまに〈笑〉、ない？〈笑〉なかなかひどいことしてた。

[4] 北村麻以加の卒業論文のデータをもとに、彼女と調査協力者の許可を得て、指導教員の白井利明が分析した。
会話における（　）のなかの斜体は短い相槌、〈　〉のなかは笑い、［　］のなかは同時発話、《　》のなかは補足的な情報を示す。

8W：〔上記のMの発話のあいだ、笑〕
9W：〈笑〉まあなんか弁当グループとかあるしなー。でも嫌なもんはたぶん嫌やったんやろうな〈笑〉。
10M：なーなんか〈笑〉
11W：嫌やったんやろな、中学のときは〈笑〉。今やったらな、
12M：なー。全然いけるけど。
13W：ねー。

発話1で、Mは自分が友だちと一緒に昼食をともにするのを断ったことを後悔していると打ち明けた。Wはそれを受け止め、発話11で「今やったらな」と質問し、Mは「全然いけるけど」と答えて、自分の過去を修復した。

ここには、2つのメカニズムが働いている。1つは、視点の時間的移動である。「今だったら」と質問することで、視点を現在に引き戻して、過去を現在から閉め出し、過去の出来事を過去化している。そして「だったら」という仮定法を使うことで、実際にはなかったが、ありえたかもしれない可能世界（possible world）をつくり出し、今、それを生き直すことで、過去を修復したのである。もう1つは、やりとりの交代である。視点の時間的移動は自作自演では必ずしも有効ではない。Wという他者が「今だったら」と問いかけ、それに応答することで可能になった。

■会話の振り返り[5]

この会話が終わった後、自己連続性の構築を確認する質問をした。1つは、「会話をしていて昔と変わったところに気づいたか」と質問した。これには、Wが「お弁当とか食べんの一緒に嫌な子がおっても、たぶんそういうことは言わんやろうなみたいな」とふって、Mが「せーへん」と答え、Wが「たぶん成長したんやろうな」と意味づけている。このように変化を成長と意味づけることで、Mは自己連続性を構築した。

次に、「会話をしていて昔と変わっていないところに気づいたか」と質問した。Mは「笑い出したら止まらんみたいな」とし、Wは「長い友だちやからたぶんその当時に戻ってこう警戒心なくしゃべれるってのも」とふって、Wは「素は変わってないってことやな」とまとめている。語り方が変わらないので、「素」という土台なり本質なりが変わらないとして、「長い友だち」という親密な関係のままであるという恒常性を構築した。

3つ目に、「会話を通じて自分はこんな人間なんだと気づいたこと」について質問した。Wは「なんか自分が、この録音聞いたら、で、全然他人やったらこいつめっちゃ生意気って思うかもしらん。いったいどの立場から物言うてるんやろうと思う。基本的に中学時代のこと、なんか下に見て言ってるかも。子どもっと思って」と答えた。Wは自分の「上から目線」的な発言を批判することで、Mとの関係を修復した。

[5]［4］に同じ。

■相互行為による自己連続性の構築

以上のように、自他の関係を紡ぐ（つむぐ）ことをとおして、互いの自己の過去と現在をつなげている。そして、互いに過去を回顧することで、現在の私と私たちをつくっている。なぜなら、私たちは存在するのは現在だけだと思っているが、実は過去だけだからである。そのため、自己にせよ社会関係にせよ、同時に存在するものも含めて、すべて回顧によってのみ知ることができる。[6] 今の私（I）は常に先ほどの私（me）に対する反応としてのみ立ち現れる。

私たちは特定の話題についての他者とやりとりする会話をとおして、自己と他者の境界をつくったり壊したり、そしてそのなかで過去に遡ったり現在に帰ったりしながら、その瞬間、瞬間に自己連続性を紡いでいる。したがって、そこでの自己連続性とは意識における過去と現在のつながりのことではなく、その瞬間、瞬間に行う行為によって、過去と現在がその瞬間、瞬間につながることである。

［6］Harré, R. (1992) Foreword. In P. Baert. *Time, self and social being: Temporality within a sociological context* (pp. viii–ix). Avebury. p.viii.

■参考書

ラプリー、T／大橋靖史他（訳）(2018)『会話分析・ディスコース分析・ドキュメント分析』（ウヴェ・フリック（監修）SAGE質的研究キット 7）新曜社

（ディスコースの見方からは「行為主体（agency）は言語による構成である」（訳書 p.3）とされる。どのようなことかが本書に書いてある）

中川作一（1999）「自己像と平和―民主主義とファシズム」心理科学研究会（編）『新 かたりあう青年心理学』（pp. 217-275）青木書店

（自己とは意識ではなく、自己像であり、他者の態度に対する反応として主体が立ち現れることを説明する）

4-8

人生の語り直し

――聴き手の役割

1回切りの語りではなく、何度も語り直しを聴いていくと、違う世界が見えてくる。語られた内容の変化が実際に動き出し、その内実がかたちとなって現れる。それはどのようにして起こるのであろうか。

■予期・行為・意味の循環

私はその人が人生を歩んでいくペースにあわせて語りを聴いていく**縦断研究**（longitudinal study）をしている。Aさん（女性）には、大学卒業時（22歳）、就職2年目（24歳）、就職5年目（27歳）、就職7年目（30歳）、そして42歳の5回にわたって語りを聴いた。

42歳のAさんは、自分の人生を振り返って満足していると述べている。自分が若い頃に立てた「教師になり、仕事と子育てを両立させる」という目標が実現しているためであろう。それでは、現在が幸せだから過去も肯定的に捉えているのだろうか。確かに記憶の実験では、現在の気分に一致する過去の記憶が想起されるという気分一致効果というものがある。今が幸せであれば過去も良かったとされることは、気分一致効果からも説明できるかもしれない。しかし、実際にAさんの人生をたどってみると、そのような現在における認知的な処理によって現在の幸福が実現したのではない。自分の目標を実現する行為によってもたらされたものであるし、それも含め、もっと人生の全体にかかわることである。

Aさんは、大学卒業時の第一志望は教員だったが、そのときはかなわず、企業に就職した。ある出来事がきっかけで企業を辞め、教員に転職した。30歳のときの語りでは、「企業に就職したこともよかった」とした。「最初から教師になっていた人にはわからない教師の魅力がわかるからだ」という。これだけを聞くと、教師になって満足しているのだろうと思うかもしれない。しかし、必ずしもそうではなかった。実は当初、Aさんは企業とは違う特質のある教員の社会に馴染めないでいたのである。おそらく自分の志望と現実のあいだに生じたギャップを埋めるための語りが求められたのであろう。それが先ほどの語りである。つまり、企業人だった自分が教員の社会に馴染めなかったのを逆手に取って、それを企業人だからこそ見つけることができた教員の魅力のほうへと切り替えて語り直したのである。行為によって実現した目標が新たな課題を生み、それが語りによって意味づけられるのである。

こうして、語り直しを聴いていくことで、図4-6に示されるような**予期・行為・意味の循環**[1]が見えてくる。つまり、ある時点で立てられた目標や将来展望（予期）は、

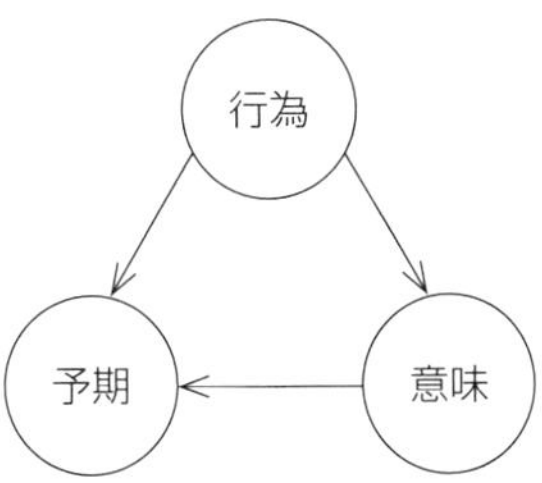

行為　意味　予期

図4-6　予期・行為・意味の循環としての人生のプロセス

[1] やまだようこは、人を経験・意味・行為の円環とみなしたとき、経験から意味へ、意味から行為へと移行する過程はストーリーが推進すると述べている。

やまだようこ（2000）「人生を物語ることの意味―ライフストーリーの心理学」やまだようこ（編）『人生を物語る―生成のライフストーリー』（pp. 1-38）ミネルヴァ書房 p. 17.

その次には、実際に行為となって現れたり（行為）、もしくは行為とはならなかったりして、その後に、どのような結果になったのか、つまり目標は実現したのか、そうでないのか、という評価が行われる（意味づけ）。それに基づいて、さらに将来展望が修正されたり、あるいは修正されずに継続されたりする（予期）。このように時間とともに進む人生の経過のなかで語りを聴くことで、どのように予期・行為・意味の循環が生じてくるのかを明らかにすることができるのである。

■現実世界と可能世界の対比

Aさんの語りから何が見えてくるのだろうか。42歳のAさんは「企業を辞めて教師になったから、後悔しない」と語り、自分の人生を肯定的に語っている。後悔とは、自分の選択した状態より、選択しなかった別の状態のほうがよい結果になっただろうと感じる場合に起こる感情である。[2]「実際にはなかったが、ありえたかもしれない状態」を**可能世界**（possible world）と呼び[3]、「自分の選択した状態」あるいは「実際に起こった状態」を「現実世界」（real world）と呼ぶとするなら、後悔とは、可能世界の価値が現実世界を上回ったときに起こる感情であろう。[4]「後悔しない」と語るBさんは、その逆で、現実世界の価値が可能世界を上回ったと言えるだろう。

このように、私たちは可能世界と現実世界を対比し、後者が前者を上回ると考えることで現状を受け入れ、もしその反対なら行為によって現実世界を変えようとするし、

[2] Zeelenberg, M. et al. (1998) Emotional reactions to the outcomes of decisions: The role of counterfactual thought in the experience of regret and disappointment. *Organizational Behavior and Human Decision Processes, 75*, 117-141. p. 118.

[3] 可能世界については、[1]の文献 p. 29 を参照。

[4] 白井利明（2019）「青年期から中年期の人生の語り直しと時間的展望」『教育心理学年報』*58*, 268-270. p. 269.

それが不可能ならさらなる意味づけを必要とするのであろう。つまり、私たちは自分の生きている現実の世界とは別の世界を想定するというズレを作り出すことで、自分の生き方を定めているのである。

■主体の立ち上がり

アイデンティティにせよ、あるいは時間的展望にせよ、いずれも個人と文脈との相互作用を構造化する主体の働きを捉えたものである。したがって、個人のアイデンティティや時間的展望の感覚を捉えるだけでは不十分である。実際に個人が文脈とどのように相互作用しているのかを知り、そのこととその人の構造化の内容を対照することをとおして、その人の構造化のしかたを捉えなければならない。

発達心理学者の乾孝は、何かが見えるには、日常では見えない（体験されない）1つの点から定位されなければならないと述べ、虚構であるその1つの点が、自我であるという[5]。たとえば、近代において遠近法が発明され、ある1つの点から見て描くことで、風景を「見えたまま」に描くことができるようになった。遠近法はものを見るときの視点の所在を示すものであるが、それが近代の自我の眼差しの特質を示している。しかも、この「見え方」は、乾によれば、他者（制作者と肩を並べて共通の課題に向かっている鑑賞者）の「見え方」を前提としてはじめて自覚されるものである。それゆえ、突き詰めていうと、語り手と聴き手の対話のなかで自我が現れると言える

[5] いぬいたかし・うどうかずこ（1965）『形象コミュニケーション―視覚伝達の基礎理論』誠信書房 pp. 53-54.

のである。

それゆえ、語りを聴くうえで重要なことは、相手が話す内容を聴いて、その人の人生を知ることだけでなく、対象者の対峙している世界を一緒に見ようとすることである。そして、図４－７に示されるように、語り手のかかえている課題を共有する。語りから聴き手に見えてきたことを語り手にフィードバックし、聴き手が理解した課題が本当に語り手のかかえている課題かどうかを確かめる。そのとき、語り手の側の変化について聴き手の側に確かな手応えがあれば、それが語り手の主体の立ち上がりなのである。

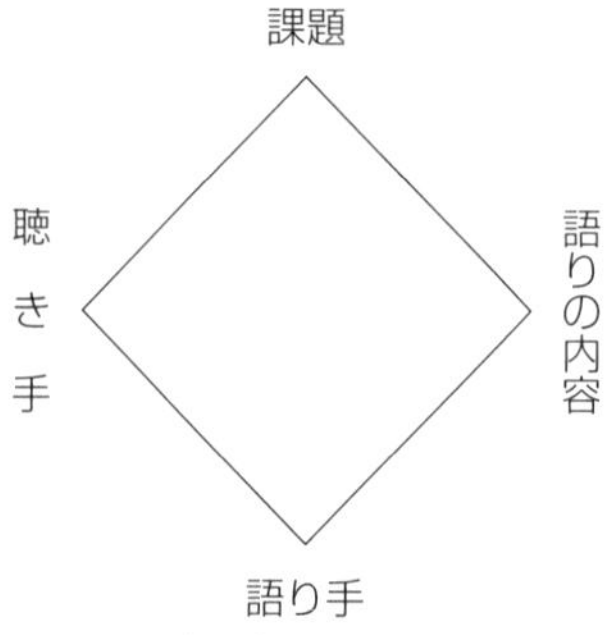

図 4-7　語り手と聴き手の共有する世界[6]

[6][5]の文献の図を参考に作成。

未発の未来

今度は児童福祉施設で働いているＢさん（男性）の語りを見てみよう。

Ｂさんは40代で職場に天井感を抱いているとき、転職の誘いがあった。聴き手からすると今すぐにでも転職したいはずなのに、そのままに放置している。そのことを尋ねると、転職は引っ越しをしなければならず、そうなると妻が仕事を辞めなければならない、とのことであった。妻は辞めてもいいと言っているが、そのことが自分にはプレッシャーになると答えた。聴き手には、Ｂさんがこれから転職に向かうのか、今のままなのかわからなかったが、「転職しても今のままでも、後から振り返ったら、今が人生後半のための転機だったと思うのではないか」と言った。それについて、Ｂ

さんは否定も肯定もしなかったが、面接が終わって別れるとき、思いがけず「転職を誘ってくれている方に条件を聞いてみます。それからですね」と言った。私は「いつになるかわからないが、次に会うときに話を聞くのを楽しみにしています」と言った。

　このとき、聴き手は、対話をとおして語り手に、堂々巡りになって悩んでいる今を超えて「未発の未来」が立ち上がったのではないかと感じた。「未発の未来」とは、「今、ここで」を超える未来[7]のことである。語り手は、聴き手という他者の体験をくぐることで、いまだ自覚しえなかった側面に対する自分の認知を深めていくのである[8]。このように、聴き手が語り手の課題を共有し、それを語り手にフィードバックすることで、語り手の語った内容が動き出す。その動きがわかることで、聴き手は語り手に変化の予兆の手応えをつかむ。そのとき、聴き手は熱くなったり、震えたりすることがある。聴き手は、語り手の言葉を聴いて頭で知るだけでなく、身体を使って語り手と同期する。それが語り手の（未発の未来という）主体の立ち上がりを捉えた瞬間なのである。

　語り手と聴き手が共有する世界を二人称の世界（共同主観）と名づけるなら、聴き手は二人称の世界を見ることで、一人称の世界（主観）に迫ろうとすると言える。二人称の世界は、語りの文脈を共有する目の前の相手に呼びかけ、相手からの応答を受けて見えてくる世界である。

[7] [5] の文献 p. 9.

[8] [5] の文献 p. 49.

■参考書

白井利明（2020）「語りから立ち上がる人生―聴き手の役割」『*N*：ナラティヴとケア』*11*, 79-84.
（縦断面接調査から聴き手に見えたことが語られる）

やまだようこ・田垣正晋・保坂裕子・近藤和美（2000）「阪神大震災における友人の死の経験の語りと語り直し」『教育方法の探究』3, 63-81.
（語り直しのプロセスや意味がわかる）

■普遍性の獲得のための戦い

私たちは幸せになりたいと願うだろうし、思い通りの人生にしたいと思っているだろう。しかしながら、人生にはそのようなことばかりが起こるわけではない。むしろ、幸せか不幸せかといった世間の二元論を乗り越えることが人生の課題なのである。

それができるのは、幸せであったとしても、あるいは不幸せであったとしても、自分の人生は他の誰のものでもない、唯一絶対なものであり、それゆえ、かけがえのない（unique）人生であったと思えることであろう。自分の人生が自分でしかない本質の現れであると思えるなら、まさにそうした個別性のなかで普遍性を獲得することができる。人生とは、幸せか不幸せかのどちらかに自分の人生を落とし込もうとする流れに抗（あらが）って、自分の人生を唯一絶対なものと捉え、そこのことにより普遍性を実現するための戦いなのである。

そうした語り手の人生の戦いの瞬間、瞬間に聴き手が立ち会い、それを他の人に伝えていくことは聴き手の使命である。そして、こうした聴き手を得て語ることで、語りの瞬間、瞬間に「未発の未来」を立ち上げ、現実を乗り越えていくなかで、語り手は「自分の人生は間違っていなかった」「人生に悔いはない」と思うことができる。そうして生きていく人生を過去化していくことで、前に向かって行き続けるなら、それが語り手にとっての自己連続性の構築と言えるだろう。

4-9

トラウマ

──「ない」から「ある」が生まれる

事故や災害や深刻な暴力に晒(さら)されて、そのときの出来事の記憶が日常の生活をしているなかに蘇(よみがえ)ってきて、生活に支障をきたす場合などは、**トラウマ**（trauma）と呼ばれる。本項では、事故によって突然、わが子を失って、それを問い続けている遺族について考える。彼らはわが子の死という過去の出来事に囚(とら)われて先に進めない人たちなのだろうか。時間が止まっているとしたら自己連続性はつくることができない。本項は人類学者の石井美保の研究をもとに考える[1]。

■遺族の問いかけ

石井美保は、２０１２年7月30日に小学1年生の女子が夏休みの水泳学習中に死亡した事故を取り上げて検討している。

学校・教育委員会と第三者委員会は、事故の大まかな状況とその問題点（水深・教師の監視体制の不備・救護の不手際など）を明らかにした。そのうえで、事故についての謝罪と反省を行い、今後に向けた新たな指針を提示した。それを受けて教頭は、

[1] 石井美保（2018）「喪われた声を聴きなおす―追悼 - 記念の限界と死者との共在」田中雅一・松嶋健（編）『トラウマを生きる』（pp. 597-632）京都大学学術出版会

全校あげて安全性の向上に努めていくことを約束し、「これからがスタートです」と締めくくった。これは学校と行政の「未来志向」の姿勢を示すものであった。

このように要約すると、「よくある話」であり、納得せざるをえないようにも見える。「未来志向」に着目すると、これは時間的展望の観点からは「過去志向」に対置されるものである。[2] 確かに過去に拘(こだわ)っているだけでは先に進めないかもしれない。しかし、遺族が拘っているのは過去なのだろうか。遺族は次のように述べている。

> ○○（亡くなった子どもの名前、以下、本項はすべて同じ）だけしか知らないこと、なぜこんなことが起きたのかという、○○の最後の声を、せめてしっかり聴いてやりたいということです。反省を述べただけで納められ、結局は何事もなかったかのように事故が忘れられていくというのでは、私たちはとても済ませられない、わけのわからないままにあの子を失ったというのでは、気持ちの持って行き場がありません。教育機関にすれば、事故で子どもが一人死んでしまったという外側の事実でしかないのでしょうか。私たちは「子ども」ではなく、たった一人の「○○」を亡くしたのだということがわかってもらいたいということです。もう二度と会えないということの生々しい痛みを、自分なりの人生を一生懸命生きていた子どもが、もう「いない」ということの重大さを、わかってほしいと思います。[3]

[2] 白井利明（1997）『時間的展望の生涯発達心理学』勁草書房 p. 56.

[3] [1] の文献 pp. 601-602.

この遺族の声は、確かにもう終わってしまい、変えようのない過去に執着しているようにも見えるが、よく読んでみると、わが子の命の尊厳さ、そのかけがえのなさを訴えている。それにもかかわらず、「未来志向」の見方からすれば、失われた命は二度と戻らず、それゆえ変えようのないことだから、やはり遺族は過去に拘っているということになってしまうのかもしれない。しかし、本当にそうなのだろうか。

■終わらない過去[4]

遺族は諦めずに「なぜあの子はいないのか」と問い続けたが、そのことは新たな動きをもたらした。第三者委員会が小学校のプールを用いて再現検証を行ったのである。遺族の奔走によって、事故当日に水泳指導した教員や救護・連絡にかかわった教員、事故当日と同じく1年生から3年生の低学年児童計69名が参加した。

再現検証は、事故当日の時系列にそって行われた。その結果、事故直前の様子もわかった。教師が○○ちゃんを持ち上げては水につける遊びを繰り返すと喜んでいたこと、3年生が「鬼ごっこしよう」と誘いに来たこと、そして教師が水中にうつぶせに浮かんでいる○○ちゃんを見たことである。しかし、その最後の場面の直前の数分間の情報は皆無だった。遺族が一番知りたい、なぜそこで溺れてしまったのかについては、結局、わからなかった。突発的で偶発的な事態に遭遇し、不意に水を飲み込み、一時的な窒息状態に陥り、意識を喪失した、と結論づけられた。

[4]［1］の文献 pp. 614-617.

結局、遺族が知りたかった彼女の最期の行動は、石井美保が述べるように、再び、誰ともかかわりのない自己完結したものとなってしまった。やはり知り得ない過去に拘（こだわ）っていても何も生まれないのであろうか。

■思わぬ解決のきっかけ[5]

話は振り出しに戻ったように思えたが、そうではなかった。再現検証で、○○の役は幼なじみの女子がやっていたが、そのときのことを母親と話をしていたことがわかった。

彼女は母親に聞かれた質問に答えて、持ち上げる遊びをした教師からそれをされたら「○○も嬉しいんちゃう」と答えたというのである。そして、母親が「もし、△△先生があっち行ったらどうする？」と聞かれ、「（○○も）追いかけたんちゃう？　先生にもう一回遊んでもらいたくて、追いかけたと思うで。○○は、ああいうときに一人でいるのが嫌やねん。誰かと一緒にいたいと思うねん」と答えた。

これを第三者委員会は聴き取り、遺族に伝えたが、そのとき遺族は次のように思った。

先生を信じていた○○。大人を信じていた○○。たった三回ほど持ち上げただけで何も言わずに深い方に行ってしまった先生、○○はかかわりが終わったと感じて

[5] [1] の文献 p. 622.

なかったのではないかと思うこと。その理由として、保育園で（中略）子供と本気でかかわり、向き合い、とことん遊ぶ大人と○○はかかわって生きてきたからと伝えました。

こうして遺族は知りたかったわが子の最期を見届けることができた。そこには、死においても○○が○○であり続けたことが貫かれていた。また、そのことを支えてきた大人の存在を改めて確認できた。こうして遺族は○○が突然、姿を消して見えなくなったのではなく、○○は○○として最期まで生きたことをはっきりと見ることができた。

■問い続けることの意味

以上のことからして、遺族が訴えていたことはやはりわが子の命の尊さだったということがはっきりと言えるだろう。それは最初からわかっていたことではあるが、はっきりとわかっていたわけでもなかった。むしろ遺族を支える人たちとの応答のなかから、はっきりとかたちを現したと言えるだろう。

遺族は、支援者で、その小学校の元教員からの励ましをもらって、次のように言う。

○○の方を向くことは、やはり苦しくて、いつまでも辛い姿を見せてしまうところがあると思います。でも、それが決して後ろ向きなわけではないという想いにさせてもらいました。○○のために何かをすること自体が前を向いていることなんだという想いにもさせてもらいました。いつまでも苦しくて情けない姿になってしまうことや、ここまで頑張ってきたすべてのことを肯定してもらえたようにも感じました。[6]

［6］［1］の文献 p. 628.

遺族が問い続けることで、また遺族のわが子の生命に対する思いを周囲が共有することで、遺族が単なる過去への拘り（こだわ）ではなく、「前を向いている」、未来に向かっているというように捉え返している。こうして、遺族は、自分たちが何を問い続けているのか、その本質に気づいていったのではないだろうか。それは石井美保が次のように述べていることからも裏づけられる。

遺族の終わりのない喪の時空を共有し、遺族とともに「なぜ」という問いを投げかけ続けている者たちが、出口のない喪の時空間をさまよっているかのような遺族の生のあり方をそのまま肯定し、それでもなお「問い続ける」という彼らの行為そのものが、それまでとは異なる未来を開いていく力をもつことを示唆している。[7]

［7］［1］の文献 p. 629.

この指摘を受けて考えてみる。○○はもういない。しかし、「問い続ける」という行為のなかに○○は生きている。それはまずは、遺族と支援者との会話のなかで○○が思い出され、○○は「ない」(不在)のに「ある」(存在)を感じる、といったことではあるが、そのことにとどまらない。現実とは、今ここに「ある」ものだけではなく、常に今ここに「ない」ものを含み込んで存在するため、「ない」は「ある」との緊張のなかで、やがて今は「ない」ものがかたちを現し、「ある」ものとなっていくからである。[8]

[8] エンゲストロームの「いまだここにないもの」という発想から着想を得た。
　エンゲストローム、Y／山住勝広(監訳)(2018)『拡張的学習の挑戦と可能性―いまだここにないものを学ぶ』新曜社

■人間の尊厳は個別性に宿る

　わが子を突然奪われた遺族は、「なぜわが子がそのような目に遭わなければならないのか」「それがなぜわが子なのか」と問い、やがては「なぜ自分が守ってやれなかったのか」と自分を責めるものになる。ところが、その答えは必ずしもその問いの延長線上にはない。わが子の最期がどうだったのかを確かめようとし、わが子がわが子らしく自分の生をまっとうしたことを知って、1つの区切りをつけていけることがある。それは、遺族が問いかけるわが子の尊厳という問題は、通り一遍の「人命」といった抽象的な言葉で扱うことのできないものであり、わが子という個別性のなかで具体的に捉えることなしには扱えないものだからである。

　それでは、このような事態になって遺族が問いかけてきたときは、同じように子どもに話を聞いて、それを遺族に伝えるならば、問題が解決するというのだろうか。も

ちろん、そうしたことでは解決しない。今回の筋道をマニュアル化しても役立たない。なぜなら、ありきたりのシナリオや想定内のマニュアルで解決しようとしても、遺族の問いかけに答えることはできないからである。遺族の問いに真摯に向き合い苦しみも避けないなかで、私たちは「こういうものだ」「こうするべきだ」「こうであるはずだ」と考える世界に生じてくる例外や逸脱[9]から目をそらすことなく、注意を払い続けるなら、答えのないように見えた問いかけに破れや風穴が開き、解決に向けたヒントが提示されるからである。

［9］Ilyenkov, E.（1960/2008）*The dialectics of the abstract and the concrete in Marx's Capital* (S. Syrovatkin, Trans.). Aakar, pp. 83-84.（花崎皋平（訳）（1972）『資本論の弁証法』合同出版 p. 70.）

■参考書

石井美保（2018）「喪われた声を聴きなおす―追悼‐記念の限界と死者との共在」田中雅一・松嶋健（編）『トラウマを生きる』(pp. 597-632) 京都大学学術出版会
（本章で取り上げた人類学からの研究）

徳田治子（2020）「ナラティヴ・プラクティスにおける聞き手の脆弱性―ハンセン病訴訟における弁護士の被害証言の聞き取りをめぐって」『N：ナラティヴとケア』*11*, 63-69.
（弁護士が被害者からの聞き取りを実現した報告）

4-10

変容確認法

――人はなぜ変わろうとしないか

アイデンティティとは発達の主体を捉える概念であるが、その主体を捉える研究方法論として**変容確認法**がある。変容確認法は第３章で述べたダイナミックシステム・アプローチと同じ方向をめざしている。

■発達主体を捉える[1]

変容確認法は、変容法と確認法からなる。変容法は個人内変動のプロセスを内的条件と外的条件の相互作用の視点から明らかにする。言い換えると、一人ひとりの実際の変容のプロセスを引き起こす可能性のあるダイナミックな動きを探し当てていく方法である。そこで、その人の変容をもたらすような内的矛盾[2]とその克服に注目する。人の発達は決して外的な圧力に屈して起こるものではないと考えるからである。

他方、確認法は、研究の結果を本人に返して気づいたことを尋ねたり、自分の変化の有無や理由を調べたりする。ここで本人に確認する必要があると考えるのは、**介入** (intervention) プログラムの前後で心理尺度に得点差があっても、それが本人に介入

[1] 白井利明（2008）「青年心理学研究方法論としての変容確認法の発展―発達主体として青年を捉えるアプローチ」『青年心理学研究』*20*, 71-85. p.71.

[2] Костюк, Г. С. (1956) О **взаимоотношении воспитания и развития ребенка**. *Советская педагогика, 20*(12), 60-74. p.71.（村山士郎・鈴木左喜子他（訳）(2002)「子どもの発達と教育との相互関係について」『人間発達研究所紀要』*15*, 109-123. p.120.）なお、この翻訳は14番にあるはずのルビンシュテインの文献に注番号を付けず飛ばしているために、それ以降は注番号が一つずつずれている。内的矛盾とその克服についての文献はレオンチェフではなく、正しくは一つ前のミヤシシチェフである。

プログラムの影響であると認識されないならば、その変化は介入プログラムの効果として経験されていないと考えるからである。逆に、変化の原因を尋ねられて自ら介入プログラムをあげるなら、介入プログラムに効果があったと考える。

実際のところ、介入プログラムでは〝こういう働きかけをしたから人はこのように変わった〟というように、参加者は受け身で表現されることが多いが、参加者が経験している内実は介入者が意図するものと同じではない[3]。本人が今を越えようと追求するものを介入者もともに捉えたとき、自ら発達する主体の仕組みがわかるのである[4]。変容確認法の具体例を見ていこう。

■発達の契機としての内的矛盾[5]

人は理想自己と現実自己のあいだにギャップがあると、理想自己に近づこうとして変容が動機づけられる[6]。しかし、介入は、本人の理想自己ではなく、実施者が考える望ましい状態が目標となるため、人の変化を起こすにはもう一工夫する必要がある。つまり、外からその人の内部にギャップや矛盾をつくり出しても、それだけでは、その人自身の問いにはならない。具体例で考えてみよう。

現代青年は、必ずしも刹那主義ではないのに、「現代青年は刹那主義だ」という虚像をもっている。大学生に「現代青年は刹那主義だと思うか」と尋ねると、彼らの多くが「そうだ」と答える。しかし、「自分はどうか」と尋ねると「刹那主義ではな

[3] Klar, Y.（1992）Directions in the study of personal-change endeavors by clinical and social psychologists: An introduction. In Y. Klar et al.（Eds.）, *Self-change: Social psychological and clinical perspectives*（pp. 1-20）Springer p. 5.

[4] 山本和郎（1992）『心理検査TATかかわり分析―ゆたかな人間理解の方法』東京大学出版会 p. 21.

[5] 白井利明（2001）「青年の自己変容に及ぼす調査活動と結果のフィードバックの効果―変容確認法の開発に関する研究（Ⅱ）」『大阪教育大学紀要（第Ⅴ部門）』*50*(1), 125-150. pp. 133-134.

[6] 千島雄太（2019）『青年期における自己変容に対する志向性の個人差と発達的変化』風間書房 p. 127.

い」と答える。つまり、多くの青年が自分は利那主義ではないと述べていることから青年の実像は利那主義ではないと考えられるのに、彼らは他人の青年は利那主義だと述べているので、それは虚像だと考えられるのである。そこで、彼らの現代青年像が虚像であるとわかれば、実像へと修正せざるをえなくなるだろうと考えた。

ところが、その矛盾を指摘しても、矛盾は認めつつも、矛盾があることを「おかしい」と思う割合は27・6％にとどまった。「おかしくない」と思う理由を尋ねると、「他人は客観的に評価できるが、自分は主観的にしか見れないから」、「現代青年は一部の青年だけ報道するマスコミに押し流されているから」、「現代青年と言われると漠然としているので、自分とは違う人を連想するから」など、さまざまな理由をつけて、虚像を実像に変えることはなかった。外から与えられた矛盾は認知的に処理され、変容の動機づけへの経路は無効にされてしまったのである。

今度は、自分たちで先行世代である自分の親と自分たちの利那主義の実態を調査して、そこに世代差はなく、どちらの世代も利那主義ではないことを確かめた。その結果、調査前は「現代青年は利那主義だが、自分は違う」（虚像の現代青年像）という回答は46・9％で一番多かったが、調査後は15・4％に減少し、逆に「現代青年も自分も利那主義ではない」（実像の現代青年像）が11・5％から54・6％に上昇した。このことから、事実を自ら確認することによって外から与えられた外的矛盾が彼ら自身の内的矛盾へと転換され、彼らの現代青年像の変容をもたらしたと考えられる。

■自己変容の仕組み[7]

この介入プログラムには狙いがあった。現代青年は、自分は刹那主義ではないのに、「現代青年は刹那主義だ」というネガティブな現代青年像をもっている。そのために、本音を出して他者とつきあえず、他者に受容される経験が乏しい。それゆえに自尊感情が低いのではないかと考えられた。そこで、現代青年のネガティブな虚像をポジティブな実像に変えることができれば、他者と本音でつきあい、ありのままの自他を認めあうことができる。その結果、現代青年の自尊感情を高めることができるのではないか、と考えた。

彼らの虚像が実像に変わることで、自尊感情は高まったのだろうか。高まったとしても、それは介入プログラムによるものだっただろうか。確かに自尊感情が上昇した場合は、介入プログラムの影響があったとする人が多かった。しかし、その理由を尋ねると介入プログラムが意図したプロセスは言及されなかった。実際に介入プログラムによって自尊感情が上昇したという学生の書いたものを見てみよう。

青年像は変化した。自分が思っていたよりも、よい青年像が浮かび上がってきたので、とっつきやすくなった。自己像も変化した。今までは無理な要求をしていたけれど、これからは自分のできることをしようという気になった。そして、人は人、自分は自分と思えるようになった。自分は高校にあがってから無理やり自分とは違

[7] [5] 白井利明 (2001). pp. 127–128 および pp. 132–133.

う自分になろうとしていた。こんな馬鹿げたことはないと思うようになった。それで私は私、もとの私にもどろうと思うようになってきた。成長するのはいいけど、変に自分を強制しないでおこうと思った。

この学生は「人は人、自分は自分と思える」というように他者の眼差しをつきはなすことができるようになって変容したようである。他にも「無理に変わらなくてもよいと思ったら、自分が変われると思うようになった」と書いた学生がいた。自分が変わらなければならないといった圧力から自由になることが変化の条件なのである。自分の「今まで」と「これから」が切れることなく、つながることで、「いい経験も悪い経験も起こる毎日」「ある時期は頼りになり、ある時期は嫌いだと思える他者」に耐えられるようになって、日々の生活への向き合い方が急速に改善し、「なりたい自分」が具体化していくのである。[8]

■介入プログラムの効果はどう確認するか[9]

そこで今度は、自己連続性を構築することで自己変容をめざす取り組みを行った。ワークは回想展望法[10]を実施した。

回想展望法の効果の検証は変容確認法を使い、介入の前後に心理尺度で測定するだけでなく、回想展望法が自分に変化を起こしたかどうかも尋ねて確認した。すると、

[8] 成田ひろ子（2006）「事例研究『変わりたい』と訴える女子学生との面接過程」『学生相談研究』27(1), 14-24. p. 22.

[9] 白井利明（2001）「青年の進路選択に及ぼす回想の効果―変容確認法の開発に関する研究（Ⅰ）」『大阪教育大学紀要（第Ⅳ部門）』49(2), 133-157.

[10]「4-4 回想展望法」参照。

■参考書

白井利明（2008）青年心理学研究方法論としての変容確認法の発展―発達主体として青年を捉えるアプローチ―青年心理学研究、20、71-85.

（発達の主体を解明する研究方法論を説明する）

多くの人が効果を認めたため、介入プログラムに効果があったと言える。次に、自分が変化した理由を自由記述で書いてもらった。そこに回想展望法があがるなら、確かに介入プログラムが原因であったと言えよう。ところが、表4－2に示されるように、回想展望法はあげられなかった。なぜ回想展望法の効果を自ら肯定しながら、自分の変化の原因として回想展望法をあげなかったのだろうか。

学生が書いた自己変容の理由は、「親や友だちと話した」「本やテレビの番組に目が行った」などであった。理由を尋ねた時期は介入プログラムが終わって少し時間がたっていたことを念頭に置くと、図4－8に示されるように、回想展望法がきっかけになって、さまざまな探求行動を起こし、それらが直接の原因となって自己の変容につながったと考えられる。実際に、そのような探求行動をする時間を与えず、実施直後に原因を尋ねると、回想展望法があげられた。

ただし、例外もあった。表4－2に示されるように、教員養成系大学生の焦り・関心の上昇は分母も分子も人数が多く、自分が変化したと思う原因に回想展望法があげられた。「授業のワークなかで他の人が目標をしっかりもっていることや努力していることを知った」などである。しかし対照群として回想展望法を実施していない他の授業でも同じ時期に同じ変化を見せていることから、介入プログラムそのものの効果というより、その時期の効果であると考えられる。これらは3年生の後期に行われたが、就職活動の開始の時期であった。そのため、彼らはそろそろ動き

表4-2　進路選択意識が変化したと答えた人(分母)のうち、授業の介入プログラムをその原因として自らあげた人(分子)の人数[9]

介入プログラム		目標・計画性 上昇	目標・計画性 下降	あせり・関心 上昇	あせり・関心 下降	自己肯定・自己理解 上昇	自己肯定・自己理解 下降
有	看護学校生(32名)	0/4	0/1	0/3	0/2	1/3	0/1
	教員養成大学生(15名)	2/5	1/1	7/9	0/0	2/4	0/0
無	保健学校生(37名)	0/6	0/2	1/5	0/6	0/8	0/6
	教員養成大学生(10名)	1/5	0/1	0/3	0/0	0/1	0/1

(注)　それぞれの授業名は、上から順に「心理学」「職業指導」「教育心理学」「教育臨床心理学」であった。

出さなければならないと考えていた頃だったから、計画性をもとうと考えたり、焦りが生じたりする時期だったのだろう。

以上から、人が自ら変容する条件は、第1に、その人のもつ文脈の中に変容の必然性があることである。第2に、介入プログラムが変容の〝きっかけ〟となることがあるが、そのためには、参加者一人ひとりが自分なりに質の高い探求活動を起こす自由度が保証されていなければならない。第3に、人を無理に変えようとするのではなく、むしろその人の自己連続性の構築を促すことである。これらの条件が満たされるなら、人は自ら変容するだろう。

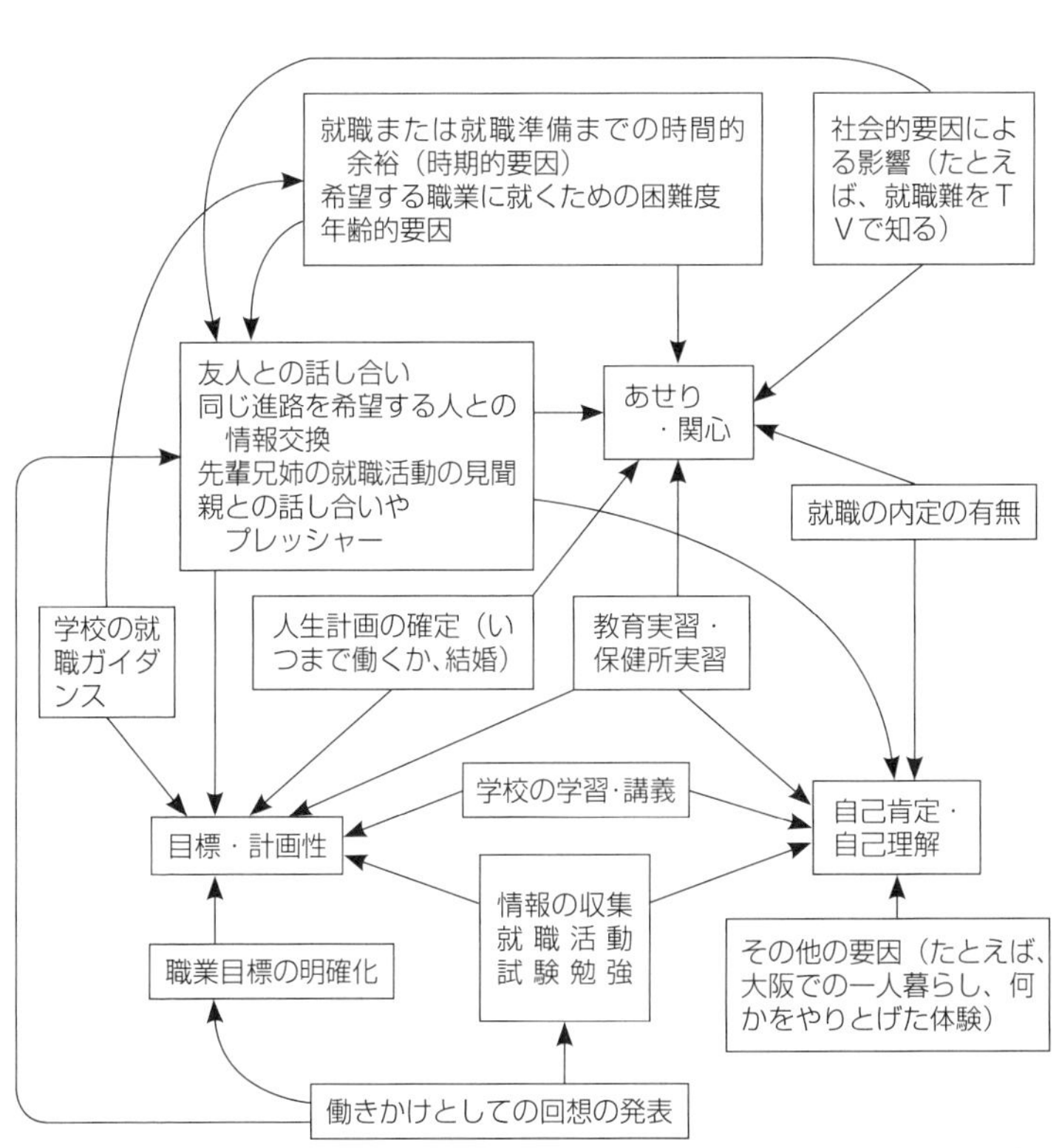

図 4-8　介入プログラム（回想の発表）が効果をもたらした経路[9]

人名索引

■あ　行

■か　行

■さ　行

■た　行

■は　行

■ま　行

■ら　行

事項索引

■か　行

■さ　行

■た　行

■な　行

■は　行

■ま　行

■や　行

■ら　行

文　献

第 1 章

Coles, R.（1986）*The moral life of children.* Boston: Atlantic Monthly Press.（森山尚美訳（1997）『子どもたちの感じるモラル』パピルス.）

Erikson, E. H. & Erikson, J. M.（1997）*The life cycle completed: Extended version.* New York: Norton.（村瀬孝雄・近藤邦夫（訳）（2001）『ライフサイクル、その完結』［増補版］みすず書房.）

Erikson, E. H.（1950/1963）*Childhood and society*（2nd edition）. New York: Norton.（仁科弥生（訳）（1977, 1980）『幼児期と社会　1・2』みすず書房.）

Erikson, E. H.（1958）*Young man Luther : A study in psychoanalysis and history.* New York: Norton.（西平直（訳）（2002, 2003）『青年ルター　1・2』みすず書房.）

Erikson, E. H.（1959/1980）*Identity and the life cycle: Reissue.* New York: Norton.（西平直・中島由恵（訳）（2011）『アイデンティティとライフサイクル』誠信書房.）

Erikson, E. H.（1964）*Insight and responsibility: Lectures on the ethical implications of psychoanalytic insight.* New York: Norton.（鑪幹八郎（訳）（2016）『洞察と責任ー精神分析の臨床と倫理』［改訳版］誠信書房.）

Erikson, E. H.（1968）*Identity: Youth and crisis.* New York: Norton.（中島由恵（訳）（2017）『アイデンティティー青年と危機』新曜社.）

Erikson, E. H.（1969）*Gandhi's truth on the origins of militant nonviolence.* New York: Norton.（星野美賀子（訳）（1973, 1974）『ガンディーの真理　1・2』みすず書房.）

Erikson, E. H.（1975）"Identity crisis" in autobiographic perspective. In E. H. Erikson, *Life history and the historical moment: Diverse presentations.* New York: Norton.（鑪幹八郎（訳）（1998）「アイデンティティ・クライシスに関する自伝的覚え書き」鑪幹八郎・宮下一博・岡本祐子（編）『アイデンティティ研究の展望 Ⅴ-1』ナカニシヤ出版. pp. 13-39.）

Erikson, E. H., Erikson, J. M., & Kivnick, H. Q.（1989）*Vital involvement in old age.* New York: Norton.（朝長正徳・朝長梨枝子（訳）（1997）『老年期ー生き生きしたかかわりあい』新装版、みすず書房.）

Evans, R. L.（1964/1995）*Dialogue with Erik Erikson*（*With reactions from Ernest Jones*）. Lanham, MD: Rowman & Littlefield.（岡堂哲雄・中園正身（訳）（1981）『エリクソンは語るーアイデンティティの心理学』新曜社.）

Friedman, L. J.（1999）*Identity's architect : A biography of Erik H. Erikson.* New York: Scribner.（やまだようこ・西平直（監訳）鈴木眞理子・三宅真季子（訳）（2003）『エリクソンの人生ーアイデンティティの探求者 上・下』新曜社.）

Hartmann, H.（1958）*Ego psychology and the problem of adaptation.*（D. Rapaport, Trans.）. Madison, CT: International Universities Press.（霜田静志・篠崎忠男（訳）

（1967）『自我の適応－自我心理学と適応の問題』誠信書房.）
Hartmann, H.（1964）*Essays on ego psychology: Selected problems in psychoanalytic theory*. New York: International Universities Press.
日原尚吾・杉村和美（2017）「20答法を用いた青年の否定的アイデンティティの検討－量的・質的データによる分析」『発達心理学研究』*28*, 84-95.
間宮正幸（1983）「発達相談活動と『両親教育』－名古屋市南部地域での実践」『現代と保育』*13*, 126-140.
間宮正幸（1984）「地域住民の生活史と生活指導の課題」『生活指導研究』*1*, 25-45.
松浦勲・大村恵子（2003）「日本最後の若者宿－鳥羽市答志の寝屋子の研究」『九州工業大学研究報告（人文・社会科学）』*51*, 39-57.
宮下一博（2014）「アイデンティティ研究の必要性」鑪幹八郎（監修）宮下一博・谷冬彦・大倉得史（編）『アイデンティティ研究ハンドブック』ナカニシヤ出版 pp. 1-10.
三好昭子（2008）「谷崎潤一郎の否定的アイデンティティ選択についての分析」『発達心理学研究』*19*, 98-107.
溝上慎一（2008）『自己形成の心理学－他者の森をかけ抜けて自己になる』世界思想社
茂垣まどか（2005）「青年の自我理想型人格と超自我型人格の精神的健康」『教育心理学研究』*53*, 344-355.
MOVIE WALKER PRESS（2020）ダルデンヌ兄弟が『その手に触れるまで』で問いかける社会のひずみ…「狂信化した人を救うことはとても難しい」https://movie.walkerplus.com/news/article/1002849/（2020年11月12日閲覧）
村本由紀子・遠藤由美（2015）「答志島寝屋慣行の維持と変容－社会生態学的視点に基づくエスノグラフィー」『社会心理学研究』*30*, 213-23.
西平直（1993）『エリクソンの人間学』東京大学出版会
西平直（1998）『魂のアイデンティティ－心をめぐるある遍歴』金子書房
Nunberg, H.（1931）The synthetic function of the ego. *International Journal of Psycho-Analysis, 12*, 123-140.
岡本祐子（2007）『アイデンティティ生涯発達論の展開』ミネルヴァ書房
岡本祐子（2014）「Austen Riggs Centerの臨床活動と世代継承性」岡本祐子（編）『プロフェッションの生成と世代継承－ケーススタディ 中年期の実りと次世代の育成（世代継承性シリーズ 1）』ナカニシヤ出版, pp. 179-205.
小此木啓吾（1985）「社会・文化論的自我心理学の流れ（エリクソン）」小此木啓吾『現代精神分析の基礎理論』弘文堂 pp. 214-235.
大倉得史（2002）『拡散diffusion－アイデンティティをめぐり、僕たちは今』ミネルヴァ書房
大倉得史（2011）『「語り合い」のアイデンティティ心理学』
大野久（2010）「アイデンティティの実感としての充実感」大野久（編）『エピソードでつかむ青年心理学』ミネルヴァ書房 pp. 42-46.
大野久（2020）「アイデンティティ概念再考」『教職研究』（立教大学）*34*, 3-15.

小沢一仁（2002）「居場所とアイデンティティを現象学的アプローチによって捉える試み」『東京工芸大学工学部紀要（人文・社会編）』*25*(2), 30-40.

Rapaport, D.（1959）A historical survey of psychoanalytic ego psychology. In E. H. Erikson. *Identity and the life cycle: Selected papers*（pp. 5-17）. New York: International Universities Press.（小此木啓吾（訳）（1973）「精神分析的自我心理学の歴史的展望」小此木啓吾（訳編）『自我同一性ーアイデンティティとライフサイクル』誠信書房 pp. 219-235）

Warren, R. P.（1965）*Who speaks for the negro?*. New York: Random House.

谷冬彦（2008）『自我同一性の人格発達心理学』ナカニシヤ出版

鑪幹八郎（1977）「精神分析と発達心理学」村井潤一（編）『発達の理論ー発達と教育・その基本問題を考える』ミネルヴァ書房 pp. 147-213.

鑪幹八郎（2018）「エリクソンーその生涯とライフサイクル」大阪精神分析セミナー運営委員会（編）『連続講義 精神分析家の生涯と理論』岩崎学術出版社 pp. 71-104.

第2章

Archer, S. L.（1982）The lower age boundaries of identity development. *Child Development, 53*, 1551-1556. https://doi.org/10.2307/1130083

Archer, S. L.（1985）Identity and the choice of social roles. *New Directions for Child and Adolescent Development, 30*, 79-99. https://doi.org/10.1002/cd.23219853007

Baumeister, R. F., & Muraven, M.（1996）Identity as adaptation to social, cultural, and historical context. *Journal of Adolescence, 19*, 405-416. https://doi.org/10.1006/jado.1996.0039

Beyers, W., & çok, F.（2008）Adolescent self and identity development in context. *Journal of Adolescence, 31*, 147-150. https://doi.org/10.1016/j.adolescence.2008.03.002

Blos, P.（1967）. The Second Individuation Process of Adolescence. The *Psychoanalytic Study of the Child, 22*(1), 162-186. https://doi.org/10.1080/00797308.1967.11822595

Caspi, A., & Shiner, R. L.（2006）. Personality development. In W. Damon & R. Lerner（Series Eds.）& N. Eisenberg（Vol. Ed.）, *Handbook of child psychology, Vol. 3. Social, emotional, and personality development*?（6th edition, pp. 300-365）. New York: Wiley.

Côté,, J. E., & Levine, C. G.（2015）*Identity formation, youth, and development.* New York: Psychology Press. https://doi.org/10.4324/9780203767047

Crocetti, E., Branje, S., Rubini, M., Koot, H. M., & Meeus, W.（2017）Identity processes and parent-child and sibling relationships in adolescence: A five-wave multi-informant longitudinal study. *Child Development, 88*, 210-228. https://doi.org/10.1111/cdev.12547

Crocetti, E., Cieciuch, J., Gao, C.-H. H., Klimstra, T., Lin, C.-L. L., Matos, P. M., … Meeus, W.（2015）National and gender measurement invariance of the Utrecht-Management of Identity Commitments Scale（U-MICS）: A 10-nation study with university

students. *Assessment, 22*, 753–768. https://doi.org/10.1177/1073191115584969

Crocetti, E., Tagliabue, S., Sugimura, K., Nelson, L. J., Takahashi, A., Niwa, T., … Jinno, M. (2015) Perceptions of emerging adulthood: A study with Italian and Japanese university students and young workers. *Emerging Adulthood, 3*(4), 229–243. https://doi.org/10.1177/2167696815569848

Crocetti, E., Rubini, M., & Meeus, W. (2008) Capturing the dynamics of identity formation in various ethnic groups: Development and validation of a three-dimensional model. *Journal of Adolescence, 31*, 207–222. https://doi.org/https://doi.org/10.1016/j.adolescence.2007.09.002

Erikson, E. H. (1968) *Identity: Youth and crisis*. New York: Norton.（中島由恵（訳）(2017)『アイデンティティ―青年と危機』新曜社.）

Fadjukoff, P., Pulkkinen, L., & Kokko, K. (2016) Identity formation in adulthood: A longitudinal study from age 27 to 50. *Identity, 16*, 8–23. https://doi.org/10.1080/15283488.2015.1121820

Ferrer-Wreder, L., & Kroger, J. (2019) *Identity in adolescence: The balance between self and other* (4th ed.) Oxon, England: Routledge.

Grotevant, H. D. (1987) Toward a process model of identity formation. *Journal of Adolescent Research, 2*, 203–222. https://doi.org/10.1177/074355488723003

Grotevant, H. D., Thorbecke, W., & Meyer, M. L. (1982) An extension of Marcia's Identity Status Interview into the interpersonal domain. *Journal of Youth and Adolescence, 11*, 33–47. https://doi.org/10.1007/BF01537815

Gyberg, F., Frisén, A., & Syed, M. (2019) "Being stuck between two worlds": Identity configurations of occupational and family identities. *Identity, 19*, 330–346. https://doi.org/10.1080/15283488.2019.1681997

畑野快・杉村和美（2014）「日本人大学生における日本版アイデンティティ・コミットメント・マネジメント尺度（Japanese version of the Utrecht-Management of Identity Commitment Scale: U-MICSJ）の因子構造、信頼性、併存的妥当性の検討」『青年心理学研究』*25*, 125–136.

畑野快・杉村和美・中間玲子・溝上慎一・都筑学（2014）「エリクソン心理社会的段階目録（第５段階）12項目版の作成」『心理学研究』*85*, 482–487.

Hatano, K., Sugimura, K., & Crocetti, E. (2016) Looking at the dark and bright sides of identity formation: New insights from adolescents and emerging adults in Japan. Journal of Adolescence, *47*, 156–168. https://doi.org/10.1016/j.adolescence.2015.09.008

Hatano, K., & Sugimura, K. (2017) Is adolescence a period of identity formation for all youth? Insights from a four-wave longitudinal study of identity dynamics in Japan. *Developmental Psychology, 53*, 2113–2126. https://doi.org/10.1037/dev0000354

Hatano, K., Sugimura, K., & Klimstra, T. A. (2017) Which came first, personality traits or identity processes during early and middle adolescence? *Journal of Research in Personality, 67*, 120–131. https://doi.org/10.1016/j.jrp.2016.06.014

Hatano, K., Sugimura, K., Crocetti, E., & Meeus, W. (2020). Diverse-and-dynamic pathways in educational and interpersonal identity formation during adolescence: Longitudinal links with psychosocial functioning. *Child Development, 91*, 1203-1218. https://doi.org/10.1111/cdev.1330

International Social Survey Program (2008) *International social survey programme: Religion III - ISSP 2008*. GESIS data archive. Cologne. ZA: 4950 Data file Version 2.2.0. https://doi.org/10. 4232/1.11334.

Josselson, R. L. (1973) Psychodynamic aspects of identity formation in college women. *Journal of Youth and Adolescence, 2*, 3-52.

Josselson, R. (1987) *Finding herself: Pathways to identity development in women*. San Francisco, CA: Jossey-Bass.

Josselson, R. (1996) *The space between us: Exploring the dimensions of human relationships*. Thousand Oaks, CA: Sage.

Josselson, R. (1998) *Revising herself: The story of women's identity from college to midlife*. New York: Oxford University Press.

Josselson, R. (2017) *Paths to fulfillment: Women's search for meaning and identity*. New York, NY: Oxford University Press.

Kroger, J. (1990) Ego structuralization in late adolescence as seen through early memories and ego identity status. *Journal of Adolescence, 13*, 65-77. https://doi.org/10.1016/0140-1971(90)90042-6

Kegan, R. G. (1979). The Evolving Self: A Process Conception for Ego Psychology. *The Counseling Psychologist, 8*(2), 5-34. https://doi.org/10.1177/001100007900800203

Kroger (Ed.) (1993) *Discussions on Ego Identity*. Psychology Press (eBook 2014).

Kroger, J. (1995) The differentiation of "firm" and "developmental" foreclosure identity statuses: A longitudinal study. *Journal of Adolescent Research, 10*, 317-337. https://doi.org/10.1177/0743554895103002

Kroger, J. (2003) What transits in an identity status transition? *Identity, 3*, 197-220. https://doi.org/10.1207/S1532706XID0303_02

Kroger, J. (2004) *Identity In adolescence: The balance between self and other* (3rd ed.). London, UK: Routledge.

Kroger, J., Martinussen, M., & Marcia, J. E. (2010) Identity status change during adolescence and young adulthood: A meta-analysis. *Journal of Adolescence, 33*, 683-698. https://doi.org/10.1016/j.adolescence.2009.11.002

Loevinger, J. (1983). On ego development and the structure of personality. *Developmental Review, 3*(3), 339-350. https://doi.org/https://doi.org/10.1016/0273-2297(83)90019-9

Luyckx, K., Goossens, L., Soenens, B., & Beyers, W. (2006) Unpacking commitment and exploration: Preliminary validation of an integrative model of late adolescent identity formation. Journal of Adolescence, 29, 361-378. https://doi.org/10.1016/j.a

dolescence.2005.03.008

Luyckx, K., Schwartz, S. J., Berzonsky, M. D., Soenens, B., Vansteenkiste, M., Smits, I., & Goossens, L. (2008) Capturing ruminative exploration: Extending the four-dimensional model of identity formation in late adolescence. *Journal of Research in Personality, 42*, 58–82. https://doi.org/10.1016/j.jrp.2007.04.004

Luyckx, K., Teppers, E., Klimstra, T. A., & Rassart, J. (2014) Identity processes and personality traits and types in adolescence: Directionality of effects and developmental trajectories. *Developmental Psychology, 50*, 2144–2153. https://doi.org/10.1037/a0037256

Marcia, J. E. (1966) Development and validation of ego-identity status. Journal of Personality and Social Psychology, 3, 551–558. https://doi.org/10.1037/h0023281

Marcia, J. E. (1993) The ego identity status approach to ego identity. In J. E. Marcia, A. S. Waterman, D. R. Matteson, S. L. Archer, & J. L. Orlofsky (Eds.), *Ego identity* (pp. 3–21) New York, NY: Springer. https://doi.org/10.1007/978-1-4613-8330-7_1

Marcia, J. E. (1994) The empirical study of ego identity. In H. A. Bosma, T. L. G. Graafsma, H. D. Grotevant, & D. J. de Levita (Eds.), *Identity and development: An interdisciplinary approach* (pp. 67–80) Thousand Oaks, CA: Sage.

Marcia, J. E. (2002) Identity processes and contents through the years of late adulthood: Theoretical and methodological challenges. *Identity, 2*, 29–45. https://doi.org/10.1207/S1532706XID0201

Marcia, J. E., Waterman, A. S., Matteson, D. R., Archer, S. L., & Orlofsky, J. L. (1993) Ego Identity. New York, NY: Springer. https://doi.org/10.1007/978-1-4613-8330-7

Meeus, W. (2011) The study of adolescent identity formation 2000-2010: A review of longitudinal research. *Journal of Research on Adolescence, 21*, 75–94. https://doi.org/10.1111/j.1532-7795.2010.00716.x

Meeus, W., Van De Schoot, R., Keijsers, L., Schwartz, S. J., & Branje, S. (2010) On the progression and stability of adolescent identity formation: A five-wave longitudinal study in early-to-middle and middle-to-late adolescence. *Child Development, 81*, 1565–1581. https://doi.org/10.1111/j.1467-8624.2010.01492.x

無藤清子（1979）「『自我同一性地位面接』の検討と大学生の自我同一性」『教育心理学研究』*27*, 178–187.

中間玲子・杉村和美・畑野快・溝上慎一・都筑学（2014）「多次元アイデンティティ発達尺度（DIDS）によるアイデンティティ発達の検討と類型化の試み」『心理学研究』*85*, 549–559. https:doi.org/10.4992/jjpsy.85.13074

西脇良（2004）『日本人の宗教的自然観ー意識調査による実証的研究』ミネルヴァ書房

大野久他（2004）「MIMIC モデルによるアイデンティティの実感としての充実感の構造の検討」『教育心理学研究』*52*, 321–330.

Phinney, J. S., & Goossens, L. (1996) Introduction: Identity development in context. *Journal of Adolescence, 19*, 401–403. https://doi.org/10.1006/jado.1996.0038

Rosenthal, D. A., Gurney, R. M., & Moore, S. M. (1981) From trust to intimacy: A new inventory for examining rikson's stages of psychosocial development. *Journal of Youth and Adolescence, 10*, 525–537.

齋藤信・亀田研・杉本英晴・平石賢二（2013）「Keganの構造発達理論に基づく青年期後期・成人期前期における自己の発達？―Eriksonの心理社会的危機との関連」『発達心理学研究』*24*(1), 99–110. http://ci.nii.ac.jp/naid/110009596995/ja/

Stephen, J., Fraser, E., & Marcia, J. E. (1992) Moratorium-achievement (Mama) cycles in lifespan identity development: Value orientations and reasoning system correlates. *Journal of Adolescence, 15*, 283–300. https://doi.org/10.1016/0140-1971(92)90031-Y

杉村和美（1998）「青年期におけるアイデンティティの形成―関係性の観点からのとらえ直し」『発達心理学研究』*9*, 45–55.

杉村和美（2005）『女子青年のアイデンティティ探求―関係性の観点から見た２年間の縦断研究』風間書房

杉村和美（2011）「青年期」氏家達夫・高濱裕子（編）『親子関係の生涯発達心理学』(pp. 78–93) 風間書房

杉村和美（2012）「アイデンティティとパーソナリティ―生涯発達的視点」日本発達心理学会（編）氏家達夫・遠藤利彦（編）『発達科学ハンドブック 第５巻　社会・文化に生きる人間』新曜社, pp. 286–298.

Sugimura, K. (2007) Transitions in the process of identity formation among Japanese female adolescents: A relational viewpoint. In R. Josselson, A. Lieblich, & D. P. McAdams (Eds.), *The meaning of others: Narrative studies of relationships* (pp. 117–142) Washington, DC: American Psychological Association. https://doi.org/10.1037/11580-012

Sugimura, K., & Mizokami, S. (2012) Personal identity in Japan. *New Directions for Child and Adolescent Development, 2012* (138), 123–143.

Sugimura, K. (2020) Adolescent identity development in Japan. *Child Development Perspectives, 14*, 71–77. https://doi.org/10.1111/cdep.12359

Sugimura, K., Matsushima, K., Hihara, S., Takahashi, M., & Crocetti, E. (2019) A culturally sensitive approach to the relationships between identity formation and religious beliefs in youth. Journal of Youth and Adolescence, 48, 668–679. https://doi.org/10.1007/s10964-018-0920-8

Sugimura, K., Umemura, T., & Nelson, L. (2021) Identity development in East Asia. In B. G. Adams & F. J. R. van de Vijver (Eds.), *Non-Western identity*. New York: Springer.

Syed, M., & McLean, K. C. (2016) Understanding identity integration: Theoretical, methodological, and applied issues. *Journal of Adolescence, 47*, 109–118. https://doi.org/10.1016/j.adolescence.2015.09.005

浦田悠（2013）『人生の意味の心理学―実存的な問いを生むこころ』京都大学学術出版会

Waterman, A. S. (1982) Identity development from adolescence to adulthood: An extension of theory and a review of research. *Developmental Psychology, 18*, 341–358. https://doi.org/10.1037/0012-1649.18.3.341

第 3 章

Bornstein, M. H. (2017) The specificity principle in acculturation science. *Perspectives on Psychological Science, 12*(1), 3–45.

Bosma, H. (1992). Identity in adolescence: Managing commitments. In G. A. Adams, T. P. Gullotta & R. Montemayor (Eds.), *Adolescent identity formation* (pp. 91–121). Newbury Park, CA; Sage. pp. 98–102.

Bosma, H. A. & Kunnen, E. S. (2001) Determinants and mechanisms in ego identity development: A review and synthesis. *Developmental Review, 21*, 39–66.

Bosma, H. A. & Kunnen, E. S. (2008) Identity-in-context is not yet identity development-in-context. *Journal of Adolescence, 31*(2), 281–289.

ボスマ, H.・クンネン, S. (2014) 2014年度日本発達心理学会国際ワークショップ「青年期発達へのダイナミック・システムズ・アプローチー自己、アイデンティティ、関係性に着目して」大阪大学豊中キャンパス

ボスマ, H.・クンネン, S.／杉村和美（訳）(2015)「公開講演会 青年期発達へのダイナミック・システムズ・アプローチ」『発達研究』*29*, 216–232.

Bourne, E. (1978) The state of research on ego identity: A review and appraisal. *Journal of Youth and Adolescence, 7*(3), 223–251.

De Ruiter, N. M. P. (2019) The nature of adolescents'real time self-esteem from a dynamic systems approach: The socially embedded self-esteem modle. In E. S. Kunnen, N. M. P. de Ruiter, B. F. Jeronimus, & M. A. E. van der Gaag (Eds.), *Psychosocial development in adolescence: Insights from the dynamic systems approach* (pp. 83–99). London, UK: Routledge.

De Ruiter, N. M., Den Hartigh, R. J., Cox, R. F., Van Geert, P. L., & Kunnen, E. S. (2015) The temporal structure of state self-esteem variability during parent-adolescent interactions: More than random fluctuations. *Self and Identity, 14*(3), 314–333.

De Ruiter, N. M. P., Hollenstein, T., Geert, van, P. L. C., & Kunnen, E. S. (2018) Self-esteem as a complex dynamic system: intrinsic and extrinsic microlevel dynamics. *Complexity*, 1–19.

De Ruiter, N. M. P., van der Gaag, M. A. E., Jeronimus, B. F., & Kunnen, E. S. (2019) Introduction to a dynamic systems approach to psychosocial development in adolescence. In E. S. Kunnen, N. M. P. de Ruiter, B. F. Jeronimus, & M. A. E. van der Gaag (Eds.), *Psychosocial development in adolescence: Insights from the dynamic systems approach* (pp. 1–16). London, UK: Routledge.

De Ruiter, N. M., Van Geert, P. L., & Kunnen, E. S. (2017) Explaining the "how" of self-esteem development The self-organizing self-esteem model. *Review of General*

Psychology, 21(1), 49-68.

Falconer, K. J. (2013) *Fractals: A very short introduction*. Oxford, MS: Oxford University Press. (服部久美子（訳）(2020)『フラクタル』(岩波科学ライブラリー291) 岩波書店.)

Gregg, A. P. (2003) Optimally conceptualizing implicit self-esteem. *Psychological Inquiry, 14*(1), 35-38.

南風原朝和・小松孝至 (1999)「発達研究の観点から見た統計ー個の発達と集団統計量との関係を中心に」『児童心理学の進歩』*38*, 213-233.

金澤尚史 (2016)「ポピュレーションダイナミクスの安定性解析」『計測と制御』*55*(4), 356-361.

河合優年 (2008)「発達心理学とダイナミカルシステム理論」岡林春雄（編）『心理学におけるダイナミカルシステム理論』金子書房, 65-81.

Klimstra, T. A., Luyckx, K., Hale III, W. A., Frijns, T., Van Lier, P. A., & Meeus, W. H. (2010) Short-term fluctuations in identity: Introducing a micro-level approach to identity formation. *Journal of Personality and Social Psychology, 99*(1), 191-202.

国立がん研究センター「多目的コホート研究 (JPHC Study) ーコーヒー摂取と全死亡・主要死因死亡との関連について」https://epi.ncc.go.jp/jphc/outcome/3527.html (2021年８月９日閲覧)

Kroger, J. (2016) Identity. In S. K. Whitbourne (Ed.), *The encyclopedia of adulthood and aging* (Vol. 1) (pp. 623-627). West Sussex, UK: Wiley.

Kunnen, S. (2009) Qualitative and quantitative aspects of commitment development in psychology students. *Journal of Adolescence, 32*, 567-584.

Kunnen, S. (2012) The search for process characteristics. In S. Kunnen (Ed.), *A dynamic systems approach to adolescent development* (pp. 37-41). London, UK: Routledge.

Kunnen, S. (2017) Why computer models help to understand developmental processes. *Journal of Adolescence, 57*, 134-136.

Kunnen, E. S. (2018) An elaboration of non-linear, non-ergodic and self-organizing processes: Understanding the bumps and jumps in adolescent development. In L. B. Hendry, & M. Kloep (Eds.), *Reframing adolescent research* (pp. 38-53). London, UK: Routledge.

Kunnen, E. S. (2019) Identity development from a dynamic systems approach. In E. S. Kunnen, N. M. P. de Ruiter, B. F. Jeronimus, & M. A. E. van der Gaag (Eds.), *Psychosocial development in adolescence: Insights from the dynamic systems approach* (pp. 146-159). London, UK: Routledge.

Kunnen, E. S., & Bosma, H. A. (2000) Development of meaning making: A dynamic systems approach. *New Ideas in Psychology, 18*(1), 57-82.

Kunnen, S., & Bosma, H. (2012) A lositic growth model: Stage-wise development pf meaning making. In S. Kunnen (Ed.), *A dynamic systems approach to adolescent development* (pp. 117-130). London, UK: Routledge.

Kunnen, S. & von Geert, P. (2012) A dynamic systems approach to adolescent development. In S. Kunnen (Ed.), *A dynamic systems approach to adolescent development* (pp. 3–13). London, UK: Routledge.

Kunnen, S. & von Geert, P. (2012) General characteristics of a dynamic systems approach. In S. Kunnen (Ed.), *A dynamic systems approach to adolescent development* (pp. 15–34). London, UK: Routledge.

Kunnen, S., & von Geert, P. (2012) General characteristics of a dynamic systems approach. In S. Kunnen (Ed.), *A dynamic systems approach to adolescent development* (pp. 15–34) London, UK: Routledge, pp.16–17.

Lichtwarck-Aschoff, A., van Geert, P., Bosma, H., & Kunnen, S. (2008) Time and identity: A framework for research and theory formation. *Developmental Review, 28*(3), 370–400.

Lewis, M. D., & Liu, Z. (2011). Three time scales of neural self-organization underlying basic and nonbasic emotions. *Emotion Review, 3*, 416–423.

名古屋大学広報室（2014）「複雑な攻守のゆらぎに潜む単純な法則ーサッカーの試合展開をフラクタル理論で解明」http://yujiy.kissr.com/press140219b.pdf（2021年4月12日閲覧）

岡林春雄（2008）「ダイナミカルシステム・アプローチ（DSA）の概念と歴史的流れ」岡林春雄（編）『心理学におけるダイナミカルシステム理論』金子書房 pp. 3–25.

岡林春雄（2015）「アイデンティティは下位階層から自己組織化する」『山梨大学教育人間科学部紀要』*17*(24), 1–8.

Page, S. E. (2018) *The model thinker: What you need to know to make data work for you.* New York: Basic Books.（椿広計（監訳）長尾高弘（訳）（2020）『多モデル思考ーデータを知恵に変える24の数理モデル』森北出版.）

白井利明（2016）「ダイナミックシステムズアプローチによる縦断データの分析ーSaskia Kunnenによる青年期と成人期へのアプローチ」『大阪教育大学紀要（第Ⅳ部門）』*64*(2), 47–57.

Shirai, T. & Kunnen, E. S. (2020) The relation between commitment and a balanced time orientation in adulthood: Differences between and within individuals. *Identity, 20*(2), 132–142.

杉村和美（2014）「ダイナミック・システムズ・セオリー」後藤宗理・二宮克美・高木秀明・大野久・白井利明・平石賢二・佐藤有耕・若松養亮（編）『新・青年心理学ハンドブック』福村出版, p. 109.

鈴木忠・西平直（2014）『生涯発達とライフサイクル』東京大学出版会

荘島宏二郎・宇佐美慧・吉武尚美・高橋雄介（2017）．縦断データ分析のはじめの一歩と二歩『教育心理学年報』*56*, 291–298.

Thelen, E., & Smith, L. B. (1994) *A dynamic systems approach to the development of cognition and action.* Cambridge, MA: MIT Press.（小島康次（監訳）高橋義信・丸山慎・宮内洋・杉村伸一郎（訳）（2018）『発達へのダイナミックシステム・アプ

ローチー認知と行為の発生プロセスとメカニズム』新曜社.）

Thomas, A. & Chess, S.（1980）*The dynamics of psychological development.* New York: Brunner/Mazel.（林雅次（監訳）（1981）『子供の気質と心理的発達』星和書店.）

氏家達夫（1996）『子どもは気まぐれ―ものがたる発達心理学への序章』ミネルヴァ書房

Van Geert, P.（2003）. Dynamic systems approaches and modeling of developmental processes. In J. Valsiner & K. J. Conolly（Eds.）, *Handbook of developmental psychology*（pp. 640–672）. London, UK: Sage.

Van Geert, P. L.（2019）. Dynamic systems, process and development. *Human Development, 63*（3–4）, 153–179.

Van Geert, P., & Van Dijk, M.（2002）. Focus on variability: New tools to study intra-individual variability in developmental data. *Infant Behavior and Development, 25*（4）, 340–374.

Van der Gaag, M., Albers, C., & Kunnen, S.（2017）Micro-level mechanisms of identity development: The role of emotional experiences in commitment development. *Developmental Psychology, 53*（11）, 2205–2217.

Van der Gaag, M. A. E., de Ruiter, N. M. P., & Kunnen, E. S.（2016）Micro-level processes of identity development: Intra-individual relations between commitment and exploration. *Journal of Adolescence, 47*, 38–47.

Van der Gaag, M. A. E., de Ruiter, N. M. P., Kunnen, E. S., & Bosma, H. A.（2020）The landscape of identity: integrating commitment strength and quality within a developmental framework. In M. Mascolo & T. Bidell（Eds.）, *Handbook of integrative psychological development*（pp. 358–374）. New York: Routledge, pp. 362–367.

Van der Gaag, M. A., De Ruiter, N. M., Kunnen, S. E., & Bosma, H.（2020）The landscape of identity model: An integration of qualitative and quantitative aspects of identity development. *Identity, 20*（4）, 272–289.

Waddington, C. H.（1957）*The strategy of the genes.* London, UK: George Allen & Unwin.

Waddington, C. H.（1966）*Principles of development and differentiation.* New York: Macmillan.（岡田瑛・岡田節人（訳）（1968）『発生と分化の原理』共立出版.）

第 4 章

Bamberg, M., De Fina, A., & Schiffrin, D.（2011）Discourse and identity construction. In S. J. Schwartz, K. Luyckx, & V. L. Vignoles（Eds.）, *Handbook of identity theory and research*（pp. 177–199）. New York: Springer.

Bluck, S. & Alea, N.（2008）Remembering being me: The self-continuity function of autobiographical memory in younger and older adults. In F. Sani（Ed.）, *Self-continuity: Individual and collective perspectives*（pp. 55–70）New York: Psychology Press.

Butler, R. N. (1963). The life review: An interpretation of reminiscence in the aged. *Psychiatry, 26*(1), 65–76.

Chandler, M. J., Lalonde, C., Sokol, B., & Hallett, D. (2003) Personal persistence, identity development, and suicide: A study of native and non-native North American adolescents. *Monographs of the Society for Research in Child Development* (Serial no. 273), *68*(2), 1–75.

Chandler, M. J., & Proulx, T. (2008) Personal persistence and persistent peoples: Continuities in the lives of individual and whole cultural communities. In F. Sani (Ed.), *Self-continuity: Individual and collective perspectives* (pp. 213–226) New York: Psychology Press.

千島雄太（2019）『青年期における自己変容に対する志向性の個人差と発達的変化』風間書房

Cole, M. (1998) *Cultural psychology: A once and future discipline*. Cambridge, MA: Harvard University Press.（天野清（訳）（2002）『文化心理学ー発達・認知・活動への文化ー歴史的アプローチ』新曜社.）

Daiute, C. (2014) *Narrative inquiry: A dynamic approach*. Thousand Oaks, CL: Sage.

Dennett, D. C. (1991) *Consciousness explained*. London, UK: Penguin Books.（山口泰司（訳）（1998）『解明される意識』青土社.）

Dunlop, W. L., & Walker, L. J. (2013) The life story: Its development and relation to narration and personal identity. *International Journal of Behavioral Development, 37*, 235–247.

Engeström, Y. (2016) *Studies in expansive learning: Learning what is not yet there*. New York: Cambridge University Press.（山住勝広（監訳）（2018）『拡張的学習の挑戦と可能性ーいまだここにないものを学ぶ』新曜社.）

Erikson, E. H. (1964) *Insight and responsibility: Lectures on the ethical implications of psychoanalytic insight*. New York: Norton.（鑪幹八郎（訳）（2016）『洞察と責任ー精神分析の臨床と倫理』［改訳版］誠信書房.）

浜田寿美男（2009）『私と他者と語りの世界ー精神の生態学へ向けて』ミネルヴァ書房

浜谷直人（2010）「どのように子どもの心の時間は分節化されるのかー自閉症児者の時間の区切りの難しさ」『心理科学』*31*(1), 23–30.

Harré, R. (1992) Foreword. In P. Baert. *Time, self and social being: Temporality within a sociological context* (pp. viii–ix). Aldershot, UK: Avebury.

樋口万里子（2001）「日本語の時制表現と事態認知視点」『九州工業大学情報工学部紀要（人間科学篇）』*14*, 53–81.

Ilyenkov, E. (1960/2008) *The dialectics of the abstract and the concrete in Marx's Capital* (S. Syrovatkin, Trans.) India: Aakar,（花崎皋平（訳）（1972）『資本論の弁証法』合同出版.）

いぬいたかし・うどうかずこ（1965）『形象コミュニケーションー視覚伝達の基礎理論』誠信書房

石井美保（2018）「喪われた声を聴きなおすー追悼－記念の限界と死者との共在」田

中雅一・松嶋健（編）『トラウマを生きる』京都大学学術出版会 pp. 597-632.
石井僚（2016）「時間的展望とアイデンティティ形成との関連ー形成プロセスとプロダクトの両側面からの検討」『発達心理学研究』*27*(3), 189-200.
石川茜恵（2019）『青年期の時間的展望ー現在を起点とした過去のとらえ方から見た未来への展望』ナカニシヤ出版
伊藤美奈子（2015）「不登校経験者による不登校の意味付けー不登校に関する不登校意味付け尺度項目の収集」『奈良女子大学心理臨床研究』*2*, 5-13.
神谷俊次（2007）「不随意記憶の自己確認機能に関する研究」『心理学研究』*78*, 260-268.
木村敏（1982）『時間と自己』中央公論社
Klar, Y. (1992) Directions in the study of personal-change endeavors by clinical and social psychologists: An introduction. In Y. Klar, J.D. Fisher, J. M. Chinsky & A. Nadler (Eds.), *Self-change: Social psychological and clinical perspectives* (pp. 1-20) New York: Springer Verlag.
Костюк, Г. С. (1956) О взаимоотношении воспитание и развития ребенка. *Советская педагогика, 20*(12), 60-74.（村山士郎・鈴木左喜子・藤本卓（訳）（2002）「子どもの発達と教育との相互関係について」『人間発達研究所紀要』*15*, 109-123.）
小嶋秀夫（2009）「文化と人間発達を歴史的視点から考察する」日本児童研究所（編）『児童心理学の進歩ー2009年版』金子書房 pp. 267-294.
Lalonde, C., & Chandler, M. J. (2004) Culture, selves, and time: Theories of personal persistence in Native and non-Native youth. In C. Lightfoot, C. Lalonde, & M. Chandler (Eds.), *Changing conceptions of psychological life*: Vol. 30. Jean Piaget symposium series (pp. 207-229). Mahwah, NJ: Lawrence Erlbaum.
Lens, W., Paixao, M. P., Herrera, D., & Grobler, A. (2012) Future time perspective as a motivational variable: Content and extension of future goals affect the quantity and quality of motivation. *Japanese Psychological Research, 54*, 321-333.
Lewin, K. (1951) *Field theory in social science: Selected theoretical papers.* D. Cartwright (Ed.), New York: Harper & Brothers.（猪股佐登留（訳）（1979）『社会科学における場の理論（増補版）』誠信書房.）
Lohne, V. (2009) Back to life again—patients' experiences of hope three to four years after a spinal cord injury: A longitudinal study. *Canadian Journal of Neuroscience Nursing, 31*, 20-25.
McLean, K. C. (2016) *The co-authored self: Family stories and the construction of personal identity.* New York: Oxford University Press.
Murphy, R. F. (1987) *The body silent: The different experience of the disabled.* New York: Norton.（辻信一（訳）（1992）『ボディ・サイレントー病いと障害の人類学』新宿書房.）
中川作一（1999）「自己像と平和ー民主主義とファシズム」心理科学研究会（編）『新かたりあう青年心理学』青木書店
成田ひろ子（2006）「事例研究『変わりたい』と訴える女子学生との面接過程」『学生

相談研究』*27*(1), 14-24.
野村晴夫（2005）「構造的一貫性に着目したナラティヴ分析ー高齢者の人生転機の語りに基づく方法論的検討」『発達心理学研究』*16*, 109-121.
野村晴夫（2007）「老年期と質的研究ー高齢者は人生をどのように語るのか」秋田喜代美・能智正博（監修）遠藤利彦・坂上裕子（編）『はじめての質的研究法［生涯発達編］』東京図書
野村信威・橋本宰（2001）「老年期における回想の質と適応との関連」『発達心理学研究』*12*, 75-86.
野矢茂樹（2002）『同一性・変化・時間』哲学書房
大橋靖史（2004）『行為としての時間ー生成の心理学へ』新曜社
大久保孝治（2011）「転機」齋藤耕二・本田時雄（編）（2001）『ライフコースの心理学』金子書房, pp. 122-131.
奥野満里子（1995）「パーフィットの人格および人格同一性の議論について」『実践哲学研究』*18*, 21-39.
Parfit, D.（1984）*Reasons and persons*. New York: Oxford University Press.（森村進（訳）（1998）『理由と人格ー非人格性の倫理へ』勁草書房.）
Parfit, D. A.（1987）Divided minds and the nature of persons. In C. Blakemore & S. A. Greenfield（Eds.）, *Mindwaves*. Blackwell. PhilArchive copy v1: https://philarchive.org/archive/PARDMAv1（2021年３月10日閲覧）.
Pasupathi, M., Mansour, E., & Brubaker, J. R.（2007）Developing a life story: Constructing relations between self and experience in autobiographical narratives. *Human Development, 50*, 85-110.
Rapley, T.（2018）*Doing conversation, discourse and document analysis* 2nd ed. Los Angeles, CA: Sage.（大橋靖史・中坪太久郎・綾城初穂（訳）（2018）『会話分析・ディスコース分析・ドキュメント分析』（ウヴェ・フリック（監修）SAGE 質的研究キット　７）新曜社.）
Ricoeur, P.（1984）*Time and narrative*（Vol. 1）.（K. McLaughlin & D. Pellauer, Trans.）Chicago, IL: University of Chicago Press.（久米博（訳）（2004）『歴史と物語　Ⅰー物語と時間性の循環』（新装版）新曜社.）（Ricoeur, P.（1983）*Temps et récit* Ⅰ. Paris, France: Seuil.）
Sani, F.（2008）Introduction and overview. In F. Sani（Ed.）, *Self-continuity: Individual and collective perspectives*（pp. 1-10）. New York: Psychology Press.
Savickas, M. L.（2005）The theory and practice of career construction. In S. D. Brown & R. W. Lent（Eds.）, *Career development and counseling: Putting theory and research to work*（pp. 42-70）Hoboken, NJ: Wiley.
Savickas, M. L.（2011）*Career counseling*. Washington, DC: American Psychological Association, p. 12.（日本キャリア開発研究センター（監訳）乙須敏紀（訳）（2015）『サビカス キャリア・カウンセリング理論ー「自己構成」によるライフデザインアプローチ』福村出版.）
白井利明（1997）『時間的展望の生涯発達心理学』勁草書房

白井利明（2001）「青年の自己変容に及ぼす調査活動と結果のフィードバックの効果ー変容確認法の開発に関する研究（Ⅱ）」『大阪教育大学紀要（第Ⅴ部門）』*50*(1), pp. 125-150.

白井利明（2001）「青年の進路選択に及ぼす回想の効果ー変容確認法の開発に関する研究（Ⅰ）」『大阪教育大学紀要（第Ⅳ部門）』*49*(2), 133-157.

白井利明（2001）『〈希望〉の心理学ー時間的展望をどうもつか』講談社

白井利明（2008）「青年心理学研究方法論としての変容確認法の発展ー発達主体として青年を捉えるアプローチ」『青年心理学研究』*20*, 71-85.

白井利明（2011）「自己と時間」日本発達心理学会（編）子安増生・白井利明（編）『発達科学ハンドブック 第３巻 時間と人間』新曜社, pp. 196-208.

白井利明（2015）「高校生のキャリア・デザイン形成における回想展望法の効果」『キャリア教育研究』*34*(1), 11-16.

白井利明（2015）「青年期のコンフリクトを親子はどのように体験するかー前方視的再構成法を使って」『青年心理学研究』*27*(1), 5-22.

白井利明（2016）「子ども・青年の職業目標の発達と進路指導の課題ー回想展望法による高校生における職業一貫性の読み取りの効果」『大阪教育大学紀要（第Ⅳ部門）』*65*(1), 61-74.

白井利明（2019）「青年期から中年期の人生の語り直しと時間的展望」『教育心理学年報』*58*, 268-270.

白井利明（2019）「中途障害のある青年はどう自己連続性を構築するかー語りの前方視的再構成法による分析」『発達心理学研究』*30*, 34-43.

白井利明（2020）「語りから立ち上がる人生ー聴き手の役割」『*N*：ナラティヴとケア』*11*, 79-84.

白井利明（2020）「中途障害をえた青年と家族の人生構築と支援」本郷一夫（監修）白井利明（編）『生涯発達の理論と支援』金子書房 pp. 67-76.

田垣正晋（2014）「脊髄損傷者のライフストーリーから見る中途肢体障害者の障害の意味の長期的変化ー両価的視点からの検討」『発達心理学研究』*25*, 172-182.

徳田治子（2020）「ナラティヴ・プラクティスにおける聞き手の脆弱性ーハンセン病訴訟における弁護士の被害証言の聞き取りをめぐって」『*N*：ナラティヴとケア』*11*, 63-69.

Turner, V. W.（1967）*The forest of symbols : Aspects of Ndembu ritual*. Ithaca, NY: Cornell University Press.

Turner, V. W.（1969）*The ritual process: Structure and anti-structure*. London, UK: Routledge.（冨倉光雄（訳）（2020）『儀礼の過程』筑摩書房.）

上田敏（1980）「障害の受容ーその本質と諸段階について」『総合リハビリテーション』*8*(7), 515-521.

内海健（2011）「トラウマの時間論」木村敏・野家啓一（監修）『空間と時間の病理ー臨床哲学の諸相』河合文化教育研究所 pp. 238-270.

VandenBos, G. R.（Editor in chief）（2015）*APA dictionary of psychology*（2nd edition）Washington, DC: American Psychological Association.（繁桝算男・四本裕

子（監訳）（2013）『APA 心理学大辞典』培風館.）

やまだようこ（2000）「人生を物語ることの意味ーライフストーリーの心理学」やまだようこ（編）『人生を物語るー生成のライフストーリー』ミネルヴァ書房

やまだようこ・田垣正晋・保坂裕子・近藤和美（2000）「阪神大震災における『友人の死の経験』の語りと語り直し」『教育方法の探究』*3*, 63-81.

山本和郎（1992）『心理検査 TAT かかわり分析ーゆたかな人間理解の方法』東京大学出版会

矢守克也（2000）「記憶と記念の社会心理学　I 身近な死についての語り」『奈良大学紀要』*28*, 159-168.

吉田真理子（2011）「幼児期のメンタルタイムトラベルに関する研究の展望ー時間と自己」『心理科学』*32*(2), 63-81.

Youniss, J. (1983) Social construction of adolescence by adolescents and parents. In H. D. Grotevant & C. R. Cooper (Eds.), *Adolescent development in the family: New directions for child development.* No. 22 (pp. 93-109). San Francisco, CA: Jossey Bass.

Zeelenberg, M., van Dijk, W. W., Van der Pligt, J., Manstead, A. S., Van Empelen, P., & Reinderman, D. (1998) Emotional reactions to the outcomes of decisions: The role of counterfactual thought in the experience of regret and disappointment. *Organizational Behavior and Human Decision Processes, 75*, 117-141.

著者紹介

白井利明（しらい　としあき）【はじめに、1章、3章、4章】

東北大学大学院教育学研究科博士課程後期中退。博士（教育学）。大阪教育大学名誉教授。専門は青年心理学、発達心理学、教育心理学、犯罪心理学。青年期から中年期にかけての人生の発達について縦断研究に取り組んでいる。著書に『時間的展望の生涯発達心理学』（勁草書房、1997年）、『生活指導の心理学』（勁草書房、1999年）、『〈希望〉の心理学』（講談社現代新書、2001年）、『社会への出かた』（新日本出版社、2014年）など。

杉村和美（すぎむら　かずみ）【2章】

名古屋大学大学院教育学研究科博士後期課程中退。博士（教育心理学）。現在、広島大学大学院人間社会科学研究科教授。専門は、発達心理学と青年心理学で、とくにアイデンティティの発達に関心を持ち、量的研究と質的研究の両方からアプローチしている。著書に『女子青年のアイデンティティ探求』（風間書房、2005年）、共著に『大学生の自己分析』（ナカニシヤ出版、2008年）、『実践ロールシャッハ法』（ナカニシヤ出版、2010年）など。

ワードマップ
アイデンティティ
時間と関係を生きる

初版第1刷発行　2022年4月15日

著　者　白井利明・杉村和美

発行者　塩浦　暲

発行所　株式会社　新曜社
101-0051　東京都千代田区神田神保町3-9
電話（03）3264-4973（代）・FAX（03）3239-2958
E-mail : info@shin-yo-sha.co.jp
URL : https://www.shin-yo-sha.co.jp/

印　刷　星野精版印刷
製本所　積信堂

ISBN978-4-7885-1764-6　C1011